Dirk W. Eilert
Der Liebes-Code

Dirk W. Eilert

Der Liebes-Code

Wie Sie Mimik entschlüsseln
und Ihren Traumpartner finden

ullstein extra

Ullstein extra ist ein Verlag der Ullstein Buchverlage GmbH
www.ullstein-extra.de

ISBN 978-3-86493-027-0

© Ullstein Buchverlage GmbH, Berlin 2015
Alle Rechte vorbehalten
Abbildungen: © Bettina Volke
Grafiken: © Susanne Liebenow
Gesetzt aus der Minion und Helvetica
Satz: LVD GmbH, Berlin
Druck und Bindearbeiten: CPI books GmbH, Leck
Printed in Germany

*Für das Gefühl,
das uns alle verbindet.*

Die Liebe.

Inhaltsverzeichnis

1. **Liebe ohne Worte: Warum es auf die Mimik ankommt** — 11
   - Der Mensch – das nonverbale Wesen — 12
   - Blind für nonverbale Signale? — 13
   - Geboren als Gesichterleser — 15
   - Bewusst achten wir mehr auf Worte — 16
   - Unser Gehirn liebt Gesichter — 17
   - Emotionen steuern uns — 19
   - Nonverbale Kompetenz als Schlüssel zum Liebesglück — 21
   - Die fünf Phasen des Liebeswerbens — 22

2. **Wenn es »klick« macht: die neurobiologischen Gesetze der Anziehung** — 25
   - Magnet der Aufmerksamkeit: das Gesicht — 26
   - Was über den Erfolg des ersten Augenblicks entscheidet — 27
   - »Schau mir in die Augen«, oder: So erkennen Sie Interesse — 42
   - Geht das auch im Internet, oder: Ein Exkurs für Online-Dater — 44

3. **»Willst du mit mir gehen?«: Flirtsignale erkennen** — 48
   - Die Biochemie des Flirtens — 50
   - »Schau in mein Gesicht«, oder: Weshalb Sie beim Flirten auf die Mimik vertrauen sollten — 52
   - Wenn die Mimik zuckt, oder: Was wichtig ist, wenn Sie im Gesicht lesen wollen — 53
   - Die Flirtsignale — 55

Ablehnung erkennen 81
»Flirtet der mich an?«: das Flirtbarometer 84

4. Gute Gefühle sind magnetisch: So senden Sie
   die richtigen Signale 88
   Männer flirten anders, Frauen auch 89
   Wie Unsicherheit Flirtchancen vernichten kann 94
   Wie Sie blockierende Emotionen wirkungsvoll
   managen 96
   Wie die eigene Mimik glücklich machen kann 107
   Wie Körpersprache unsere Stimmung beeinflusst 112

5. So punkten Sie im ersten Gespräch 115
   »Worüber soll ich bloß sprechen?«. Die Bedeutung
   der Inhaltsebene 119
   Die Macht des Nonverbalen im ersten Gespräch 123
   Empathie punktet 129
   Was die Mimik uns verrät 134

6. Nie wieder Tomaten auf den Augen: Wie man Lügen erkennt 151
   Was ist eine Lüge? 153
   Was ist schon normal, oder: Ohne Baseline sind
   wir blind 155
   Achten Sie auf Inkongruenzen 160
   Anzeichen für Verhaltenskontrolle 181

7. Sich näherkommen 183
   Seien Sie offen 184
   Mitfühlen, oder: Wie Empathie Nähe fördert 187
   »Schau mich an«, oder: Wie Blickkontakt Nähe schafft 193
   Die Macht der Berührung 194
   Wie Sie Liebe in der Mimik erkennen 199

8.	Runter mit der rosaroten Brille: Verliebt und trotzdem klar	204
	Die vier Grundausprägungen unserer Persönlichkeit	205
	So verrät die Mimik, wie ihr Gegenüber »tickt«	218
	Die vier Mimik-Typen	221
9.	Wie Sie Ihre Beziehung vor dem Scheitern bewahren	227
	Auf den Spuren destruktiver Beziehungsmuster	229
	Der Pulpo-Seco-Effekt	230
	Wie Sie die Negativspirale vermeiden	238
	So entwickeln Sie eine konstruktive Streitkultur	241
10.	Frischhalte-Tipps für die Liebe	253
	Liebes-Booster Nr. 1: Die Macht der Berührung	254
	Liebes-Booster Nr. 2: Die ansteckende Wirkung des Lächelns	257
	Liebes-Booster Nr. 3: Sprechen Sie die Sprache der Gefühle	261
	Die Liebes-Code-Challenge: Wie frisch verliebt in 30 Tagen	264

Schlusswort	267
Literaturverzeichnis	269
Register	283

1. Liebe ohne Worte: Warum es auf die Mimik ankommt

Kommt Ihnen die Liebe manchmal vor wie eine Lostrommel, in der mehr Nieten als Hauptgewinne sind? Sehnen Sie sich danach, endlich auch einmal das große Los für eine glückliche und erfüllte Partnerschaft zu ziehen? Auch wenn Ihnen dieser Vergleich vielleicht etwas drastisch vorkommt, vermute ich dennoch, dass Sie zumindest den Wunsch nach mehr Glück und Erfüllung in der Liebe verspüren, sonst würden Sie wahrscheinlich nicht gerade dieses Buch in den Händen halten. Und mit diesem Wunsch sind Sie in guter Gesellschaft: »Was halten Sie persönlich im Leben für besonders wichtig?«, fragten Mitarbeiter des Instituts für Demoskopie Allensbach bundesweit mehr als 25 000 Menschen. »Eine glückliche Partnerschaft« – so antworteten 75,4 Prozent der Befragten. Liebe ist für die meisten Menschen also eines der wichtigsten Dinge im Leben. Intuitiv scheinen viele zu erfassen, was mittlerweile wissenschaftlich nachgewiesen ist: Die Zufriedenheit in der Partnerschaft beeinflusst unser allgemein empfundenes Lebensglück. Und das sogar mehr als Gesundheit, Freunde oder unser beruflicher und finanzieller Erfolg. Die Liebe zu meistern erweist sich allerdings als weitaus schwieriger: Jede zweite Ehe hierzulande wird wieder geschieden, knapp die Hälfte davon in den ersten zehn Jahren nach der Hochzeit.

Woran liegt es, dass sich so viele Menschen eine glückliche Beziehung wünschen, in der Realität aber scheitern? Manchmal sogar bereits bei der Suche nach ihrem Partner? Eines kann ich Ihnen jetzt schon verraten: Ein bisschen Glück – zur richtigen Zeit am richtigen Ort in der richtigen Stimmung zu sein – gehört zwar dazu. Doch es existieren ebenso zahlreiche Faktoren, die wissenschaftlich fundiert sind und von Ihnen gesteuert werden können. Sie entscheiden letztlich über den Erfolg des ersten Augenblicks und machen eine Liebesbeziehung stabil und dauerhaft glücklich. Glauben Sie mir: Liebe ist kein Glücksspiel, sie folgt einfachen Regeln. Die Schlüsselrolle kommt dabei dem Nonverbalen, also Mimik und Körpersprache zu. Denn wenn es um Gefühle geht, sagt unser Körper mehr als tausend Worte. Aber warum ist das so?

Der Mensch – das nonverbale Wesen

Ob E-Mails, geflüsterte Liebesschwüre oder hitzige Diskussionen: Worte, geschrieben wie gesprochen, beeinflussen unsere Beziehungen. Doch noch größer ist die Wirkung der stillen Sprache von Mimik und Gestik auf unser Liebesleben. Ob wir jemandem abkaufen, was er sagt, hängt nicht immer vom Inhalt seiner Worte ab. Ein in einem Streit abfällig oder ironisch geäußertes »Es tut mir leid!« glättet die Wogen nicht. Im Gegenteil: Die Worte verschwinden in diesem Fall unter dem Mantel des Nonverbalen und heizen den Konflikt zusätzlich an. Widerspricht das Gesagte dem, was wir mimisch und körpersprachlich ausdrücken, entscheidet das Nonverbale darüber, wie wir die Aussage interpretieren.

Wenn man einen Blick auf die Menschheitsgeschichte wirft, verwundert das auch nicht: Die ausgebildete Sprachfähigkeit, wie wir sie heute jeden Tag ganz selbstverständlich nutzen, besitzen wir Menschen nach wissenschaftlichen Schätzungen erst seit 35 000 Jahren. Unsere archaischen Vorfahren verständigten sich – wie unsere Verwandten aus der Tierwelt noch heute – mittels nonverbaler Signale. Drückt beispielsweise ein Lächeln die Erlaubnis aus, dass der andere sich nähern darf, vermittelt das Zeigen der Zähne, indem wir die Oberlippe hochziehen, das Gegenteil. Und die stille Sprache von Mimik und Körper hat gegenüber dem gesprochenen Wort einen Vorsprung von mehreren Millionen Jahren. Dementsprechend groß ist auch ihr Beitrag zu unserer Kommunikation: Es sind gerade die vielen, meist subtilen, nonverbalen Signale, die unsere Beziehungen zueinander prägen – größtenteils außerhalb unserer bewussten Wahrnehmung. So kann schon ein kleines Lächeln unser Herz höher schlagen lassen, der leicht in den Nacken gelegte Kopf arrogant wirken und uns subtil abschrecken. Glaubt man den Schätzungen des Anthropologen David Givens, überschreitet der Einfluss der nonverbalen Kommunikation beim Liebeswerben sogar die 99-Prozent-Marke. Wenn das Nonverbale nun so eine große Rolle in der täglichen Kommunikation spielt, sollten wir doch eigentlich Meister darin sein, diese Signale zu entschlüsseln, oder? Weit gefehlt.

Blind für nonverbale Signale?

Der amerikanische Psychologe Jeffrey A. Hall testete in einer Studie, wie gut Flirtsignale von zwei zuvor unbekannten Personen erkannt werden, wenn sie sich das erste Mal begegnen. Das Ergebnis ist ernüchternd: Frauen erkennen einen Annäherungsversuch nur in 18 Prozent aller Fälle. Anders formuliert: Nur rund einer von fünf Flirtversuchen wird wahrgenommen. Die Männer liegen zwar mit 36 Prozent Trefferquote etwas höher, dennoch ist auch dieses Ergebnis alles andere als gut. Flirten ist anscheinend weitaus komplizierter als gemeinhin gedacht.

Und das Fatale ist: Viele überschätzen ihre Fähigkeiten zu erkennen, was in anderen vorgeht. Gemeinsam mit dem Wirtschaftspsychologen Dennis Rabe habe ich den sogenannten READ-Test entwickelt, mit dem sich messen lässt, wie gut eine Person in der Mimik anderer Menschen *lesen* kann, also erkennt, wie diese sich fühlen: Ist das Gegenüber ängstlich oder überrascht, wütend oder angeekelt, erfreut oder traurig? Die Forschung hat gezeigt, dass es sieben Basisemotionen gibt, die kulturübergreifend von allen Menschen gleich ausgedrückt und erkannt werden. Dabei handelt es sich um Angst, Überraschung, Ärger, Ekel, Verachtung, Trauer und Freude. Während des READ-Tests, der sich auf genau diese sieben Basisemotionen konzentriert, blickt die Versuchsperson auf einen Computerbildschirm, auf dem in zufälliger Reihenfolge 49 verschiedene emotionale Gesichtsausdrücke für jeweils 300 Millisekunden erscheinen. Nach jeder eingeblendeten Mimik muss die Person angeben, welche Emotion gerade gezeigt wurde. Die Erfolgsquote der Testläufe ist für gewöhnlich bescheiden, nur in 50 Prozent aller Fälle können die Getesteten das Gefühl richtig zuordnen.

Eines Tages passierte allerdings etwas Erstaunliches: Als ich vor meinem Computer gerade ein paar der Bilder kontrolliere, besucht mich meine damals fünfjährige Tochter Sophie im Büro. »Papa, was machst du denn da? Darf ich auch mal?«, fragt sie und guckt mich mit großen Augen an. Ich erklärte ihr kurz ihre Aufgabe, und als ich sieben Minuten später die Testergebnisse sehe, kann ich es fast nicht glauben: Meine Tochter hat 94 Prozent aller Gefühle richtig erkannt. Ich habe den READ-Test daraufhin mit mehreren anderen Kindern wiederholt, die ähnlich gute Ergebnisse erzielten. Aber warum sind Kinder im Gegensatz zu Erwachsenen so gut im Deuten nonverbaler Signale?

Geboren als Gesichterleser

Wir alle werden als Gesichterleser geboren. Kinder sind wahre Meister im Erkennen nonverbaler Signale, das haben nicht nur die Ergebnisse im READ-Test gezeigt. Wer selbst Kinder hat, weiß das wahrscheinlich. Denn was macht ein kleines Kind als Erstes, nachdem es hingefallen ist? Es guckt zu Mama oder Papa, um zu erfahren, wie schlimm der kleine Unfall gerade war. Wenn es ein entspanntes Gesicht erblickt, wird es sich meist sofort wieder aufrappeln und weiterspielen. Es sei denn natürlich, das Kind hat sich wirklich schlimm verletzt. In solch einem Fall fällt meist auch der prüfende Blick weg.

Wie sensibel vor allem Babys auf mimische Reaktionen wie auch auf das Ausbleiben von mimischen Signalen reagieren, zeigt das »Still Face Experiment« (Bewegungsloses-Gesicht-Experiment), das der Entwicklungspsychologe Edward Tronick entwickelte. Hierbei nimmt die Mutter zwar Blickkontakt zu ihrem Baby auf, zeigt mimisch aber keinerlei Bewegung. Schon nach wenigen Sekunden wird das Baby unruhig und ängstlich, bis es schließlich anfängt zu schreien. Weil Babys und Kleinkinder Worte noch nicht so gut verstehen, sind sie besonders stark auf nonverbale Signale angewiesen. Bleiben diese aus, reagieren sie gestresst.

Durch die ständige Beobachtung von Mimik können Kinder diese besser lesen als der durchschnittliche Erwachsene. Spannenderweise wiederholt sich hier in der individuellen Entwicklung die stammesgeschichtliche Evolution der Menschheit. Als sich unsere archaischen Vorfahren vor mehr als 35 000 Jahren nicht mittels Worten verständigen konnten, waren auch sie darauf angewiesen, über Mimik, Körpersprache und bestimmte Laute zu kommunizieren. Deswegen waren ihre Sinne dafür wesentlich stärker geschärft. Und je mehr sich die Sprache entwickelt und verfeinert hat, umso weniger war es noch notwendig, das Nonverbale zu deuten.

Dieser Prozess wiederholt sich auch in der individuellen Entwicklung eines jeden Menschen. Durch die wachsende Sprachfähigkeit geht unsere nonverbale Begabung zurück. Das bedeutet selbstverständlich nicht, dass sie verschwindet. Sie nimmt lediglich ab und schläft etwas ein. Das Schöne ist: Sie wartet nur darauf, wieder wachgeküsst zu werden.

Bewusst achten wir mehr auf Worte

Ohne Training neigen Menschen allerdings dazu, auf bewusster Ebene mehr auf die gesprochenen Worte zu achten, als auf das, was Mimik, Körper und Stimme ausdrücken. Die Studie einer internationalen Forschergruppe rund um den amerikanischen Psychologen Paul Ekman hat sogar gezeigt, dass die meisten Menschen Gesichtszüge ignorieren, die im Gegensatz zu den gesprochenen Worten stehen. Zumindest wenn wir untrainiert sind und die Signale nicht auf dem Präsentierteller serviert werden. Nur wenn wir das Gesagte nicht hören oder verstehen können, sind wir gezwungenermaßen wieder wesentlich aufmerksamer für die nonverbalen Signale. Dies ist zum Beispiel der Fall, wenn wir uns im Ausland aufhalten und die fremde Sprache nicht verstehen. Wer schon einmal einen Urlaubsflirt hatte, weiß: Erfolgreich flirten kann man hervorragend auch ohne viele Worte … bei manch einem läuft es dann sogar besser.

Dass sich in normalen Gesprächssituationen – wo wir also das Gesagte verstehen können – viele nonverbale Signale unserer bewussten Aufmerksamkeit entziehen, bedeutet jedoch nicht, dass wir sie nicht *un*bewusst registrieren. Wir alle kennen die Unsicherheit am Anfang einer Beziehung: »Sie hat zwar gesagt, dass sie sich meldet, doch mein Bauchgefühl sagt mir: Das wird nichts!« Aber wie entsteht dieses »Bauchgefühl«? Unbewusst nehmen wir weit mehr Informationen auf als auf bewusster Ebene. Das Problem ist nur, dass unser Bauchgefühl uns manchmal täuscht und die meisten Menschen nicht überprüfen können, wie es überhaupt dazu kam. Das macht ihre Wahrnehmung anfällig für Fehler.

Mein Tipp, wie Sie Ihre Fähigkeit im Deuten nonverbaler Signale reaktivieren können, lautet: Lernen Sie, das, was Sie sehen, auch wahrzunehmen und trainieren Sie Ihren Beobachtungsmuskel Stück für Stück! Genau das wollen wir in diesem Buch gemeinsam tun. Die Mimik spielt dabei eine besonders entscheidende Rolle. Denn unser Gehirn liebt Gesichter.

Unser Gehirn liebt Gesichter

Das menschliche Gehirn ist hochspezialisiert darauf, Gesichter zu erkennen und darin zu lesen, das heißt, mimische Signale blitzschnell zu entschlüsseln. Stellen Sie sich einmal vor, Sie laufen gerade die Straße entlang und ein alter Schulfreund kommt Ihnen entgegen. Sobald Sie ihn erblickt haben, braucht Ihr Gehirn weniger als eine halbe Sekunde, um sein Gesicht von allen anderen Ihnen bekannten und unbekannten Gesichtern zu unterscheiden. Auch wenn Ihnen der Name nicht sofort einfällt und Sie nicht wissen, woher Sie die Person kennen, so genügt dennoch dieser eine Blick, um zu wissen: »Den kenne ich doch irgendwoher.« Und manchmal auch: »Oh Gott, nicht der. Jetzt bloß schnell weggucken und so tun, als ob ich ihn nicht erkannt habe!«

Anhand dieses Blicks deuten wir aber noch viel mehr: zum Beispiel das Geschlecht einer fremden Person, ihr ungefähres

Alter, mögliche Charakterzüge oder – und das ist hier entscheidend – die Gefühlslage. Unser Gehirn versucht in Sekundenbruchteilen, im Gesicht unseres Gegenübers zu lesen, um so blitzschnell zu entscheiden, ob es uns sympathisch oder unsympathisch ist, uns anzieht oder abstößt. Doch die Fähigkeit, Gefühle treffsicher zu erkennen, ist, wie wir eben gesehen haben, eingeschlafen, und lässt deshalb oft zu wünschen übrig. Findet mich mein sympathischer Nachbar attraktiv, oder flirtet er vielleicht sogar mit mir? Das sind Fragen, bei denen viele Menschen mit ihrem Spontanurteil häufig danebenliegen. Gemeinsam werden wir diese Fähigkeit im Laufe dieses Buches aber wieder aufpolieren, so dass sie schon bald in neuem Glanz erstrahlen wird.

Fakt ist: Das Gesicht transportiert so viele Informationen wie kein anderer Bereich der Körpersprache. Die Spezialisierung unseres Gehirns auf die Erkennung von Gesichtern ist insofern aus evolutionärer Sicht ein klarer Überlebensvorteil und erklärt auch, weshalb unser Gehirn sie gegenüber anderen Dingen bevorzugt behandelt. So sehr, dass wir manchmal sogar Gesichter sehen, wo gar keine sind. Denken Sie nur einmal an den Mann im Mond, ein scheinbares Gesicht auf der Mondscheibe, oder an Emoticons, die wir im Schriftverkehr nutzen. So macht unser Gehirn aus einem Doppelpunkt und einer geschlossenen Klammer ein lächelndes Gesicht. :)

Dieses »Wir-sehen-überall-Gesichter«-Phänomen wird dadurch verursacht, dass beim Anblick eines Gesichtes andere neuronale Prozesse ablaufen als bei der Betrachtung von Gegenständen wie ein Hammer oder ein Auto. Denn um unmittelbar auf die Emotionen unserer Mitmenschen reagieren zu können, müssen Gesichtsinformationen möglichst schnell verarbeitet werden. Damit das gelingt, gibt es in den Schläfenlappen unseres Gehirns sogar einen eigenen Bereich, der auf Gesichtserkennung spezialisiert ist: das fusiforme Gesichtsareal (FFA).

Für unsere steinzeitlichen Vorfahren war diese Spezialisierung in manchen Situationen überlebensentscheidend: Übersah man in einem Streit einen Angriffsimpuls in der Mimik des Gegenübers, bezahlte man dafür unter Umständen mit dem Leben. Dieser Impuls kann sich in einem lediglich konzentriert wirkenden Blick verstecken oder sich deutlich durch den typisch »stechenden« Blick im Gesicht des Gegners offenbaren, bevor dieser zuschlägt.

Tatsächlich werden die Muskeln, die unsere Gesichtsausdrücke formen, von unserem Gefühlszentrum im Gehirn, dem limbischen System, »ferngesteuert«: Nervenbahnen verknüpfen unsere mimische Muskulatur direkt mit dem limbischen System, wo die Strukturen unseres Gehirns liegen, die alle in irgendeiner Form mit der Emotionsverarbeitung zu tun haben. So gilt zum Beispiel die Amygdala als wichtiges emotionales Auslösezentrum bei Gefahr. Sie ist Teil des limbischen Systems und drückt gewissermaßen den Startknopf in einer bedrohlichen Situation: In Sekundenbruchteilen entscheidet unser Gehirn, ob wir fliehen oder angreifen sollen. Vereinfacht gesagt, ist das limbische System unser Emotionszentrum, das unsere Entscheidungen und unser Verhalten viel stärker beeinflusst, als es den meisten Menschen bewusst ist.

Emotionen steuern uns

Wir sind emotionale Wesen. Sie denken jetzt vielleicht, »Nein, ich entscheide und verhalte mich immer … na ja, sagen wir fast immer … rational«! Um zu veranschaulichen, wie stark Gefühle uns im Positiven wie im Negativen steuern und unsere rationalen Ansichten beeinflussen können, werfen wir einmal einen Blick auf zwei Beispiele – übrigens wahre Begebenheiten:

Patrick ist überzeugter Nichtraucher. Wenn einer seiner Freunde sich eine Zigarette anzündet, reißt er sie ihm aus dem Mund und schmeißt sie in den Müll. Dann lernt er Janina kennen und verliebt sich auf den ersten Blick unsterblich in sie. Dass Janina eine starke Raucherin ist, stört ihn nicht. Patrick fährt sogar abends zur Tankstelle, um ihr Zigaretten zu kaufen. Er fängt zwar nicht selbst an zu rauchen, ist aber plötzlich auch anderen Rauchern gegenüber viel toleranter. Die Macht der Emotionen macht es möglich. Was hier in Patricks Gehirn passiert, schauen wir uns später noch an.

Szenenwechsel: Norbert und Katja leben seit zwei Jahren in einem kleinen Häuschen in einem Vorort von Berlin. Sie sind glücklich verheiratet. Eigentlich. Wären da nicht immer wieder Norberts kleine Aussetzer, wenn etwas nicht nach seinem Plan läuft. In solchen Momenten streiten sich die beiden häufig, und Norbert sagt in seiner Wut Dinge, die ihm schon kurze Zeit später, wenn er wieder »klar denken kann«, leidtun. Obwohl ihm bewusst ist, dass seine Wutausbrüche der Ehe schaden, kann er sie nur selten kontrollieren.

Vielleicht haben Sie so etwas auch schon einmal erlebt: Starke Gefühle, wie in Patricks Fall die Liebe und bei Norbert die Wut, haben plötzlich einen ganz konkreten Einfluss auf Ihr Leben – und verändern sogar langjährige Überzeugungen oder rational gefasste Vorsätze. Emotionen bewegen uns. Sie fordern uns heraus – manchmal im Positiven, manchmal im Negativen. Sie lassen uns lachen und auch weinen, lieben und hassen, umarmen und wegschubsen. In unserer Welt sind sie der Motor des Fortschritts wie der Zerstörung. Kurz gesagt, Emotionen bedeuten Leben und prägen die Beziehung zu unseren Mitmenschen.

Nonverbale Kompetenz als Schlüssel zum Liebesglück

Gefühle steuern uns und haben ganz konkreten Einfluss auf unser Leben. Die Fähigkeit, unsere eigenen Gefühle auszudrücken und die nonverbalen Signale anderer Menschen zu lesen, ist deshalb der Schlüssel zu einer glücklichen und stabilen Liebesbeziehung.

Genau wie Angst und Freude ist auch die Liebe eine Emotion. Da sie höhere Hirnregionen aktiviert, bezeichnen Psychologen die Liebe in Abgrenzung zu den Basisemotionen als komplexe Emotion. Im Vergleich zu den Basisemotionen, wie Freude oder Ärger, können komplexe Emotionen länger andauern – nicht nur Sekunden bis Minuten oder ein paar Stunden, sondern auch Tage, Wochen, Monate, Jahre oder sogar ein Leben lang. Wenn Sie Liebe als Emotion betrachten und nicht als einen einmal zu erreichenden Zustand, beinhaltet dies eine wichtige Schlussfolgerung für Ihre Beziehungen: Es sind die vielen kleinen Momente, in denen wir in positive Resonanz mit einem Menschen gehen, die Liebe in jedem Augenblick neu entstehen lassen. Durch viele und/oder besonders intensive dieser Mikromomente knüpft sich langsam, aber sicher ein unsichtbares Band zwischen zwei Menschen. Das ist der Kitt, der eine Partnerschaft zusammenhält. Die Liebe ist also kein Zustand, der selbstverständlich und sicher ist, sobald man ihn einmal erreicht hat. Sie ist nichts, was man einmal anschafft und auf Lebzeiten bei uns bleibt, sondern ein zartes Pflänzchen, das gepflegt werden möchte, damit es wächst und gedeiht. Der amerikanische Anthropologe David Givens hat gezeigt, dass die Liebe in fünf Phasen entsteht. Das Gefühl wächst also schrittweise, und jede dieser Phasen hat spezifische neurobiologische und psychologische Gesetzmäßigkeiten. Das ist, was ich den geheimen Code der Liebe nenne. Ihn zu enträtseln und zu begreifen ist der Schlüssel für eine glückliche und stabile Partnerschaft. Und die gute Nachricht ist: Diesen Schlüssel halten Sie gerade in Ihren Händen.

Die fünf Phasen des Liebeswerbens

Bevor wir uns diesen fünf Phasen, von Givens auch Werbephasen genannt, im Detail widmen, lassen Sie uns diese kurz im Überblick anschauen:

Phase 1: Aufmerksamkeit erregen
In der ersten Phase des Liebeswerbens, der *Aufmerksamkeitsphase,* geht es erst einmal um Sehen und Gesehenwerden. Wie können wir die Aufmerksamkeit auf uns ziehen, um einen Kontakt zum potentiellen Partner herzustellen? Welche Faktoren sind im ersten Augenblick einer neuen Begegnung besonders entscheidend – und machen ihn manchmal sogar magisch?

Phase 2: Sich wahrnehmen
Die *Wahrnehmungsphase* beginnt, wenn wir beobachten, wie das »Objekt unserer Begierde« auf uns reagiert, nachdem wir einen ersten Kontakt aufgenommen haben. Ohne eine von beiden Seiten ausgedrückte Flirtbereitschaft ist keine Annäherung möglich. Die zentralen Fragen lauten also: Wie erkenne ich, ob jemand mit mir flirtet? Woran erkenne ich Interesse oder Ablehnung? Und welche Signale muss ich ausstrahlen, damit wir uns näherkommen?

Phase 3: Miteinander sprechen
Die erste Hürde ist genommen. Man spricht das erste Mal miteinander und ist mittendrin in der *Konversationsphase. Was* ge-

sagt wird, ist hier wesentlich unwichtiger als *wie* es gesagt wird. Aber welches sind die richtigen Strategien für das erste Gespräch? Wie fange ich das Gespräch am besten an? Und wie kann ich mein Gegenüber richtig »lesen«?

Phase 4: Sich näherkommen
Weil es in dieser Phase zu ersten Berührungen kommt, spricht Givens jetzt von der *Berührungsphase*. Es geht hier aber noch um mehr: Neben der körperlichen Nähe ist nämlich auch die emotionale Nähe entscheidend, weshalb ich von *Annäherungsphase* sprechen möchte. Die Flirtenden nähern sich mehr und mehr an, die Distanz wird kleiner – nicht nur nonverbal, die Gesprächspartner öffnen sich auch auf der Inhaltsebene. Doch wie können wir erkennen, dass die empfundene Nähe zunimmt? Und wie lässt sich diese fördern?

Phase 5: Bindung aufbauen und erhalten
Die *Bindungsphase* ist die intimste Phase des Liebeswerbens, in der es in der Regel zum Sex kommt. Wir sind verliebt. Alles ist rosarot. Aber was hält die Beziehung auch nach dem Abklingen der ersten romantischen Verliebtheit glücklich und stabil?

Im Folgenden werden Sie erfahren, wie Sie diese fünf Phasen erfolgreich durchlaufen, was Sie also konkret tun können, damit Ihr Liebeswerben von Erfolg gekrönt ist. Dazu werden wir jede Liebesphase, vom ersten Augenblick bis zur Bindung, einzeln durchleuchten, angereichert mit den neuesten Erkenntnissen aus Wissenschaft und Forschung – und natürlich mit praktischen Ideen, die Sie sofort umsetzen können. Wir schauen uns die jeweiligen neurobiologischen und psychologischen Gesetzmäßigkeiten an, und wir machen sie durch viele Beispiele und Übungen für den Alltag anwendbar.

Bevor wir starten, möchte ich Ihnen in Anlehnung an die Worte des römischen Philosophen Augustinus noch Folgendes mitgeben: *Die Liebe gleicht einer Reise. Es kommt nicht darauf an, die Hindernisse zu umgehen, sondern sie zu meistern.* In diesem Sinne: Machen wir uns gemeinsam auf den Weg.

> ### Filmtipp
>
>
>
> Ich liebe Filme. Sie finden deshalb an manchen Stellen einen Filmtipp, der einige Aspekte des jeweiligen Kapitels noch einmal veranschaulicht.
>
> Der Tipp für dieses Kapitel ist einer meiner Lieblingsfilme: »Und dann kam Polly«. Ohne zu viel zu verraten, sei die Handlung kurz umrissen: Ruben (Ben Stiller) ist Risk Manager einer großen Versicherungsgesellschaft. Er versucht, die Emotionen und Gefahren des Lebens durch konsequentes Abwägen der Risiken zu kontrollieren. Dann lernt er Polly (Jennifer Aniston) kennen. Sie ist das personifizierte Chaos und lebt nahezu jede ihrer Emotionen direkt aus. Die Achterbahnfahrt der Gefühle ist vorprogrammiert. Ein Film zum Lachen, der sehr schön den Kampf zwischen Emotionen und Verstand veranschaulicht.

2. Wenn es »klick« macht: die neurobiologischen Gesetze der Anziehung

Berlin, ein verregneter Nachmittag im Mai 1990. Ich mache mich auf den Weg ins Gemeindehaus, denn es ist der erste Tag meines Konfirmationsunterrichts. Große Lust verspüre ich nicht, bei dem Wetter wäre ich lieber zu Hause geblieben. Als ich fünf Minuten zu spät endlich eintrudele, sind die anderen schon da, und der Pfarrer begrüßt mich mit den Worten: »Du musst dann also Dirk sein.« Doch ich höre seine tiefe Stimme nur leise in entfernter Weite, weil mein erster Blick auf das blonde Mädchen fällt, das vorne links sitzt. Als sie mich anschaut, schlägt mein Herz schneller, und vor Aufregung wird mir fast ein bisschen übel. Einen Wimpernschlag später bin ich verliebt bis über beide Ohren. Mit weichen Knien gehe ich auf den letzten freien Platz zu und setze mich, leider nicht neben sie. Doch das stellt sich später als gut heraus, denn noch in der selben Stunde erfahre ich, dass ich nicht die kleinste Chance bei ihr habe. Sie hat einen Freund und ist glücklich verliebt.

Ein kleiner Zeitsprung: Berlin, 15 Jahre später. Wieder ist es Nachmittag, und es gießt wie aus Kübeln. Dieses Mal bin ich zum Glück nicht zu Fuß unterwegs. Ich sitze gemütlich und trocken in meinem Auto und fahre zu einem Service-Termin beim Vertragshändler um die Ecke. Ich parke und renne über den Parkplatz, um nicht allzu nass zu werden. Endlich im Trockenen, schaue ich mich um, und dann sehe ich sie. Immer noch die gleichen blauen Augen, in denen man versinkt. Als unsere Blicke sich treffen, erwachen die Schmetterlinge aus ihrem fünfzehnjährigen Schlaf. »Großartig«, denke ich, »das hat mir gerade noch gefehlt, es hat lange genug gedauert, bis ich sie vergessen habe.« Was ich in diesem Moment noch nicht weiß: Auch sie hat es voll erwischt. Zwei Jahre später sind wir verheiratet, und unsere erste Tochter erblickt das Licht der Welt. Meine eigene Erfahrung hat mir gezeigt: Nicht bei jeder großen Liebe macht es gleichzeitig »klick«. Lassen Sie sich also nicht entmutigen, wenn es nicht auf Anhieb funkt.

Magnet der Aufmerksamkeit: das Gesicht

Laut einer Umfrage aus dem Jahr 2014 glauben 73 Prozent der Männer und 76 Prozent der Frauen an die Liebe auf den ersten Blick. Tatsächlich treffen Amors Pfeile manchmal schon im ersten Moment, doch meistens dauert es ein bisschen länger, bis sie im Ziel landen. Aber was sind die Faktoren, die den ersten Augenblick einer neuen Begegnung magisch machen? Und was können wir tun, damit uns der oder die andere bemerkt? Um diese Fragen zu beantworten, schauen wir uns nun die erste Stufe auf dem Weg zum Liebesglück genauer an: die Phase der Aufmerksamkeit.

In dieser ersten Phase des Liebeswerbens geht es ja darum, zu sehen und gesehen zu werden. Um einen Kontakt zum potentiellen Partner herzustellen, müssen Sie zunächst seine Aufmerksamkeit auf sich ziehen, und dabei spielt das, was in unserem Gesicht passiert, eine besondere Rolle. Das betont auch David Givens, dem wir unser Fünf-Phasen-Modell verdanken: »Im Gegensatz zu seinen tierischen Verwandten verlässt sich der Mensch beim Liebeswerben hauptsächlich auf die Merkmale und Signale des Gesichts.« Das Gesicht macht zwar nur rund fünf Prozent unserer gesamten Körperoberfläche aus, prägt aber dennoch unsere nonverbale Ausstrahlung und wie wir auf andere Menschen wirken. So ist zum Beispiel einer der wichtigsten Aspekte beim Flirten der Blickkontakt. Allein dieser verrät uns, ob jemand Interesse hat oder nicht. Wie sehr das Gesicht unsere Aufmerksamkeit auf sich zieht, lässt sich live im Musical »Der König der Löwen« erleben. Dort tragen die Darsteller an einem Gestell mit einigem Abstand vor ihrem Gesicht hölzerne Tiermasken, zum Beispiel ein Löwenantlitz. Wenn Sie sich das Musical ansehen sollten, probieren Sie einmal Folgendes aus: Versuchen Sie statt auf die Gesichter der Darsteller auf die Tiermasken zu schauen. Sie werden sehen, so sehr Sie es auch probieren, es gelingt nur unter größter Anstrengung. Wie von Geisterhand geführt, wandert Ihr Blick immer wieder zurück zum Gesicht. Dafür sorgt unser Gehirn, das uns fortwährend sagt: *Schau auf die Mimik. Sie transportiert die wichtigsten Informationen.*

Was über den Erfolg des ersten Augenblicks entscheidet

Sie möchten den Mann oder die Frau Ihrer Träume für sich gewinnen? Dann sollten Sie mit Gesicht und Körper genau drei Botschaften transportieren:

1. »Hier bin ich«: Zeigen Sie Präsenz, um Aufmerksamkeit auf sich zu ziehen.
2. »Ich bin attraktiv«: Strahlen Sie Attraktivität aus, verstärken Sie Ihre Anziehungskraft.
3. »Ich bin harmlos«: Signalisieren Sie, dass Sie ungefährlich sind, damit andere sehen, dass keine Gefahr besteht, wenn sie sich annähern.

Je besser es Ihnen gelingt, diese drei Botschaften erfolgreich an den Mann bzw. die Frau zu bringen, desto leichter erreichen Sie die nächste Stufe des Liebeswerbens. Schauen wir uns nun die drei Punkte etwas detaillierter an und stellen uns dazu die folgende Szene vor: Julia, Mitte dreißig und Single, sitzt mit ihrer besten Freundin Hannah an einem Freitagabend in einer Bar am Potsdamer Platz in Berlin. Während die beiden in ein Gespräch vertieft sind, öffnet sich plötzlich die Tür, und ein Mann kommt herein. Julia schaut kurz zu ihm herüber. »Oh Gott, jetzt nicht umdrehen, aber der Mann da, das ist genau mein Typ«, flüstert sie Hannah zu. Und schon ist Julia mittendrin in Phase 1. Wie kann sie es nun schaffen, dass der Unbekannte – nennen wir ihn Sebastian – sie bemerkt und optimalerweise sogar ein Gespräch zustande kommt?

Zeigen Sie Präsenz

Julia muss sich irgendwie bemerkbar machen, damit Sebastian auf sie aufmerksam wird. Und ihre Chancen stehen nicht schlecht, denn: Sie ist in Begleitung und unterhält sich. Dadurch ist sie nonverbal ständig in Bewegung, was wiederum zwei Vorteile mit sich bringt.

Erstens, bewegte Dinge nehmen wir eher wahr als unbewegte. Das kennen Sie wahrscheinlich aus dem Alltag. Eine kleine Bewegung im Augenwinkel, und wir reagieren sofort, wenden meist auch den Kopf in die Richtung. Aus Sicht der Evolution ist das Bewegungssehen eine der wichtigsten Fähigkeiten. Der Grund dafür liegt auf der Hand: Ob wilde Tiere, die sich nähern, fallende Gegenstände oder (heutzutage) fahrende Autos – von bewegten Objekten kann immer Gefahr ausgehen. Für unser Überleben war – und ist es – notwendig, schnell zu reagieren. Unbewusst nutzen die meisten Menschen den Wahrnehmungsvorteil von Bewegung, um die Aufmerksamkeit einer attraktiven Person auf sich zu ziehen: Ist das andere Geschlecht in Sichtweite, neigen

Mann und Frau dazu, einen Tick stärker und bewegter zu gestikulieren. Auch die Mimik wird ausdrucksstärker, so bewegen wir zum Beispiel die Augenbrauen mehr und deutlicher. Vorausgesetzt, wir fühlen uns sicher, sonst kann auch das Gegenteil eintreten. Wichtig ist für Sie, die Balance zu finden: Sind Ihre Signale zu aufdringlich, können Sie andere Menschen womöglich verschrecken. Denken Sie daran, beim Flirten geht es mehr ums Anlocken als ums Jagen.

Julias nonverbale Bewegungen haben noch einen weiteren Vorteil: Sie bringen ihr Sympathiepunkte bei Sebastian. Mehrere Studien haben gezeigt, dass Personen, die sich körpersprachlich – insbesondere mimisch, also im Gesicht – mehr bewegen, von ihren Mitmenschen positiver eingeschätzt werden, als solche, deren Mimik relativ starr bleibt. Lächeln wirkt sich hier am stärksten positiv aus. Das gilt insbesondere für Männer, die generell weniger lächeln als Frauen. Nicht zu ihrem Vorteil, denn während Mann selbst vielleicht denkt: »Ich entspanne doch nur mein Gesicht«, können andere diesen entspannten Gesichtsausdruck schnell als unfreundlich oder gar abweisend interpretieren.

Mein Tipp an Julia und alle anderen, die positive Aufmerksamkeit auf sich ziehen möchten, lautet also: Setzen Sie Ihre Mimik und Körpersprache bewusst und viel ein, sowohl, wenn Sie zuhören, als auch, wenn Sie mit jemandem sprechen. Aber Achtung: Bleiben Sie authentisch. Eine aufgesetzte Körpersprache wirkt schnell gekünstelt und

Ein entspannter Gesichtsausdruck wirkt schnell unfreundlich oder abweisend

kann somit nach hinten losgehen. Suchen Sie sich deshalb bewusst Gesprächsthemen, die Sie interessieren und bei denen Sie emotional beteiligt sind. Dann werden Ihre Mimik und Körpersprache automatisch bewegter und ausdrucksstärker. Wenn es Ihnen trotz aller Bemühungen einfach nicht gelingen will, die Blicke auf sich zu ziehen, empfehle ich Ihnen eine der beiden folgenden Strategien: Suchen Sie sich einen Zielort, zum Beispiel die Bar oder das WC, und gehen Sie auf dem Weg dorthin direkt an Ihrer Zielperson vorbei. So haben Sie die Chance, Blickkontakt aufzunehmen und zu prüfen, wie die Person auf Sie reagiert. Oder versuchen Sie, sich in räumlicher Nähe oder zumindest in Blickrichtung der Person zu positionieren, lassen Sie Ihren Blick dann immer wieder schweifen, und berühren Sie den anderen dabei unauffällig und kurz mit Ihren Blicken.

So erhöhen Sie Ihre Attraktivität

Julia hat es geschafft. Sebastian ist auf sie aufmerksam geworden und ihre Blicke treffen sich. Die Entscheidung, ob Julia nun eine Chance bekommt und weiter im Rennen bleibt, fällt in Sebastians Gehirn blitzschnell und wird maßgeblich dadurch beeinflusst, wie attraktiv er sie findet. Natürlich geht es auch um die inneren Werte, schließlich machen zwei schöne Gesichter noch keine glückliche Liebesbeziehung. Dennoch spielen die inneren Werte in diesem Moment noch keine Rolle. Denn bevor wir überhaupt ein Wort gewechselt haben, ist das Erste, was wir an einem Menschen wahrnehmen, sein Aussehen. Wie attraktiv wir ihn finden, hängt deshalb zumindest im ersten Augenblick vom Äußeren ab. Je länger wir einen Menschen kennen, desto mehr strahlt auch sein Charakter auf unsere subjektive Beurteilung der Attraktivität ab.

Ist Julia jetzt also dem Schicksal ausgeliefert und muss sich darauf verlassen, dass die Natur sie ausreichend mit gutem Aussehen gesegnet hat? Nicht ganz, denn es gibt ein paar Dinge, die sie berücksichtigen kann, um ihre Attraktivität zu steigern. Hier lohnt sich ein Blick auf die Ergebnisse der Attraktivitätsforschung.

Wie das Gesicht unsere Attraktivität beeinflusst
Die wichtigste Rolle bei der Beurteilung des Aussehens spielen die Mimik und das Gesicht – zumindest für die Frauenwelt. So haben Analysen der Augenbewegungen gezeigt, dass Frauen ihren Blick vornehmlich auf das Gesicht richten, während Männer mit ihrem Blick zusätzlich auch den Körper der Damen abtasten. Anhand des äußeren Erscheinungsbildes machen wir uns dann blitzschnell und zum größten Teil unbewusst ein Bild davon, was für ein Mensch da vor uns steht: Ist sie liebevoll? Wie ist er wohl im Bett? Ist sie fruchtbar? Ist er ein guter Vater? »STOPP«, denken Sie jetzt vielleicht. Ich überlege doch nicht im ersten Moment, ob die heiße Blondine fruchtbar oder der coole Typ ein guter Vater ist. Glauben Sie mir, das tun Sie – auch wenn es nicht bewusst passiert, meistens zumindest.

Aus Sicht der Evolution hat unser Liebeswerben nämlich nur ein Ziel: Fortpflanzung und Weitergabe der eigenen Gene. Dies wirkt sich direkt darauf aus, welche Merkmale wir am anderen Geschlecht attraktiv finden. Die Herren der Schöpfung sind hier weitaus einfacher gestrickt als die Damenwelt. Es geht für sie unbewusst im Kern nämlich nur um eine Frage: Wie fruchtbar ist sie? Die Fruchtbarkeit der Frau wird maßgeblich vom weiblichen Geschlechtshormon Östrogen bestimmt, und wie viel eine Frau davon im Blut hat, kann man ihr ansehen. Aber wo? Sie ahnen es bereits? Richtig, im Gesicht. Östrogene hemmen nämlich unter anderem das Knochenwachstum und prägen damit die Form des weiblichen Gesichts. Kinn und Kiefer bleiben schmaler, und die

Augenbrauenwulst ist weniger ausgeprägt als beim Mann, wodurch die Augen einer Frau im Durchschnitt größer wirken. Darüber hinaus fördert Östrogen die Fetteinlagerung und macht die Lippen voller.

Je deutlicher diese Hinweise auf einen hohen Östrogenspiegel im Gesicht einer Frau zu erkennen sind, desto attraktiver findet sie der Mann. Diesen Zusammenhang hat eine britische Forschergruppe der renommierten St.-Andrews-Universität im Jahr 2006 entdeckt. Sie erstellten Porträtaufnahmen von 59 Studentinnen im Alter zwischen 18 und 24. Die Frauen sollten dabei einen neutralen Gesichtsausdruck zeigen, ob sie Make-up auflegten, war ihnen freigestellt. 32 verzichteten darauf, 27 schminkten sich. Dann wurden die Porträtfotos Studenten zur Bewertung vorgelegt, die auf einer Skala von 1 bis 7 einschätzen sollten, wie attraktiv sie das jeweilige Gesicht finden. Das Ergebnis: Je höher der Östrogenspiegel, desto weiblicher, attraktiver und gesünder wirkte das Gesicht. Der Zusammenhang zwischen Östrogenspiegel und positiver Wirkung trat allerdings nur bei den Frauen auf, die kein Make-up aufgetragen hatten. Schminke kaschiert die natürlichen geschlechtstypischen Signale im Gesicht. Daraus abzuleiten, dass es Männer bevorzugen, der ungeschminkten Realität ins Gesicht zu blicken, wäre allerdings ein Trugschluss. Denn die Männer schätzten geschminkte Gesichter insgesamt als weiblicher, attraktiver und gesünder ein. Die gute Nachricht lautet also: Frauen, die von der Natur mit weniger weiblichen Gesichtszügen ausgestattet wurden, können mit ein paar Schminktricks ihrem Gesicht gekonnt eine Prise Weiblichkeit verleihen und damit ihre Anziehungskraft auf die Männerwelt steigern. Die Augenpartie und die Lippen sind dabei am wichtigsten: Tragen Sie zum Beispiel einen durchsichtigen oder leicht getönten Lipgloss auf, so wirken die Lippen voller. Oder zeichnen Sie die Lippen mit einem Konturenstift etwas oberhalb der natürlichen

Ränder nach, um sie voller wirken zu lassen. Wenn Sie Ihre Augenbrauen durch Zupfen oder einen Augenbrauenstift in Form bringen wollen, streben Sie am besten einen runden Verlauf an, dieser mildert harte und kantige Gesichtszüge ab und zeichnet das Gesicht weich und weiblich.

Wenden wir uns nun dem Geschmack der Frauen zu: Im Unterschied zum weiblichen Geschlechtshormon Östrogen fördert das männliche Geschlechtshormon Testosteron das Knochenwachstum, so dass typisch männliche Gesichtszüge kantiger und grober sind. Wenn Männer weibliche Gesichtszüge besonders attraktiv finden – zeichnet sich der Traumtyp der Frauen nun folgerichtig durch besonders maskuline Gesichtszüge aus?

So einfach lässt sich diese Frage leider nicht beantworten: Wenn Frauen in ihrer fruchtbaren Phase – also in den Tagen vor dem Eisprung – oder auf der Suche nach einer kurzfristigen Beziehung wie einem One-Night-Stand sind, wirken maskuline Testosteron-Gesichtszüge à la Arnold Schwarzenegger am attraktivsten. In den anderen Phasen ihres Menstruationszyklus oder wenn sie auf der Suche nach einer festen Beziehung sind, bevorzugen sie eher weibliche, weichere Gesichtszüge.

Eine mögliche Erklärung für dieses Phänomen liefert eine britische Studie: Die Psychologin Lynda Boothroyd hat gemeinsam mit drei Kollegen 145 Frauen befragt, welche Persönlichkeitsmerkmale sie bestimmten Männergesichtern zuordnen würden. Den Frauen wurden nacheinander Fotopaare vorgelegt – jeweils bestehend aus einem maskulinen und einem weicheren Männergesicht, und sie sollten einschätzen, welche Persönlichkeitseigenschaft am ehesten auf welches Gesicht zutrifft. Das Ergebnis: Männer mit den eher maskulinen Gesichtszügen wurden zwar als durchsetzungsstärker, aber auch als untreuer, weniger einfühlsam und als potentiell schlechtere Väter bewertet.

Hier kristallisiert sich ein Unterschied zwischen Mann und

Frau heraus: Generell lassen sich Männer eher von visuellen Reizen lenken, während Frauen neben dem Aussehen auch andere Faktoren wie Intelligenz und Charaktereigenschaften ihres potentiellen Partners in die Waagschale legen. Aber auch diese werden im ersten Augenblick vom äußeren Erscheinungsbild des Mannes abgeleitet. Und da die meisten Frauen mit dem maskulinen Typ nicht sehr wünschenswerte Charaktereigenschaften verbinden, muss er Abzüge in Sachen Attraktivitätsbeurteilung hinnehmen – zumindest wenn es um die Aussicht auf eine langfristige Beziehung geht. Steht jedoch die sexuelle Attraktivität im Zentrum der weiblichen Aufmerksamkeit, sieht es schon anders aus. Warum ist das so? Das muskelfördernde Testosteron ist ein Hinweis auf ein starkes Immunsystem: Das Hormon schwächt das Immunsystem, so dass nur die Männer, die mit einem starken Immunsystem ausgestattet sind, einen hohen Spiegel vertragen. Beste Voraussetzungen für das Zeugen gesunder Nachkommen. Männliche Gesichtszüge wirken also sexuell anziehend, charakterlich allerdings weniger attraktiv. Was auch erklärt, warum Frauen in der Regel Mischgesichter wie das von Brad Pitt am attraktivsten finden.

Wenn Männer mit sehr maskulinen Gesichtszügen, also beispielsweise mit kantigem Kinn, breitem Kiefer und buschigen Augenbrauen, auf der Suche nach einer festen Beziehung sind, sollten sie deshalb durch Mimik und Körpersprache ihre männliche Ausstrahlung nicht noch mehr betonen. Hier spielen die sogenannten Dominanzsignale eine entscheidende Rolle. Das sind nonverbale Ausdrücke, die besonders männlich wirken, wie:

- ein ernster oder regungsloser Gesichtsausdruck,
- der leicht in den Nacken gelegte Kopf (»von oben herab gucken«),
- ein niederstarrender Blick,
- Hände in die Hüften gestemmt oder vor der Brust verschränkt,
- mehr als hüftbreiter Stand.

Zu viele Dominanzsignale wirken abschreckend

Das heißt jetzt im Umkehrschluss aber nicht, dass Männer mit eher weiblichen Gesichtszügen, die auf einen One-Night-Stand aus sind, diese Dominanzsignale bewusst einsetzen sollten. Welche allgemeinen körpersprachlichen Signale die Erfolgschancen der Männer beim Liebeswerben erhöhen, schauen wir uns im nächsten Kapitel an.

> **Frauen entscheiden komplexer**
>
> Männer finden bei Frauen weibliche, weiche Gesichtszüge besonders attraktiv. Frauen bevorzugen bei Männern während des Eisprungs maskuline Gesichtszüge, ansonsten aber auch eher weibliche Gesichtszüge. Im Gesamturteil kommt bei den Frauen ein Mischgesicht mit gleichzeitig maskulinen und weichen Formen am besten an.

Lächeln Sie sich schön:
Wie Mimik unsere Attraktivität beeinflusst
Neben statischen Elementen – wie zum Beispiel den Gesichtszügen – beeinflusst auch die Bewegung in unserem Gesicht, also die Mimik, unsere Wirkung auf andere. Dabei hat sich vor allem ein Gesichtsausdruck als besonders wirkungsvoll entpuppt: das Lächeln. Als ich vor dem Schreiben dieses Buchs aktuelle Studien über die Wirkung des Lächelns auf die Attraktivität sichtete, kam ich aus dem Staunen gar nicht mehr heraus. Eines steht fest: Das Lächeln ist der kraftvollste und positivste Gesichtsausdruck, zu dem ein Mensch fähig ist.

Lächeln sorgt nicht nur dafür, dass wir als intelligenter, attraktiver und zugänglicher eigeschätzt werden, sondern lädt andere Menschen ein, näher zu kommen. Es transportiert Offenheit und Freundlichkeit. Botschaften, die gerade in der Aufmerksamkeitsphase (Phase 1) und in der Wahrnehmungsphase (Phase 2) besonders wichtig sind, damit wir mit anderen Menschen in Kontakt kommen.

Dabei ist Lächeln nicht gleich Lächeln. Ein britisch-deutsches Forscherteam um die Psychologin Eva Krumhuber hat in einer Studie untersucht, wie sich langsam beginnendes Lächeln von schnell einsetzendem Lächeln in der Wirkung auf andere unterscheidet. Die Psychologen zeigten einhundert Studenten verschiedene computeranimierte Gesichtsausdrücke und ließen sie danach drei Aspekte bewerten: Vertrauenswürdigkeit, Attraktivität und Dominanz der gezeigten Person. Außerdem sollten sie angeben, ob sie den gezeigten Gesichtsausdruck als echt oder vorgetäuscht empfanden. Das Ergebnis war eindeutig: Eine Person, deren Lächeln langsam einsetzte (500 Millisekunden, bis es voll da war), wurde als attraktiver, vertrauenswürdiger und weniger dominant eingeschätzt als eine Person, die ein schnell einsetzendes Lächeln zeigte (133 Millisekunden). Zusätzlich wirkte das langsam einsetzende Lächeln auf die Studienteilnehmer echter und flirtender. Ab jetzt sollten Sie also immer eine Stoppuhr dabeihaben. Ein kleiner Scherz, das tun Sie natürlich bitte nicht. Tatsächlich haben die Studenten – so wie die meisten von uns das auch tun – intuitiv erfasst, was die Mimikforschung schon lange weiß: Das echte Lächeln setzt langsamer ein. Wenn Sie mit Ihrem Lächeln also ehrlicher Freude Ausdruck verleihen, machen Sie automatisch alles richtig.

Die Studie hat aber noch etwas anderes gezeigt, das sehr nützlich für unsere Zwecke ist: Die positive Wirkung des Lächelns lässt sich verstärken, wenn der Kopf dabei ein wenig zur Seite geneigt wird. Eine leichte Schräglage des Kopfes nach links steigert dabei die wahrgenommene Attraktivität, während eine leichte Schräglage nach rechts die Vertrauenswürdigkeit erhöht.

Ihr Lächeln ist das Wichtigste, das Sie tragen

Lächeln Sie mehr. Denn Menschen, die lächeln, werden von anderen als intelligenter, attraktiver und zugänglicher eingeschätzt als Menschen mit einem neutralen Gesichtsausdruck.

Warum Blickkontakt glücklich und attraktiver macht
Die Redensart »Jemanden keines Blickes würdigen« bedeutet, dass wir jemanden nicht beachten, ihn vielleicht sogar verachten. Wenn wir hingegen an einer Person interessiert sind, sagen wir manchmal: »Ich habe ein Auge auf sie geworfen.« Unser Sprachgebrauch verdeutlicht, wie wichtig der Blick für uns ist, wenn wir mit anderen Menschen interagieren. Das gilt insbesondere beim Flirten, wo wir versuchen, eine Person für uns zu gewinnen. Denn mit der Richtung unseres Blickes teilen wir anderen Menschen mit, worauf unsere Aufmerksamkeit gerade gerichtet ist und was für uns von Bedeutung ist. Umgekehrt reagieren wir selbst schnell gereizt, wenn diese Aufmerksamkeit nicht geteilt wird: »Schau mich gefälligst an, wenn ich mit dir spreche«, hat jeder von uns wahrscheinlich schon einmal gesagt (oder gedacht).

Die enorme Bedeutung des Blickkontakts spiegelt sich auch in der Aktivität unseres Gehirns wider: Schaut uns ein Gesicht an, das wir attraktiv finden, wird in unserem Gehirn das Lust- und Belohnungszentrum aktiviert, und das Glückshormon Dopamin strömt in unsere Blutbahn. Das angenehme Kribbeln, das dann entsteht, kennen Sie vermutlich. Und wahrscheinlich auch die traurige Ernüchterung, wenn der Blick sich wieder abwendet. Dann sinkt nämlich die Aktivität im Belohnungszentrum wieder. Ein Team von britischen Wissenschaftlern fand heraus, dass die Abbildung eines lächelnden, in die Kamera blickenden Gesichts als besonders attraktiv wahrgenommen wird. Ein tiefer Blick in die Augen scheint also die durch ein Lächeln ohnehin schon erhöhte Attraktivität zusätzlich zu steigern. Mein Tipp für Sie: Wenn Sie mit jemandem flirten möchten, nehmen Sie mit leicht nach links geneigtem Kopf Blickkontakt auf, und lächeln Sie. Das erhöht Ihre Attraktivität.

Wiedersehen macht Freude, oder:
Gewohnheit als »Attraktivitäts-Booster«

Um das Phänomen »Attraktivität und Anziehung« besser zu verstehen, führten die Psychologen Richard Moreland und Scott Beach Anfang der 1990er Jahre in Pittsburgh ein faszinierendes Feldexperiment durch: Sie wählten vier junge Frauen aus, die ungefähr das gleiche Alter hatten, sich im Erscheinungsbild ähnelten, wie »typische College-Studentinnen« aussahen und auch ähnlich attraktiv waren. Dann startete das Experiment. Drei der vier Frauen besuchten in den kommenden Wochen verschieden häufig eine bestimmte Vorlesung: Die Erste erschien fünfmal in der Vorlesung, die Zweite zehnmal und die Dritte fünfzehnmal. Dort verhielten sie sich ähnlich, denn sie hatten zuvor strenge Anweisungen erhalten: »Kommen Sie ein paar Minuten vor Beginn des Kurses in den Vorlesungsraum. Gehen Sie dann langsam nach vorne, und setzen Sie sich so hin, dass alle anderen Studenten Sie sehen können. Während der Vorlesung hören Sie bitte einfach zu und machen sich ein paar Notizen. Einige Minuten, nachdem die Vorlesung zu Ende ist, gehen Sie langsam hinaus. Nehmen Sie weder verbal noch nonverbal Kontakt zu anderen Studenten auf. Für den unwahrscheinlichen Fall, dass jemand Kontakt zu Ihnen aufnehmen möchte, wenden Sie sich einfach ab, und ignorieren Sie die Person.« Die vierte Frau erschien zu keiner der Vorlesungen.

Am Ende des Semesters zeigten die beiden Psychologen 130 Studenten, die ebenfalls an der Vorlesung teilgenommen hatten, Fotos der vier Frauen und baten sie anzugeben, ob sie diese kannten und wie attraktiv sie sie jeweils fanden. Nur jeder Zehnte glaubte sich zu erinnern, dass er die Frauen auf dem Bild schon einmal irgendwo gesehen hatte. Das traf allerdings selbst auf die Dame zu, die keine der Vorlesungen besucht hatte. Entscheidend war jedoch: Je mehr Vorlesungen eine Frau besucht hatte, desto attraktiver wurde sie beurteilt, und desto mehr Studenten gaben an, gerne mit ihr befreundet sein oder Zeit mit ihr verbringen zu wollen.

Was können wir daraus lernen? Die wiederholte Begegnung mit einer Person, ohne dass wir diese bewusst wahrnehmen oder gar mit ihr interagieren, macht sie in unseren Augen attraktiver. Wenn eine gewisse Grundanziehung vorhanden ist, können also selbst passive Kontakte die Chance erhöhen, dass zwischen zwei Menschen der Funke überspringt.

> **Gewohnte Gesichter sind attraktiver**
>
> Wenn Sie auf der Suche nach einem Partner sind, macht es durchaus Sinn, einem bestimmten »Revier« treu zu bleiben. Denn je häufiger Sie von anderen unbewusst wahrgenommen werden, zum Beispiel in derselben Bar oder im selben Sportstudio, desto attraktiver werden Sie in deren Augen.

Zeigen, dass man ungefährlich ist

Haben Sie die Botschaften »Hier bin ich« und »Ich bin attraktiv« erfolgreich an den Mann oder an die Frau gebracht, sollten Sie nun das dritte Signal senden: »Ich bin harmlos.« Denn in Phase 1 – der Aufmerksamkeitsphase – geht es nicht nur darum, dass wir Präsenz zeigen und Attraktivität ausstrahlen. Damit die erste Kontaktaufnahme und eine weitere Annäherung durch einen möglichst fließenden Übergang in die zweite Phase – die Wahrnehmungsphase – leichter werden, ist noch etwas anderes wichtig: Der andere muss uns als ungefährlich wahrnehmen.

Wenn wir fremden Personen begegnen, gibt es für unser limbisches System nur eine entscheidende Frage: Ist der Andere mir wohlgesinnt oder besteht eine Gefahr? Die Antwort auf diese Frage war für unsere archaischen Vorfahren überlebenswichtig, deshalb überprüft unser limbisches System auch heute noch automatisch und von uns unbemerkt jede Begegnung auf eine mögliche Gefahr, die von ihr ausgehen könnte. Auf Flirtsituationen übertragen, lautet diese Frage: Wird unsere Annäherung vom anderen gewünscht, oder müssen wir befürchten, dass er unfreundlich oder gar abweisend reagiert?

Die Angst vor einer negativen Situation erklärt auch, warum besonders attraktive Menschen in der Regel seltener angesprochen werden als durchschnittlich attraktive. Viele Menschen fürchten die Zurückweisung, und so wird noch vor der ersten Kontaktaufnahme der Annäherungswunsch im Keim erstickt. Was diesen Effekt noch verstärkt, ist das Auftreten einer attraktiven Person: Je selbstbewusster sie wirkt, desto größer die Furcht, abgewiesen zu werden.

Das bedeutet im Umkehrschluss: Je attraktiver Sie wahrgenommen werden, desto mehr ermutigende Signale müssen Sie senden – natürlich nur für den Fall, dass Sie eine Annäherung wünschen. Eines der Signale, das andere Menschen am meisten ermutigt, sich uns zu nähern, ist das Lächeln. Aber auch ein vermehrter Blickkontakt oder eine offene Körperhaltung wirken einladend. Offen ist eine Körperhaltung, wenn die Körpermitte durch nichts, wie beispielsweise verschränkte Arme, verdeckt wird. Einschüchternde Gesten, die einen potentiellen Interessenten auf Abstand halten, sind hingegen die Dominanzsignale, von denen wir bereits gesprochen haben, zum Beispiel ein ernster Gesichtsausdruck oder ein mehr als hüftbreiter Stand.

In unserem Beispiel sollte also auch Julia dafür sorgen, dass sie ungefährlich wirkt. Hier könnte allerdings Hannahs Anwesenheit zu einem Nachteil für sie werden, denn Sebastian ist allein und deshalb in der Unterzahl. Julia sollte also darauf achten, besonders viele ermutigende Signale in seine Richtung zu senden und vielleicht Hannah bitten – nachdem der Blickkontakt mit Sebastian hergestellt ist –, für ein paar Minuten zu verschwinden.

»Schau mir in die Augen«, oder: So erkennen Sie Interesse

Der Moment der Wahrheit in der ersten Phase ist gekommen, wenn Ihre Blicke sich mit denen der begehrten Person treffen. Achten Sie jetzt genau auf die Reaktion, die Sie bekommen, und lassen Sie sich nicht gleich entmutigen, wenn diese ausbleibt, denn nicht immer entsteht das Interesse beim ersten Blick. Grundsätzlich sind alle nonverbalen Signale, die darauf hinweisen, dass bei unserem Gegenüber Aufmerksamkeit und Interesse ansteigen, positiv zu werten. Und woran erkennen Sie das? Sehen Sie Ihrem Gegenüber ins Gesicht. Typisch für den Ausdruck von Interesse ist das Öffnen und Fokussieren der Sinne, die sich bei einem interessanten Objekt (im Idealfall sind das Sie) darauf einstellen, mehr von den Umgebungsreizen aufzunehmen. Klassische Bewegungen im Gesicht, die auf Interesse und eine gesteigerte Aufmerksamkeit hinweisen, sind dementsprechend:

- ein leichtes Hochziehen der Augenbrauen,
- ein leichtes Hochziehen der oberen Augenlider,
- ein leichtes Öffnen des Mundes,
- ein Schürzen der Lippen (wie bei einem Kussmund),
- ein außergewöhnlich langer Blick von zwei oder drei Sekunden,
- eine Erweiterung der Pupillen (dazu kommen wir später noch im Kapitel »*Willst du mit mir gehen?*«: *Flirtsignale erkennen*).

»Schau mir in die Augen«, oder: So erkennen Sie Interesse

Augenbrauen und obere Augenlider
sind leicht hochgezogen

Der Mund ist leicht geöffnet,
die Lippen sind geschürzt

Und so sieht bei sehr großem
Interesse die Kombination aus

Jetzt denken Sie vielleicht: »Huch, so hat mich aber noch nie jemand angeschaut?« Das liegt daran, dass die mimischen Zeichen für Interesse in der Regel eher kurz sind, nur 0,5 bis 4 Sekunden erscheinen sie auf unserem Gesicht. Das Interesse hält trotzdem meist länger an, denn die neuronale Aktivität und das Gefühl von Interesse bleiben auch dann weiter bestehen, wenn die Bewegung in der Mimik verschwunden ist.

Wenn Sie zusätzlich ein Lächeln beobachten, ist dies ein sehr gutes Zeichen. Aber auch ein Lächeln ohne andere wahrnehmbare Zeichen gibt Ihnen grünes Licht für die nächste Phase.

Ergänzend zu Mimik und Blickkontakt geben Ihnen die folgenden körpersprachlichen Signale einen Hinweis auf Interesse:

- Die Person richtet sich auf oder neigt den Körper nach vorn,
- die Person orientiert sich in Ihre Richtung oder nähert sich Ihnen ein Stück,
- der Kopf wird leicht seitlich-schräg gehalten,
- die Muskelspannung erhöht sich,
- Mimik und Gestik werden lebhafter.

Geht das auch im Internet, oder: Ein Exkurs für Online-Dater

Immer mehr Menschen nutzen Singlebörsen im Internet, um den potentiellen Partner fürs Leben kennenzulernen. »Im Jahr 2013 wurden nach Auskunft von 827 deutschen Standesämtern 16,4 % aller Ehen zwischen Partnern geschlossen, die sich im Internet kennengelernt haben«, so das Ergebnis einer 2013 von metaflake durchgeführten Umfrage. Und der Trend ist steigend. Monatlich sind über acht Millionen Nutzer auf Online-Dating-Portalen aktiv. Und das allein im deutschsprachigen Internet. Laut dem Bundesverband Digitale Wirtschaft e. V. nutzen 70,6 Prozent der User die Online-Partnerbörse, um eine feste Beziehung zu finden. 61,5 Prozent gaben sogar an, online auf der Suche nach einem Partner fürs Leben zu sein.

Beim Online-Dating fällt die bewegte nonverbale Kommunikation naturgemäß komplett weg, entscheidend für den ersten Eindruck ist nahezu ausschließlich das Profilbild. Die klassische Offline-Von-Angesicht-zu-Angesicht-Aufmerksamkeitsphase verlagert sich auf den kurzen Moment, in dem wir das Foto betrachten. Lassen Sie uns deshalb einen kleinen Blick darauf werfen, wie Sie die Erkenntnisse aus diesem Kapitel für Ihr Profilfoto auf einer Online-Singlebörse oder in Dating-Apps nutzen können. Denn die drei Botschaften der Aufmerksamkeitsphase muss nun das Foto transportieren:

1. »Hier bin ich«
Wie steigern Sie die Aufmerksamkeit für Ihr Profilfoto? Ein sehr wirksamer Weg sind gute Kontraste. Sowohl zwischen Ihnen und dem Hintergrund als auch innerhalb Ihrer Kleidung. Nutzen Sie dafür Warm-Kalt oder Hell-Dunkel-Kontraste sowie Komplementärfarben. Wenn Sie zum Beispiel ein weißes Oberteil (hell) tragen, sollten Sie sich <u>nicht</u> vor einer gelben Wand (ebenfalls hell) ablichten lassen. Besser wäre in diesem Fall ein dunklerer Hintergrund. Das Gleiche gilt für Warm-Kalt-Kontraste. Zur groben Orientierung: Von den meisten Menschen wird Blaugrün als die kälteste und Rotorange als die wärmste Farbe empfunden. Damit der Blick auf das Gesicht gelenkt wird, tragen Sie helle, auffällige Farben eher am Oberkörper. Denn der Blick richtet sich zuerst auf hell und auffällig. Welche Farbkombinationen Sie in das beste Licht rücken, hängt davon ab, was für ein Typ Sie sind. Ein professioneller Fotograf oder Imageberater kann Ihnen hier wertvolle Tipps geben.

2. »Ich bin attraktiv«

Ein symmetrisch lächelndes Gesicht mit leicht nach links geneigtem Kopf, das Blickkontakt zum Betrachter hat, bekommt die besten Attraktivitätsnoten. Das ist das Ergebnis mehrerer Studien. Da die Bewegung der Mimik auf einem Foto nicht zu sehen ist, ist das Aussehen des Lächelns entscheidend. Hier gilt der Merksatz: Je breiter und offener der Mund beim Lächeln, desto einladender und zugänglicher wirkt es. Es sollte aber auch nicht übertrieben aussehen, sondern möglichst authentisch und echt. Aktivieren Sie dafür am besten innerlich ein Gefühl von Freude, indem Sie zum Beispiel an ein Erlebnis denken, bei dem Sie sich wirklich gefreut haben.

So positiv sich ein freundlicher Gesichtsausdruck auf Ihre Anziehungskraft auswirkt, so negativ kann im Gegenzug ein trauriger wirken. Traurige Gesichtszüge sollten Sie auf dem Profilfoto also vermeiden. Dazu zählen zum Beispiel der klassische Hundeblick, bei dem die Augenbrauen-Innenseiten hochgezogen werden oder das Herunterziehen der Mundwinkel. Achten Sie auch darauf, dass die Oberlippe nicht hochgezogen wirkt (dieser Ausdruck signalisiert Ekel) oder die Mundwinkel eingepresst sind (das kann genervt oder, noch schlimmer, als Verachtung gedeutet werden). Auch wenn Sie sich anders fühlen: Entscheidend für die Wirkung Ihres Bildes ist nicht, was in dem Moment der Aufnahme tatsächlich in Ihnen vorgegangen ist, sondern welches Gefühl der Betrachter wahrnimmt, wenn er das Foto sieht.

3. »Ich bin harmlos«

Um ungefährlich zu wirken und so die Hemmschwelle zu senken, mit Ihnen in Kontakt zu treten, vermeiden Sie jegliche Dominanzsignale. So bitter es für manch einen ist: Hierzu zählt auch das von vielen jüngeren Männern bevorzugte Bild mit (weit) aufgeknöpftem Hemd oder dem aufgemotzten Auto im Hintergrund.

Der leicht geneigte Kopf unterstützt hervorragend die »Ich bin harmlos«-Botschaft. Achten Sie jedoch auch auf die Perspektive, aus der fotografiert wird. Am besten, Sie lassen sich auf Augenhöhe oder vielleicht sogar minimal aus der Vogelperspektive fotografieren. Vermeiden sollten Sie auf jeden Fall die Froschperspektive – also von unten nach oben. Das wirkt ganz schnell überheblich.

Zum Abschluss noch ein Tipp für Frauen: Bei einigen nichtmenschlichen Primatenarten, wie zum Beispiel den Japanmakaken, gibt es deutlich sichtbare Hinweise auf die fruchtbare Phase im Menstruationszyklus, den Eisprung. So erklärte der Wiener Primatenforscher Bernhard Wallner in einem Interview mit der *Frankfurter Rundschau*: »Den Zeitpunkt der optimalen Befruchtungsmöglichkeit signalisieren die Tiere durch intensive Rötung der Brustwarzen.« Bisher dachte man, dass es beim Menschen solche Signale nicht gibt. Eine britische Forschergruppe hat nun etwas anderes entdeckt: Die Signale nehmen wir zwar nicht bewusst wahr, unbewusst scheinen sie aber zu wirken – und zwar in unserem Gesicht! In einer Studie zeigten sie Männern jeweils zwei Aufnahmen von Frauen: Ein Foto wurde zum Zeitpunkt des Eisprungs gemacht, das andere in der unfruchtbaren Phase. Das erstaunliche Ergebnis: Die Porträtaufnahmen, die während des Eisprungs aufgenommen wurden, wirkten auf die Männer attraktiver als die aus der unfruchtbaren Phase. Wenn Sie also ein Foto in der fruchtbaren Phase erstellen lassen, wirkt es subtil anziehender auf die Männerwelt.

3. »Willst du mit mir gehen?«: Flirtsignale erkennen

Berlin, 16. Juli 2014. Die Sonne scheint, der Himmel ist strahlend blau. Ich bin mit einem Filmteam unterwegs, um für die Fernsehsendung »Mission Freundlichkeit – das 100 Tage Experiment« zu drehen. Die Botschaft: Seid netter zueinander, ob im Verkehr, am Arbeitsplatz, in der Familie. Weil gerade das Nonverbale entscheidend dafür ist, wie freundlich wir auf andere wirken, bin ich als Mimik-Experte dabei. Heute stehen kostenfreie Umarmungen für Passanten auf dem Programm. Als Ort des Geschehens haben wir uns den gut frequentierten Breitscheidplatz ausgesucht, wo der sympathische und attraktive Moderator Jan Köppen sich mitten auf den Bürgersteig vor der Gedächtniskirche stellt und ein Schild hochhält. »Free Hugs« steht in großen Buchstaben darauf, *kostenfreie Umarmungen*. Einige Fußgänger laufen vorbei, gucken im ersten Moment irritiert, andere bleiben belustigt stehen. Ich habe mich in einiger Entfernung positioniert und beobachte, wie die Vorbeilaufenden reagieren. In circa zehn Metern Entfernung von Jan hat sich eine kleine Gruppe von fünf jungen Frauen gebildet, ungefähr im gleichen Alter wie er. An der Mischung aus Interesse, Skepsis und Verlegenheit erahne ich, was sie wohl denken mögen: »Meint der das ernst mit der Umarmung?! Der sieht ja total süß aus. Ich glaube, ich traue mich nicht.« Dann löst sich ein Mädchen aus der Gruppe und geht zielstrebig in Jans Richtung. Schon als sie auf ihn zuläuft, sendet sie eindeutige nonverbale Signale: Ihr Gesicht strahlt, aber immer wieder guckt sie nach unten und kratzt sich nervös im Gesicht. Eine Mischung aus »Hurra« und »Wie peinlich«. Wenn zwei Emotionen, wie Freude und Verlegenheit, gleichzeitig auftreten, sprechen wir Fachleute von einer Mischemotion. Dieses Hin-und-Hergerissen-Sein zwischen Zuwendung und Abwendung ist typisch für Situationen, in denen wir versuchen, uns einer Person anzunähern – oder sie für uns zu gewinnen. Aber warum ist das so?

Der österreichische Verhaltensforscher Irenäus Eibl-Eibesfeldt – übrigens wissenschaftlicher Pionier auf dem Gebiet der Flirtforschung – erklärt diese Ambivalenz durch gegensätzliche Impulse in unserem Inneren: »Den Neigungen zur Kontaktsuche (Bindetrieb) stehen (...) Impulse entgegen, die auf Distanzierung hinwirken.« Hierbei scheint es sich um angeborene und kulturübergreifende Impulse zu handeln, denn Eibl-Eibesfeldt stellte fest, dass schon Säuglinge ab einem Alter von fünf bis sechs Monaten anfangen zu »fremdeln«, auch wenn sie keine schlechte Erfahrung mit Fremden gemacht haben. Und zwar in allen von ihm untersuchten Kulturen.

Als Erwachsener haben wir diese Fremdenfurcht natürlich nicht mehr in dem Maße wie ein Kleinkind, doch unter der Oberfläche des Bewusstseins schlummert sie immer noch. Denn auch Erwachsene haben Angst vor Zurückweisung. Und diese Angst ist aus neurobiologischer Sicht absolut verständlich, wie eine Forschergruppe rund um die Psychologin Naomi Eisenberger nachgewiesen hat. Wenn uns jemand zurückweist, wird im Gehirn das Schmerzzentrum aktiviert. Das heißt, Zurückweisung tut körperlich weh.

So ergeben sich in Flirtsituationen die zwei typischen gegensätzlichen Handlungsimpulse: auf der einen Seite die gewünschte Annäherung und auf der anderen Seite der aus der Angst resultierende (unbewusste) Fluchtimpuls. Ein Teil von uns sagt »Geh schon hin« und ein anderer »Oh Gott, was ist, wenn du einen Korb bekommst?«. Genau diese Ambivalenz ist der Grund für die

Mischemotionen, die nun in unserer Mimik und Körpersprache bemerkbar werden und übrigens auch sehr deutlich in unserer Blutbahn.

Die Biochemie des Flirtens

Der Blickkontakt mit einer noch unbekannten Person, die wir attraktiv finden, ist der zündende Impuls für das erste, kleine – manchmal auch größere – Feuerwerk unserer Hormone. Je stärker wir uns von einem Menschen angezogen fühlen, desto mehr zündet es. Zu verdanken haben wir dieses Schauspiel vier Hormonen, die in so einem Moment unseren Körper fluten: die Stresshormone Adrenalin und Noradrenalin sowie die Glückshormone Dopamin und Phenylethylamin.

Widmen wir uns zunächst den Stresshormonen. Sie sind verantwortlich für die Stimme in unserem Ohr, die uns zuruft: »Lass es lieber. Nachher wirst du noch abgewiesen. Das könnte ganz schön peinlich werden.« Spätestens wenn sich die Blicke treffen, schaltet unser Körper auf Alarmbereitschaft und schießt die Stresshormone Adrenalin und Noradrenalin in unsere Blutbahn. Das Adrenalin verursacht einerseits die Nervositätssymptome, die uns das Leben oft so schwer machen: Herzklopfen, feuchte Hände und weiche Knie. Es sorgt aber auch dafür, dass wir hellwach und leistungsfähig sind, denn es beschleunigt unseren Herzschlag, so dass die Muskulatur verstärkt durchblutet wird und wir sofort handlungsbereit sind. Und auch das Gehirn wird vermehrt mit Blut versorgt. Deshalb kommt es in so einer Situation schon einmal dazu, dass wir erröten. Wenn Sie also bei Ihrem Gegenüber beobachten, wie ihm die Röte ins Gesicht steigt, ist das ein ziemlich sicheres Zeichen dafür, dass auch auf der anderen Seite das Interesse entfacht ist. Adrenalin erklärt auch das Gefühl der Schmetterlinge im Bauch: »Da Gehirn und Körper nun mit anderen – weitaus wichtigeren – Dingen als Verdauung beschäftigt sind, wird Blut von den Verdauungsorganen zu anderen Organen umgeleitet, was wir in Form von ›Schmetterlingen im Bauch‹ zu spüren bekommen«, schreibt der Chemiker Marco Rauland in seinem sehr lesenswerten Buch *Feuerwerk der Hormone*.

Adrenalin wühlt uns also ziemlich auf. Noradrenalin hingegen hemmt diese Wirkung etwas und lässt uns in dem Moment einer Stresssituation, wenn »es darauf ankommt«, einen einigermaßen kühlen Kopf bewahren. Diese Wirkung kennen Sie bestimmt. Beispielsweise, wenn Sie einen wichtigen Vortrag halten müssen und vorher wahnsinnig aufgeregt sind (Adrenalin!). Doch als es losgeht, sind Sie ganz plötzlich ruhig und voll konzentriert (Noradrenalin!). Manchmal sind der Adrenalinausstoß und die damit verbundene Aufregung allerdings auch zu groß, dann beruhigen wir uns vorher nicht und können keinen klaren Gedanken mehr fassen. Wie man solche emotionalen Blockaden lösen kann, schauen wir uns im nächsten Kapitel an.

Wenn ausgelöst durch den ersten Blickkontakt nur Stresshormone in unser Blut schießen würden, würden wir wahrscheinlich die Beine in die Hand nehmen und rennen, was das Zeug hält. Zum Glück gibt es aber noch die Glückshormone: Dopamin und Phenylethylamin sorgen nämlich dafür, dass wir dem durch die Stresshormone ausgelösten Fluchtimpuls nicht folgen, sondern uns der begehrenswerten Person nähern wollen. Sie verursachen das magische Gefühl der Anziehung und rufen uns zu: »Los jetzt! Sprich sie an! Das ist deine Chance!« So sorgt der Mix an Glücks- und Stresshormonen für das bekannte Hin-und-Hergerissen-Sein: »Spreche ich sie an? Na, los jetzt. Oder doch lieber nicht? Was ist, wenn ich einen Korb bekomme? Was mache ich jetzt bloß …?«

»Schau in mein Gesicht«, oder: Weshalb Sie beim Flirten auf die Mimik vertrauen sollten

Wie Sie bereits gesehen haben, äußert sich das Wechselbad der Gefühle beim Flirten auch in Mimik und Körpersprache. Da körpersprachliche Signale im Vergleich zur Mimik jedoch wesentlich unspezifischer sind, lautet mein Tipp: Vertrauen Sie auf die Hinweise im Gesicht, nirgendwo sonst werden Emotionen so deutlich und konkret gespiegelt. Körperhaltung und Gestik geben zwar ebenso Einblick in unsere Gefühlswelt – Ärger und Interesse beispielsweise werden häufig begleitet durch eine Vorwärtsbewegung des Körpers, Angst und Ekel durch ein Zurückweichen –, aber nur die Mimik kann das volle Spektrum der Emotionen ausdrücken. Während uns das Gesicht die konkrete Emotion verrät, ist die Körpersprache weniger genau. Anhand der Haltung können wir zwar sagen, ob jemand gerade entspannt oder gestresst ist, wir können allerdings nicht konkret bestimmen, ob es sich um Ärger, Interesse, Angst oder Ekel handelt. Sobald die Mimik als Informationsquelle dazukommt, wird das aber ganz leicht, denn das Gesicht spielt gewissermaßen die erste Geige im Symphonieorchester der Körpersprache. Es gibt die Melodie vor, während es die anderen Instrumente begleitend unterstützen. So reicht uns ein Blick ins Gesicht, um zu erkennen, ob jemand angeekelt oder ängstlich ist. Körperliche Zeichen machen die übermittelte Emotion lediglich deutlicher. Und aufgrund der direkten Verdrahtung der mimischen Muskulatur mit unserem Emotionszentrum verrät Ihnen der entsprechende Ausdruck im Gesicht auch am zuverlässigsten, was in einem Menschen vorgeht.

Wie wichtig das Gesicht als Informationsquelle in einem Gespräch ist, möchte ich Ihnen anhand folgender Situation verdeutlichen: Stellen Sie sich einmal vor, Sie haben gleich eine erste

Verabredung. Es ist ein sonniger Frühlingstag, und Sie sind guter Dinge. Das perfekte Wetter, vielleicht – wenn es sehr, sehr gut läuft – sind Sie schon heute Abend nicht mehr Single oder haben zumindest die realistische Aussicht auf eine neue Beziehung. Treffpunkt ist Ihr Lieblingscafé. Als Sie dort ankommen, sehen Sie, dass Ihre Verabredung schon auf Sie wartet. Ihr Herz schlägt sofort schneller, und Ihre Knie werden weich.

»Hallo, schön, dass du schon da bist«, sagen Sie.

»Hi, ja, ich kam gut durch. Ich hoffe, es ist okay, wenn wir bei dem schönen Wetter draußen sitzen?«, entgegnet Ihr Gegenüber.

Sie setzen sich also dazu. Aber schon nach wenigen Augenblicken merken Sie, dass Sie unsicher werden. Was stimmt hier nicht? Sie überlegen kurz, und dann fällt es Ihnen auf. Ihre neue Flamme trägt eine Sonnenbrille – mit der Sonnenbrille ist alles in Ordnung, sie sieht gut aus, das Problem ist nur: Sie sehen die Augen nicht mehr. Dadurch fehlt eine wichtige Informationsquelle, um einschätzen zu können, was in Ihrem Gesprächspartner vorgeht. Da die Augenregion das zuverlässigste Gesichtsareal ist, um die Flirtbereitschaft und die Gefühle eines anderen Menschen zu erkennen, verunsichert Sie die Sonnenbrille berechtigterweise. An diesem Beispiel sehen Sie: Die Mimik übermittelt in jedem Augenblick so viele Informationen über die Gefühlslage eines Menschen, dass es uns schon stören kann, wenn ein kleiner Bereich des Gesichtes nicht mehr zu sehen ist.

Wenn die Mimik zuckt, oder: Was wichtig ist, wenn Sie im Gesicht lesen wollen

Bevor wir uns den konkreten Flirtsignalen widmen, sollten Sie wissen, dass es kein einzelnes spezifisches Zeichen gibt, das uns für sich genommen verrät, ob jemand flirtbereit ist. Da das Liebeswerben ein sehr ambivalenter Prozess ist, wechseln sich Annäherungs- und Distanzierungssignale ständig ab. Widersprüche gehören dazu. Der Trick ist, auf die Gesamtheit der Signale zu achten. Je mehr nonverbale Hinweise Sie bemerken und berücksichtigen, je umfassender Ihr Gesamtbild, desto sicherer können Sie die Situation und Ihre Chancen richtig einschätzen.

Wenn Sie Mimik richtig lesen möchten, ist aber auch Präzision ein wichtiges Stichwort. Um diese Präzision geht es im Facial Action Coding System (kurz: FACS) – grob übersetzt: Mimik-Codierungssystem. Das FACS ist quasi ein Atlas der menschlichen Mimik, den die beiden amerikanischen Psychologen Paul Ekman und Wallace Friesen entwickelt haben. Acht Jahre lang haben die beiden geforscht, um das FACS dann 1978 zu veröffentlichen, und es ist noch heute das führende wissenschaftliche Codierungssystem, um Gesichtsausdrücke zu erfassen und zu beschreiben. In dem über 700 Seiten dicken Werk wird detailliert beschrieben, wie sich unser Gesicht bewegen kann und woran sich auch kleinste Muskelkontraktionen erkennen lassen. Man könnte das FACS auch als das Alphabet der Mimik bezeichnen. Jeder beliebige Gesichtsausdruck baut sich aus den darin beschriebenen Buchstaben – den mimischen Bewegungseinheiten – auf. Deswegen wurde das System in den darauffolgenden Jahren auch genutzt, um die verschiedenen Emotionsausdrücke zu beschreiben und zu klassifizieren. So ist es möglich, wenn bestimmte Muskeln im Gesicht zucken, präzise auf die dahinterliegenden Emotionen zu schließen. Dieses Wissen möchte ich auch Ihnen vermitteln: Sie lernen, aufgrund bestimmter, teilweise kleinster Bewegungen in der Mimik die konkreten Gefühle eines Menschen zu lesen.

Eines ist mir dabei wichtig: Obwohl es mittlerweile viele wissenschaftliche Studien zu den Signalen der Mimik gibt, kann uns das Gesicht – genau wie Stimme und Körpersprache auch –

trotzdem immer nur *Hin*weise auf den emotionalen Zustand einer Person geben. Es handelt sich dabei niemals um *Be*weise. Dies ist einer der wichtigsten Grundsätze, wenn es darum geht, die Erkenntnisse dieses Buches anzuwenden und eine glückliche und stabile Partnerschaft aufzubauen.

> **Was beim Gesichterlesen wichtig ist**
> 1. Es gibt kein Einzelsignal, das Ihnen die Flirtbereitschaft verrät. Achten Sie deshalb stets auf die Gesamtheit der mimischen Signale.
> 2. Mimik ist präziser als Körpersprache. Lernen Sie, auch kleine Bewegungen richtig zu deuten.
> 3. Mimik (und auch Körpersprache) gibt uns stets nur Hinweise auf die Gefühle eines Menschen. Es handelt sich nie um Beweise.

Die Flirtsignale

Um uns nun die konkreten Flirtsignale anzuschauen, schwenken wir die Kamera wieder zurück auf unsere Bar am Potsdamer Platz zu Julia und Sebastian: Letzterer steht noch immer am Tresen und hat Julia leider noch nicht bemerkt. Nach zwölf Minuten ist es aber endlich so weit, Sebastian lässt seinen Blick durch den Raum schweifen und schaut dabei auch kurz zu Julia rüber. Ihre Blicke treffen sich für einen Moment, und sie wirft ihm ein kleines Lächeln zu. Dann atmet sie einmal tief durch und denkt: »Hurra, geschafft! Und positiv reagiert hat er auch. Als wir uns in die Augen gesehen haben, wirkte er echt interessiert!« Das hat Julia richtig gesehen: Sebastian hat kurz Augenbrauen und Oberlider hochgezogen, was klar auf Interesse hinweist. Also auf in Phase 2 – in die Wahrnehmungsphase –, in der es um eine der zentralsten Fragen beim Liebeswerben geht: Hat die Person überhaupt Interesse an mir? Ab Phase 2 treten Flirtsignale auf und nehmen – wenn es denn dazu kommt – nach dem ersten Sex in Phase 5 schlagartig wieder ab. Sie sind notwendig, um eine Annäherung zwischen zwei Menschen sowie mehr Intimität zwischen ihnen zu ermöglichen. Ohne diese Flirtsignale, zu denen auch vermehrter Blickkontakt und Lächeln zählen, würden sich weder Julia und Sebastian noch irgendein anderes potentielles Pärchen näherkommen.

In der Wahrnehmungsphase kommt es auf Julia an, denn entgegen der landläufigen Meinung, dass der Mann beim Flirten den Anfang macht, wird in der Realität ohne deutliche Signale der Frau kaum ein Mann aktiv. Insofern hat Julia genau richtig gehandelt, als sie Sebastian angelächelt hat.

Um zu untersuchen, wie stark beim Flirten die Initiative von der Frau ausgeht, führten zwei Psychologen der Universität von Missouri folgendes Feldexperiment durch: Eine attraktive Frau Mitte zwanzig besucht gemeinsam mit der Versuchsleiterin zwischen acht und neun Uhr abends eine Bar. Per Zufallsprinzip sucht die Versuchsleiterin nun einen Mann aus. Die Voraussetzung: Er befindet sich in mindestens dreieinhalb Metern Entfernung und ist ohne weibliche Begleitung da. Dies entspricht den Bedingungen in unserer Potsdamer Bar: Julia sitzt mit Hannah an einem Tisch, und Sebastian steht allein in einiger Entfernung am Tresen. Jetzt stellen Sie sich bitte folgende vier Varianten vor:

1. Julia nimmt ein einziges Mal für ein paar Sekunden Blickkontakt zu Sebastian auf, ohne dabei zu lächeln.
2. Sie nimmt einmal Blickkontakt auf, lächelt ihn dabei aber an (so wie sie es bis zum jetzigen Zeitpunkt ja auch gemacht hat).

3. Julia nimmt in einem Zeitraum von 5 Minuten mindestens zweimal pro Minute Blickkontakt auf, ohne dabei zu lächeln.
4. Sie nimmt mehrmals Blickkontakt auf und lächelt Sebastian dabei an.

Jetzt schätzen Sie bitte: Wie groß ist bei den einzelnen Varianten die Wahrscheinlichkeit, dass Sebastian Julia anspricht?

Hier kommt die Auflösung: Das beste Ergebnis in der Studie erzielten Frauen mit Variante 4. 60 Prozent der Männer sind auf die Frau zugegangen. Bei mehrmaligem Blickkontakt ohne Lächeln lag die Ansprechquote nur noch bei 20 Prozent. Das Lächeln macht also einen Unterschied von 40 Prozent aus. Bei den anderen Varianten fallen die Prozentwerte weiter ab: Ein Blickkontakt mit Lächeln führte in 15 Prozent der Fälle zu einer Kontaktaufnahme durch den Mann, ein Blickkontakt ohne Lächeln nur noch in 5 Prozent. Und die weibliche Kontrollgruppe wurde ohne aufgenommenen Augenkontakt gar nicht angesprochen. Daran sehen wir: Wenn die Frau nicht den entscheidenden Anfangsimpuls setzt, werden die meisten Männer nicht aktiv. Julia sollte also ruhig noch ein paarmal lächelnd den Blickkontakt zu Sebastian suchen, damit sie die Chance erhöht, dass er auf sie zukommt.

Die Frau führt

Das weibliche Verhalten in einer »Werbesituation« ist ein bestimmender Faktor – nicht nur, um den Ball ins Spiel zu bringen, sondern auch, um ihn im Spiel zu halten. Entscheidend sind dabei die nonverbalen Signale der Frau. Wenn Blickkontakt oder Lächeln fehlen, wird der Mann in den meisten Fällen nicht aktiv.

Im Jahr 1985 führte die amerikanische Psychologin Monica Moore eine für die Flirtforschung wichtige Feldstudie durch: Um die weiblichen Werbesignale zu identifizieren, ließ sie von trainierten Beobachtern die nonverbalen Signale von mehr als 200 Frauen in einer Bar analysieren, die fast ausschließlich von Singles besucht wurde. Moore entdeckte 52 verschiedene Flirtsignale bei Frauen, die meisten gelten auch für Männer. Wir werden uns gleich die wichtigsten dieser Zeichen näher ansehen und beleuchten, wie sich weibliches von männlichem Flirtverhalten unterscheidet. Solche Feldstudien sind besonders wertvoll, denn sie untersuchen auf wissenschaftlicher Basis reale Bedingungen.

Wenn wir uns noch einmal kurz an das Ergebnis der Studie zur Flirterkennungsrate erinnern, wird deutlich, warum Sie die wichtigsten Flirtsignale kennen sollten: Frauen erkennen im Durchschnitt nur 18 Prozent der Flirtversuche, Männer nur 36 Prozent. Grund genug, unsere mimischen Grundkenntnisse auf Vordermann zu bringen. Denn wenn Sie die wichtigsten Flirtsignale kennen und bewusst lesen können, verfügen Sie über zwei große Vorteile:

1. Sie erkennen treffsicher, wenn jemand flirtbereit ist. So sparen Sie eine Menge Zeit, die Sie sonst vielleicht vergeblich in Anbahnungsversuche investiert hätten, und Sie vermeiden unnötige Körbe. So können Sie Ihre Energie in die »Projekte« stecken, die erfolgversprechend erscheinen.
2. Wenn Sie jemanden attraktiv finden, können Sie diese Signale gezielt aussenden, um dem »Objekt Ihrer Begierde« deutlich zu zeigen, dass Sie Interesse haben. Moore stellte nämlich in einer weiteren Feldstudie fest, dass Frauen, die mehr als 35 Werbesignale pro Stunde zeigten, in einer Stunde im Durchschnitt mehr als viermal von Männern angesprochen

wurden. Den Damen, die weniger als 35 Signale pro Stunde zeigten, näherte sich hingegen durchschnittlich nur alle zwei Stunden ein Mann.

Warum die Mimik die zuverlässigste Quelle ist, um zu erfahren, was in jemandem vorgeht, wissen wir bereits, ebenso, weshalb sie gerade bei der Annäherung zweier Menschen so bedeutsam ist. Jetzt geht es endlich in medias res: Tauchen wir ein in die Analyse der flirtenden Gesichtsausdrücke.

Schauen Sie bitte genau hin: die Flirtmimik

Die **typisch weibliche Flirtmimik** *(siehe Seite 60)* ist eine Mischung aus Freude und Verlegenheit – so wie sie sich während des Drehs für die Sendung »Mission Freundlichkeit« immer wieder gezeigt hat.

Kennzeichnend für diesen Gesichtsausdruck ist das Hin-und Hergerissen-Sein, das Schwanken zwischen Zu- und Abwendung. Einerseits dreht die Dame auf der Abbildung auf der nächsten Seite ihren Kopf weg und senkt ihn leicht, andererseits sieht sie ihr Gegenüber direkt an: Damit wendet sie sich ab, hält aber gleichzeitig über die Augen den Kontakt. In diesem Ausdruck finden sich die Elemente zweier Emotionen: Freude und Verlegenheit, was tatsächlich eher für Frauen typisch ist.

Männer hingegen wenden den Kopf meist nur ab, ohne ihn dabei zu senken. Bei ihnen also sind in der typischen Flirtmimik statt der zusätzlichen Verlegenheit (Senken des Kopfes) nur die Freude und das Wechselspiel zwischen Zu- und Abwendung durch das Wegdrehen des Kopfes sichtbar.

Die weibliche Flirtmimik

- Kopf abgewendet *und* leicht gesenkt
- Blickkontakt
- Mundwinkel schräg nach oben gezogen
- Augendeckfalte abgesenkt

Die männliche Flirtmimik

- Kopf abgewendet
- Blickkontakt
- Mundwinkel schräg nach oben gezogen
- Augendeckfalte abgesenkt

Soziales Lächeln: Die Mundwinkel sind schräg nach oben gezogen

Echt erlebte Freude: Die Mundwinkel sind schräg nach oben gezogen und die Augendeckfalte ist abgesenkt

Aber wie genau erkennen Sie nun Freude und Verlegenheit in der Mimik? Beginnen wir mit der **Freude**, die dadurch entsteht, dass in unserem Gehirn das Belohnungszentrum aktiviert wird, wenn wir erfolgreich Blickkontakt mit einer attraktiven Person aufnehmen. Auf die Flirtsituation übertragen heißt das: Freude ist, auch wenn sie allein auftritt, ein gutes Zeichen dafür, dass wir beim Liebeswerben auf dem richtigen Weg sind. Woran lässt sich Freude nun konkret am Gesichtsausdruck erkennen? Wenn wir uns freuen, ziehen wir die Mundwinkel schräg nach oben. Das erledigt der große Jochbeinmuskel für uns. Doch würde nur er aktiv werden, könnte es sich auch lediglich um ein höfliches Lächeln handeln. Das ist an sich nicht unbedingt schlecht, aber es ist eben auch nicht mehr als ein Zeichen von Höflichkeit. Echt erlebte Freude, um die es uns ja geht, erkennen wir hingegen an der Anspannung eines anderen Muskels: des äußeren Augenringmuskels. Dieser liegt kreisförmig um das Auge und zieht sich unwillentlich zusammen, wenn wir uns freuen. Dadurch senkt sich die Augendeckfalte ab – das ist die Hautfalte zwischen oberem Augenlid und der Augenbraue –, so dass das Auge kleiner erscheint und oftmals die typischen Krähenfüßchen in den Augenwinkeln entstehen. Auf Krähenfüße allein sollten Sie sich allerdings nicht verlassen: Achten Sie besser darauf, ob sich die Augendeckfalte absenkt. Denn eine starke Kontraktion des großen Jochbeinmuskels, welche die Wangen anhebt, kann auch bei einem ausgeprägten sozialen Lächeln dazu führen, dass sich Krähenfüßchen bilden.

Wie bei Interesse verspüren wir bei Freude den Wunsch, uns dem »Objekt unserer Begierde« zu nähern. Die Folge ist eine innere Hin-zu-Bewegung, der sich beim Flirten allerdings ein Weg-von-Impuls entgegenstellt, meist ausgelöst durch die Angst vor Zurückweisung oder durch Verlegenheit. Manchmal verbirgt sich dahinter auch ein neckisches Spiel: »Wenn du mich haben willst, musst du dich schon etwas anstrengen.« Durch diese zwei gegensätzlichen Impulse kommt es in der Mimik zu der bereits beschriebenen Ambivalenz.

Schauen wir nun der **Verlegenheit** genauer ins Gesicht: Vergegenwärtigen wir uns deren psychologische Auslöser, wird schnell klar, weshalb sie beim Flirten so häufig auftritt (allerdings eher bei Frauen als bei Männern). Insgesamt existieren, so der Psychologieprofessor John Sabini, drei große Auslöser für Verlegenheit, die allesamt in Annäherungssituationen eine Rolle spielen können: Erstens, der sogenannte *Benimm-Ausrutscher:* Wenn Ihnen in der Flirtsituation vor lauter Aufregung ein Missgeschick passiert, Sie beispielsweise ein Glas umkippen oder stolpern, kann das ganz schön peinlich sein. Wollen wir uns doch gerade vor Personen, die wir attraktiv finden, in einem besonders guten Licht präsentieren. Zweitens kann es uns verlegen machen, dass wir *plötzlich im Mittelpunkt stehen*: Wenn wir mit einer begehrten Person in Kontakt treten, sind auf einmal ihre Blicke auf uns gerichtet. Ein Umstand, der schon manch einem die Röte ins Gesicht getrieben hat. Drittens ist Flirten letztlich eine sogenannte *heikle Situation* – denn sie birgt die Gefahr der Ablehnung, im schlimmsten Fall handelt man sich sogar vor den Augen anderer einen Korb ein.

Typisch für Verlegenheit ist der erkennbare Versuch, ein Lächeln zu unterdrücken: Wir pressen unsere Lippen zusammen. Das passiert zwar auch, wenn wir amüsiert lächeln (Freude!), beim verlegenen Lächeln ist jedoch der äußere Augenringmuskel *nicht* beteiligt, ähnlich also wie beim sozialen Lächeln. Auch das Blickverhalten unterscheidet sich: Eine verlegene Person wendet ihren Blick kurz, etwa 1,5 Sekunden, *vor* dem stärksten Lächeln ab. Wenn jemand amüsiert ist, schaut er hingegen erst kurz *nach* dem breitesten Grinsen weg. Manchmal gesellt sich auch noch Erröten zu den gerade beschriebenen Signalen.

Zusätzlich treten die folgenden körpersprachlichen Merkmale auf: Der Kopf senkt sich, der Blick wird abgewendet (nach seitlich unten, meist nach links), häufig berührt oder verdeckt die verlegene Person dabei ihr Gesicht mit den Händen. Ganz klassisch ist auch das Hochziehen der Schultern. All das drückt den Impuls aus, »sich klein zu machen«. Wenn jemand versucht, seine Verlegenheit zu unterdrücken, können auch nur noch Teilelemente auftauchen, wie zum Beispiel ein kurzer, verlegener Blick seitlich nach unten.

Verlegenheit

- Unterdrücktes Lächeln (Lippen zusammengepresst)
- Augen lachen nicht mit
- Gesenkter Kopf
- Blick seitlich nach unten abgewendet
- Hand berührt das Gesicht
- Erröten

Achten Sie auf Signale von Interesse

Im letzten Kapitel haben wir uns die nonverbalen Signale angesehen, die auf Interesse Ihres Gegenübers schließen lassen: das leichte Hochziehen der Augenbrauen und der oberen Augenlider oder auch ein leicht geöffneter Mund sowie ein außergewöhnlich langer Blick von zwei oder drei Sekunden. Bei einem anderen Flirtsignal sollten Sie besonders genau hinschauen, da es sehr häufig auftritt und etwas vielschichtiger ist: das Schürzen der Lippen. Hierbei werden die Lippen nach vorne zusammengeführt, so dass sich ein Kussmund bildet. Achten Sie insbesondere auch auf kleinere Formen dieser Bewegung, die übrigens auch darauf hinweisen kann, dass die Person gerade nachdenkt und innerlich etwas abwägt. Das Schürzen der Lippen zeigt in jedem Fall, dass Sie die Aufmerksamkeit Ihres Gegenübers gewonnen haben. Je mehr Interessesignale zusätzlich auftreten, desto besser stehen Ihre Chancen:

Ein absolut sicheres Zeichen für Flirtbereitschaft ist Interesse in Kombination mit Freude, was sich folgendermaßen in unserem Gesicht spiegelt: Die Lippen werden geschürzt, während der äußere Augenringmuskel kontrahiert (die Augen lachen). Typischerweise tritt dieser Gesichtsausdruck auf, wenn jemand eine neue Idee oder Möglichkeit entdeckt – in diesem Fall sind Sie die neue Möglichkeit.

Wenn allerdings eine Person die Lippen schürzt, während sie Ihnen zuhört, könnte das ausnahmsweise auch ein negatives Signal sein: Denn das bedeutet in der Regel, dass sie mit Ihrem Standpunkt nicht übereinstimmt und eine andere Idee in Erwägung zieht. Hier kann das Schürzen der Lippen also als *Warnsignal für einen Einwand* gewertet werden.

Wenn Sie sich bereits in Phase 3 – dem Gespräch – befinden, gerade etwas erzählen und sehen, wie Ihr Gegenüber beim Zuhören die Lippen schürzt, halten Sie also kurz inne und schweigen. So hat Ihr Gesprächspartner etwas Zeit, seinen Gedankenprozess zu beenden. Wenn Sie unsicher sind, fragen Sie einfach gezielt nach: »Was denken Sie gerade?« Um ferner entscheiden zu können, ob Ihr Gegenüber neutral abwägt, einen Einwand oder positives Interesse signalisiert, sollten Sie zusätzlich auf weitere mimische Ausdrücke wie Freude oder Ablehnung achten sowie auf feine Kopfbewegungen wie Hin- und Herwiegen, Kopfschütteln oder Nicken.

Die Augen – der Spiegel der Seele

Die Augen spielen in der Mimik eine besonders große Rolle, denken Sie bloß an unsere Beispielsituation mit der Sonnenbrille oder an die Bedeutung des Blickkontakts. Nicht umsonst spricht der Volksmund von den Augen als Spiegel der Seele. Wenn Sie wissen möchten, wie Ihre Flirtchancen nach dem ersten Blickkontakt stehen, achten Sie insbesondere auf die folgenden drei Signale des menschlichen Auges: das Blickverhalten, die Blinzelrate und – zugegebenermaßen nicht ganz einfach – die Pupillengröße.

Beginnen wir mit dem **Blickverhalten**. Erinnern Sie sich noch an die Studie von Monica Moore, die in einer Bar die Flirtsignale von Frauen untersuchte? Das Flirtsignal, das sie am häufigsten beobachtete, war der im Raum umherschweifende Blick. Sollten Sie sich in einer ähnlichen Situation befinden wie Moores Probanden, können Sie diese Ergebnisse für sich nutzen: In einer Bar, in Diskotheken oder auf Partys sind umherschweifende Blicke ein deutliches Zeichen für das Suchen nach einer Flirtchance. Je weiter der Abend in Moores Bar fortschritt, desto mehr richteten sich die umherschweifenden Blicke der Frauen in Richtung eines bestimmten Mannes. Dass der gezielt gesuchte und aufgenommene Blickkontakt ein positives Zeichen ist, versteht sich von selbst. Um das Risiko einer Abfuhr zu vermeiden, bevorzugen die meisten Menschen aber eine unauffälligere Variante: die sich kreuzenden Blicke. Auch die meisten Frauen in der Bar suchten die Blicke eines Mannes zuerst vorsichtig, um zu überprüfen, ob ihr Blickkontakt erwidert wird. So ließ sich nur schwer entscheiden, wer zuerst geguckt hat.

Schauen wir uns dazu ein Beispiel aus dem Alltag an: Markus sitzt im Wartezimmer einer Arztpraxis. Ihm gegenüber hat Nadine Platz genommen, die Markus gleich aufgefallen ist, als er das Wartezimmer betreten hat. Er ist nervös. Markus holt sein Smartphone raus und tut so, als ob er seine E-Mails abrufen würde. Hin und wieder schaut er dabei von seinem Handy auf, lässt den Blick durch den Raum und über Nadines Gesicht schweifen, als ob er über etwas nachdenken würde. Nadine nimmt im Augenwinkel seine Bewegungen wahr und guckt kurz auf. In diesem Moment treffen sich ihre Blicke wie zufällig. Ein leichtes Lächeln huscht über Nadines Gesicht, und schnell guckt sie wieder nach unten. Dieses abrupte Abwenden des Blickes ist ein typisches Flirtzeichen, das häufig nach dem ersten Blickkontakt auftritt. Die Chancen für Markus stehen also gut! Eine Minute später wird Nadine aufgerufen, und noch während sie ihre Zeitung weglegt, sucht sie noch einmal die Augen von Markus. Als ihre Blicke sich erneut treffen, schnellen Nadines Augenbrauen kurz nach oben, und sie lächelt. Diese Kombination aus Augenbrauen-Hochziehen und Lächeln ist ein Phänomen, das der Verhaltensforscher Irenäus Eibl-Eibesfeldt entdeckte und auf den Namen »Augenbrauen-Gruß« taufte. Durch den Augenbrauen-Gruß signalisieren zwei Menschen einander, dass sie offen für eine weitere Kontaktaufnahme sind. Er kann zwischen Bekannten und Freunden auftreten oder in einer Flirtsituation auf ein Interesse des anderen hinweisen. Wenn Sie das Signal also bei dieser Gelegenheit beobachten, können Sie ziemlich sicher sein: Ihr Gegenüber nimmt Sie wahr und möchte Sie näherkennenlernen.

Nadine blinzelt noch ein paarmal schnell hintereinander und ihr Blick fällt für den Bruchteil einer Sekunde auf den Mund von Markus. Nun stehen alle Ampeln auf Grün.

Denn gerade dann, wenn wir von unserem Gegenüber besonders angetan sind, wandert unser Blick immer wieder zwischen den Augen und dem Mund des anderen hin und her. Er bildet so ein Dreieck, deswegen spricht man auch vom *Dreiecksblick*. Je größer das sexuelle Interesse, desto weiter wandert der Blick nach unten und tastet den Körper ab. Falls es auf Anhieb zwischen zwei Menschen funkt, kann der Dreiecksblick auch im ersten Moment einer Begegnung auftreten.

Schauen wir nun, was Ihnen die **Blinzelrate** Ihres Gegenübers verrät. Finden wir jemanden attraktiv, schießen, wie Sie ja wissen, Adrenalin und Noradrenalin in unsere Blutbahn, so dass unser Stressempfinden steigt. Die beiden Hormone sorgen aber nicht nur für zittrige Hände oder Schmetterlinge im Bauch, sondern erhöhen auch unsere Blinzelfrequenz. Dabei gilt: Je höher die Blinzelrate, desto höher der Stresspegel.

Aber was heißt »hoch«? Normalerweise blinzeln wir etwa zehn bis fünfzehn Mal pro Minute, also alle vier bis sechs Sekunden. Da sich die genaue Anzahl von Person zu Person unterscheidet, sollten Sie sich zunächst einen Eindruck über das »normale Blinzelverhalten« Ihres Gegenübers verschaffen. Unsere Verteidigungsministerin Ursula von der Leyen blinzelt beispielsweise in Interviews standardmäßig sehr oft, circa fünfzig Mal pro Minute! Bei ihr müsste die Frequenz also viel höher sein, um auf einen erhöhten Stresspegel hinzuweisen.

Da wir im Normalfall unsere Lidschläge nicht bewusst beeinflussen, ist ein Anstieg der Blinzelrate ein sehr zuverlässiges Zeichen für zunehmenden Stress bei unserem Gegenüber. Beim Flirten blinzeln wir in der Regel drei- bis fünfmal schnell hintereinander, so wie Nadine in unserem Beispiel. Die Blinzelfrequenz kann aber auch allgemein zunehmen.

Die **Pupillengröße**, das dritte Signal der Augen, wird über unser autonomes Nervensystem gesteuert, das wir wiederum nicht bewusst lenken können. Deshalb verrät Ihnen die Pupillengröße auch am zuverlässigsten, ob Ihr Gegenüber interessiert oder gelangweilt ist. Gleichzeitig ist es aber auch das Signal, das am schwierigsten zu erkennen ist, vor allem, wenn eine Person dunkle Augen hat. Doch mit ein bisschen Übung kann Ihnen das Pupillen-Lesen sogar aus einer Entfernung von bis zu zwei Metern gelingen.

Die größte Herausforderung besteht dabei in unseren Sehgewohnheiten: Wir schauen anderen Menschen ständig in die Augen, achten dabei aber normalerweise nicht auf die Pupillen. Aber das ist wirklich nur eine Frage der Gewohnheit, die Sie durch ein paar Trainingseinheiten schnell verändern können. Achten Sie einfach in den nächsten drei Wochen, immer wenn Sie mit jemandem von Angesicht zu Angesicht sprechen, auf die Pupillen. Dieser Zeitraum reicht aus, damit Ihr neues »Blickverhalten« zur Gewohnheit wird. Denken Sie noch nicht an die Veränderungen der Pupillengröße. Vorerst geht es nur darum, dass Sie sich angewöhnen, die Pupillen bewusst zu sehen. Im zweiten Schritt ist es dann das Ziel, Veränderungen der Pupillengröße wahrzunehmen.

Wenn Sie beobachten, dass die Pupillen größer werden, verrät Ihnen dies, dass Interesse und Aufmerksamkeit zunehmen. Ist ein Mensch hingegen desinteressiert oder gelangweilt, verengt sich die Pupille. Doch aufgepasst: Pupillen reagieren auch auf Lichtveränderungen – es kann, muss aber also nicht an Ihnen liegen, wenn die Pupillen Ihres Gesprächspartners plötzlich kleiner werden.

Keine Aufregung, oder: Stresssignale als Flirtsignal

Auch Stresssignale, wie Spielen mit den Haaren oder nervöses Kratzen im Gesicht, können Sie als Flirtsignale interpretieren. Doch achten Sie dabei unbedingt auf den Zeitpunkt, in dem Sie diese Signale bemerken, und seien Sie vorsichtig bei deren Interpretation. Bei einem ersten, flüchtigen Blickkontakt sind Stresssignale ein gutes Zeichen und weisen in der Regel darauf hin, dass jemand Sie attraktiv findet – vor allem, wenn sie in Kombination mit anderen Flirtsignalen wie Interesse oder Freude auftreten. Starren Sie das »Objekt Ihrer Begierde« aber beispielsweise durchgehend an, hat die Person ziemlich sicher einen anderen triftigen Grund dafür, gestresst zu sein. Stresssignale können also auch ein Hinweis darauf sein, dass der andere sich unwohl fühlt. Ein näherer Blick ins Gesicht kann uns helfen, das eine vom anderen zu unterscheiden, denn Körperbewegungen verraten Ihnen nicht, ob es sich bei einem Stresssignal um ein Zeichen für Unwohlsein oder Flirtbereitschaft handelt. Um auf Nummer sicher zu gehen, müssen Sie nach weiteren Signalen in der Mimik Ausschau halten. Wenn Sie zweifeln, warten Sie lieber ab, bevor Sie jemandem ungewünscht auf die Pelle rücken.

Stress als Flirtsignal

Werten Sie nonverbale Stresssignale stets nur mit Bedacht als Flirtsignal, wenn Sie …
1. zusätzlich positive Signale in der Mimik wahrnehmen.
2. keine Hinweise in der Mimik auf negative Emotionen erkennen können, wie beispielsweise Ablehnung.

Die beschriebenen Gesten wie das Kratzen im Gesicht oder Spielen mit den Haaren werden als Beruhigungsgesten bezeichnet. So werden durch Berührung in unserem Gehirn bestimmte Botenstoffe (Endorphine) ausgeschüttet, die uns entspannen. Nicht umsonst ergreift man intuitiv die Hand einer anderen Person oder nimmt sie in den Arm, wenn sie aufgeregt ist. Um diese beruhigende Funktion wissen übrigens schon kleine Kinder: Daumen lutschen oder am Nuckel saugen sind typische Beruhigungsgesten in jungen Jahren. Auch andere Lebewesen zeigen sie. Hunde und Katzen beispielsweise lecken sich selbst und auch ihre Artgenossen, um sich zu beruhigen. Wir Menschen führen Beruhigungsgesten typischerweise unbewusst aus, können sie aber leicht kontrollieren. Sie werden in drei Kategorien unterteilt: in Selbst-Beruhigungsgesten, Fremd-Beruhigungsgesten und Objekt-Beruhigungsgesten.

Bei den **Selbst-Beruhigungsgesten** berührt sich eine Person selbst – die wichtigsten sind:
- Kratzen oder Berühren im Gesicht, am Hals oder Nacken,
- mit den Haaren oder dem Bart spielen,
- Lippen lecken oder beißen,
- mit der Zunge im Mund spielen,
- mit den Händen spielen,
- mit Daumen und Zeigefinger das Ohrläppchen kneten,
- das Streichen der Handinnenflächen über den Oberschenkel.

Bei den **Fremd-Beruhigungsgesten** berühren wir eine andere Person, indem wir zum Beispiel bei einem gruseligen Film ihren Arm oder ihre Hand ergreifen.

Lippen lecken und Lippen beißen

Ohrläppchen kneten und Jackett glattstreichen

Typisch weiblich   Typisch männlich

Diese Gesten nutzen wir intuitiv, um andere zu beruhigen:
- in den Arm nehmen,
- die Hand halten,
- einen anderen Menschen streicheln.

Bei den **Objekt-Beruhigungsgesten** berührt man nicht sich selbst oder einen anderen Menschen, sondern ein »Objekt«. Denken Sie noch einmal an unser Beispiel im Wartezimmer zurück: Markus spielt aus Nervosität mit seinem Smartphone und gibt vor, E-Mails abzurufen – wenn wir etwas in die Hand nehmen, entspannt uns das.

Weitere Beispiele für Objekt-Beruhigungsgesten sind:
- das Spielen mit einem Kugelschreiber, der Brille, mit Schmuck, der Uhr oder einem anderen Gegenstand,
- auf dem Bleistift kauen,
- der Griff zum Glas, um etwas zu trinken,
- das Richten der Krawatte,
- das Hemd oder die Bluse glattstreichen,
- imaginäre Fusseln auf der Kleidung entfernen.

In Flirtsituationen spielen insbesondere die Selbst- und Objekt-Beruhigungsgesten eine Rolle, aufgrund einer meist zärtlichen Komponente werden sie auch als *autoerotische Gesten* bezeichnet: Statt uns am Arm zu kratzen, streicheln wir ihn eher, statt nervös die Finger zu kneten, massieren wir mit ihnen sanft den Stiel des Weinglases. Hier gibt es durchaus geschlechtsspezifische Vorlieben. Ein typisch weibliches Signal ist zum Beispiel das leichte zur Seite Neigen des Kopfes, um dann den eigenen Hals zu streicheln, Moore nennt diese Geste auch die »Hals-Präsentation«, sowie das Spielen mit den Haaren oder einer Haarsträhne. Typisch männlich sind hingegen Beruhigungsgesten im Bartwachstumsbereich im Gesicht, wie ein Streichen über Kinn oder Kiefer. Hier können Sie sich an folgende Faustregel halten: Je attraktiver Männer eine Frau einschätzen, desto mehr Beruhigungsgesten im Bartwachstumsbereich treten auf.

Wie bei der Blinzelrate sollten Sie aber auch bei den Beruhigungsgesten auf die Veränderung in Bezug auf das »normale« Verhalten eines Menschen achten: Wie viele Beruhigungsgesten zeigt jemand in einer möglichst neutralen Situation – also, wenn er nicht um die Aufmerksamkeit oder Liebe einer Person wirbt? Ist der Kontakt zu Ihrem Flirtpartner erst einmal hergestellt, befinden Sie sich also in Phase 2, haben Sie keine Chance mehr, sich einen Eindruck vom Normalverhalten zu verschaffen. Achten Sie in diesem Fall einfach darauf, ob die Beruhigungsgesten im zeitlichen Umfeld des Moments zunehmen, in dem die Person Sie anschaut. Denn das bedeutet in der Regel, dass das Stressempfinden steigt, und wäre ein positives Zeichen. Manchmal können zunehmende Beruhigungsgesten allerdings auch ein Hinweis auf Langeweile oder Konzentration sein.

Der Chamäleon-Effekt

Mila und Simon sitzen in einem Café an einem Tisch. Es ist ihr erstes Date. Ein Freund von Simon hatte das Treffen arrangiert, da er sicher war, die beiden würden gut zusammenpassen. Und er hat offensichtlich recht. Die anfängliche Nervosität ist schon nach wenigen Minuten verflogen, Mila und Simon verstehen sich auf Anhieb. Auch körpersprachlich ist das deutlich zu erkennen. Beide sitzen am Tisch, lehnen sich nach vorne und unterhalten sich angeregt. Als Simon zum Glas greift, um etwas zu trinken, macht Mila dies auch. Kurz danach fährt Mila sich durch die Haare. Fast zeitgleich kratzt sich Simon am Kopf.

Menschen, die auf einer Wellenlänge sind, nähern sich in ihrer Körpersprache unbewusst an. Dieses natürliche und unbewusst auftretende Phänomen ist mittlerweile sehr gut erforscht, die Psychologie spricht hier vom sogenannten *Chamäleon-Effekt*.

Verantwortlich dafür sind die sogenannten *Spiegelneuronen*, die 1992 von dem Neurophysiologen Giacomo Rizzolatti entdeckt wurden. Dabei handelt es sich um Nervenzellen, die unter anderem im prämotorischen Cortex vorkommen, einer Hirnregion, die die Planung und Ausführung von Bewegungen steuert. Wenn wir die Handlung einer anderen Person beobachten, taucht durch die Spiegelneuronen in unserem eigenen Gehirn das gleiche Aktivitätsmuster auf – als ob wir die Handlung selbst ausführen würden. Sehen wir, wie sich eine andere Person in den Finger schneidet, fühlen wir im wahrsten Sinne des Wortes mit und empfinden ebenfalls Schmerz. Ebenso sind Spiegelneuronen für die ansteckende Wirkung des Gähnens verantwortlich, sie äußern sich also auch in unserer Mimik. Auch Mütter und Väter nutzen diesen Effekt, wenn sie ihr Baby mit Brei füttern und dabei selbst den Mund öffnen. Der Chamäleon-Effekt ist bei uns Menschen so stark ausgeprägt, dass schon Neugeborene innerhalb der ersten 72 Stunden nach der Geburt Gesichtsbewegungen ihrer Eltern imitieren und zum Beispiel den Mund öffnen oder die Zunge rausstrecken. Babys und kleine Kinder ahmen auf diese Weise ihre Umgebung direkt und unmittelbar nach, um beispielsweise Lernprozesse zu beschleunigen. Bei uns Erwachsenen laufen diese Prozesse subtiler ab. Dabei imitieren wir aber nicht jeden, sondern sind durchaus wählerisch: Je mehr wir jemanden mögen, desto stärker nähern wir uns unbewusst an die Körpersprache der Person an.

Der Chamäleon-Effekt signalisiert Nähe

1979 führte die amerikanische Psychologin Marianne LaFrance eine Studie zum Chamäleon-Effekt durch. Sie filmte sechs Wochen lang Lehrer und Studenten in Vorlesungen am Boston College, um ihre Gestik und Körperhaltung zu analysieren. Das Ergebnis: Je besser das Klima zwischen Studenten und Lehrer war, desto stärker ahmten die Studenten die Körpersprache des Lehrers nach. Auch hier liegt der Volksmund mal wieder goldrichtig mit der Wendung: Gleich und gleich gesellt sich gern. Je ähnlicher wir uns sind, desto leichter verstehen wir uns und bauen gegenseitig Sympathie auf. Und der Chamäleon-Effekt beweist: Sympathie zeigt sich ebenfalls auf körpersprachlicher Ebene.

Mythos »Gegensätze ziehen sich an«

Gleich und gleich gesellt sich gern?! Aber ziehen sich nicht Gegensätze an? Dieser Mythos hält sich wacker, ist aber wissenschaftlich widerlegt. Mit einer Ausnahme: Am Anfang einer Partnerschaft wirken unterschiedliche Eigenschaften tatsächlich manchmal anziehend oder spannend. Früher oder später schlägt diese Faszination aber meist ins Gegenteil um und wird zum Ausgangspunkt eines Streits. Nichts ist in der Beziehungsforschung so gut untersucht und untermauert wie folgende Gesetzmäßigkeit: Gleich und gleich gesellt sich nicht nur gern, sondern ist auch glücklicher miteinander. Je mehr sich zwei Menschen beispielsweise in ihrer Attraktivität, ihren Wertvorstellungen und ihrer Persönlichkeit ähneln, desto größer ist die Chance, dass sie das Abenteuer Partnerschaft erfolgreich und glücklich meistern.

Wenn Sie bei Ihrem Gegenüber also beobachten, dass es sich körpersprachlich an Sie annähert, ist das ein gutes Zeichen. Achten Sie insbesondere auf die folgenden fünf Punkte, um den Chamäleon-Effekt zu erkennen:

1. Spiegelt die Person Ihre Mimik, wie zum Beispiel ein Lächeln oder das Hochziehen der Augenbrauen?
2. Ist die Körperhaltung der Person ähnlich wie Ihre eigene? Sitzt sie zum Beispiel ebenfalls vor- oder zurückgelehnt oder lehnt sich in dieselbe Richtung wie Sie?
3. Werden Gesten nachgeahmt, etwa ein Kratzen am Kopf oder ein Streicheln des Armes?
4. Imitiert die Person bestimmte Bewegungen oder Verhaltensweisen, wie ein Nicken oder den Griff zum Glas, um etwas zu trinken?
5. Das wohl zuverlässigste Zeichen: Lachen Sie gemeinsam?

Der Sprechstil

Natürlich verraten uns auch die verbalen Signale etwas über die Flirtbereitschaft einer Person. Das zeigen die Ergebnisse der deutschen Verhaltensforscherin und Psycholinguistin Christiane Tramitz, die das Flirtverhalten von 100 Zufallspaaren, die sich vorher nicht kannten, untersucht hat. Sie legte ihr Augenmerk auf den Sprechstil, also die Art und Weise, wie die Paare miteinander reden. Dabei waren schon die Signale der ersten 30 Sekunden der Konversation so aussagekräftig, dass damit der weitere Verlauf des Gesprächs vorhergesagt werden konnte.

In den ersten 30 Sekunden einer Begegnung ist insbesondere die Satzlänge entscheidend – sowohl beim Mann als auch bei der Frau. Je kürzer die benutzten Sätze waren, desto attraktiver schätzten die Versuchsteilnehmer den Gesprächspartner anschließend in einem Fragebogen ein. Je häufiger Sie zu Beginn einer Unterhaltung also sogenannte Ein- oder Zwei-Wort-Äußerungen, wie ein »ah ja, wirklich, oh, Wahnsinn, echt« hören, desto größer sind Ihre Erfolgschancen.

Der Sprechstil ist übrigens auch ein Indikator für den Stresspegel Ihres Gegenübers: Plötzliches Stottern oder Wortwiederholungen (»Ich heiße, ich heiße Paul ...«) können ebenfalls auf Nervosität hinweisen.

Die Gesprächseröffnung

Ein weiterer verbaler Faktor, den Christiane Tramitz entdeckt hat, ist die Art der Gesprächseröffnung. Achten Sie dabei auf Fragen! Wer sein Gespräch mit einer Frage beginnt, hat – und zeigt – in den meisten Fällen Interesse. Dies zeichnet sich auch im weiteren Gesprächsverlauf ab. Je mehr Fragen eine Person stellt, desto stärker ist das Interesse am Gegenüber, auch dieses Zeichen gilt für Frauen und Männer. Aber vor allem Letztere sollten beherzt Fragen stellen: Denn je mehr Fragen der Mann im Gespräch stellte, desto größer war der Wunsch der Frauen aus Tramitz' Studie, diesen wiederzusehen.

Die 15 zuverlässigsten Flirtsignale

Diese Signale verraten Ihnen am zuverlässigsten, dass Ihr gegenüber Interesse an Ihnen hat.

1. Flirtmimik: Mischung zwischen Freude und Verlegenheit
2. Echt erlebte Freude: Die Augen lachen mit!
3. Verlegenheit, hierzu zählt auch Erröten
4. Interesse, wie leichtes Öffnen des Mundes

5. Lippen schürzen
6. »Augenbrauen-Gruß«
7. Blickkontakt
8. Dreiecksblick
9. Schnelles Blinzeln
10. Pupillenerweiterung
11. Beruhigungsgesten
12. Körpersprachliches Nachahmen
13. Ein- und Zwei-Wort-Äußerungen
14. Stottern und Wortwiederholungen
15. Viele Fragen

Ablehnung erkennen

Julia hat erleichtert festgestellt, dass Sebastian positiv auf den Blickkontakt mit ihr reagiert. Das wohl entmutigendste Signal beim Liebeswerben ist, wenn wir gar keine oder sogar eine negative Reaktion von jemandem bekommen. Trotzdem sollten Sie in solch einem Fall nicht gleich das Handtuch werfen. Wäre Sebastian zum Beispiel schlichtweg schüchtern oder unsicher gewesen, hätte die sich daraus ergebende Zurückhaltung schnell unfreundlich oder abweisend wirken können. Damit Sie Zurückhaltung und Ablehnung treffsicher unterscheiden können, betrachten wir nun die nonverbalen Signale für Ablehnung.

Auch hier ist die Mimik am zuverlässigsten. Vor allem die schnellen und feinen Bewegungen im Gesicht geben Ihnen Hinweise auf die wahren Gefühle einer Person selbst wenn diese sie verstecken möchte. Ablehnung gehört zur Emotionsfamilie Ekel und zeigt sich dementsprechend genauso, nämlich durch zwei

Rümpfen der Nase und Hochziehen der Oberlippe, die prototypischen Gesichtsausdrücke für Ekel

konkrete Muskelbewegungen im Gesicht: Rümpfen der Nase oder Hochziehen der Oberlippe.

Sie sollten aber bedenken, dass das Nasenrümpfen auch eine Bewegung mancher Brillenträger ist, um ihre Brille wieder in die richtige Position zu bringen. Und auch wenn die Nase juckt, rümpfen wir sie gelegentlich.

Körpersprachlich zeigen wir Ablehnung, indem wir uns abwenden oder den Kopf wegdrehen. Auch eine geschlossene Körperhaltung, wie zum Beispiel verschränkte Arme, kann eine ablehnende Haltung ausdrücken. Achten Sie aber auch hier immer auf das Gesamtbild. Manchmal verschränken wir die Arme lediglich, weil uns kalt ist oder weil es einfach bequem ist.

Ablehnung im Sinne von Gleichgültigkeit kann auch eine regungslose Mimik verraten. Hätte Sebastian Julia bereits bemerkt und keinerlei positive Reaktion (wie Interesse oder auch ein Lächeln) im Gesicht gezeigt, wäre dies ein schlechtes Zeichen. Wenn Julia zudem auffiele, dass Sebastian den Blickkontakt vermeidet, könnte sie ziemlich sicher sein, dass sie schlechte Karten hat. In solch einem Fall sollte Julia unbedingt prüfen, ob die Mimik wirklich regungslos oder eher erstarrt und angespannt wirkt. Stockt Sebastian vielleicht sogar kurz mit dem Atmen oder zeigt mehr Beruhigungsgesten, kann sie weiterhoffen. Denn das wiederum könnten Hinweise darauf sein, dass er unsicher ist und deswegen nicht reagiert. Dann heißt es für Julia: Dranbleiben, aber bewusst das Tempo etwas rausnehmen. Beobachten Sie den anderen dann zum Beispiel eher aus den Augenwinkeln, und warten Sie auf ein paar ermutigende Signale, wie verstohlene Blicke in Ihre Richtung. Wenn diese kommen, versuchen Sie ruhig noch einmal, beherzt Blickkontakt aufzunehmen, und schenken Sie dem anderen ein Lächeln. Doch falls die Reaktion auch bei einem erneuten Versuch nicht positiver ausfällt, lassen Sie am besten los.

Blickkontakt ist ein sehr zuverlässiges Zeichen, um einzuschätzen, ob jemand Interesse an uns hat. Sie erinnern sich: Dinge oder Menschen, die uns interessieren, gucken wir in der Regel an. Wenn wir uns zum Beispiel mit jemandem unterhalten und die Zeit drängt, schauen wir häufig auf die Uhr, weil die Zeit gerade wichtig für uns ist. Sie glauben nicht, wie viele Leute solche Signale nicht bemerken und dennoch weitersprechen, obwohl der andere sich offenkundig immer unwohler fühlt. Das habe ich sowohl im Alltag als auch in vielen Mimik-Analysen, beispielsweise für meine radioeins-Kolumne, unzählige Male beobachtet. Wenn Sie sich also in Phase 3 des Liebeswerbens im Gespräch mit einer Person befinden und der Blickkontakt mehr und mehr abnimmt, Ihr Gesprächspartner vielleicht sogar damit beginnt, die Blicke umherschweifen zu lassen, sollten Sie schleunigst nach der Ursache dafür suchen. Manchmal sind es nur äußere Gründe, wie zum Beispiel Zeitdruck. Es könnte aber auch sein, dass die Person keine Lust mehr hat, mit Ihnen zu sprechen, und sich nicht traut, das zu sagen. Auch dann ist es Zeit für einen Rückzug.

> **Die sieben wichtigsten Hinweise auf Ablehnung**
>
> Wenn Sie mehrere dieser Signale als Reaktion bekommen, haben Sie ziemlich sicher schlechte Karten:
>
> 1. Rümpfen der Nase
> 2. Hochziehen der Oberlippe
> 3. Regungslose Mimik
> 4. Körper abwenden oder Kopf wegdrehen
> 5. Geschlossene Körperhaltung
> 6. Fehlender Blickkontakt
> 7. Umherschweifende Blicke

»Flirtet der mich an?«: das Flirtbarometer

Die Flirterkennungsraten sind ohne die Kenntnis der eben besprochenen Flirtsignale und ohne vorheriges Training nicht sehr berauschend, das haben wir uns ja bereits angesehen. Manchmal haben wir zwar ein vages Gefühl, dass uns jemand näherkommen möchte, wir sind uns aber nicht sicher, ob wir unserer Wahrnehmung trauen können. Die gute Nachricht lautet: Wir erkennen Nicht-Flirten deutlicher als Flirten. Die Trefferquote liegt sogar bei knapp über 80 Prozent. Das heißt im Umkehrschluss: Wenn Sie bereits ahnen, dass Ihr Gegenüber mit Ihnen flirtet, liegen Sie wahrscheinlich richtig.

Es gibt allerdings Situationen, in denen es uns schwerer fällt, die Lage richtig einzuschätzen, und manchmal können wir trotz Kenntnis der Flirtsignale unsicher sein. Speziell für diese Fälle habe ich für Sie das Flirtbarometer entwickelt. Es besteht aus drei Fragen, die Ihnen schnell Klarheit verschaffen.

Liebe im Beruf: »Flirtet mein Kollege mit mir?«

Die erste schwer zu entschlüsselnde Situation tritt auf, wenn wir jemanden in einem Umfeld kennenlernen, das nicht auf Partnerwahl ausgerichtet ist, zum Beispiel am Arbeitsplatz. Die Angst, einen Korb zu bekommen und dadurch das Gesicht zu verlieren, ist viel größer als beispielsweise auf einer Singleparty, wo wir nicht so viel zu verlieren haben, da wir die Person nach einem missglückten Flirtversuch wahrscheinlich ohnehin nicht wiedersehen. Deswegen agieren die meisten Menschen in solchen Situationen wesentlich zurückhaltender, entsprechend subtiler sind die Flirtsignale und: Umso wichtiger ist es, dass Sie die wichtigsten nonverbalen Hinweise kennen.

Dennoch kann eine Unsicherheit bleiben, und Sie fragen sich: Bilde ich mir das nur ein? Oder flirtet er oder sie wirklich mit mir? Die beiden ersten Fragen des Flirtbarometers sollen Ihnen dabei helfen, die Situation treffsicher einzuschätzen:

1. Nehmen Sie nur ein Flirtsignal wahr oder mehrere? Betrachten Sie immer das Gesamtbild. Ein einzelnes isoliertes Signal bedeutet meist gar nichts.
2. Verhält sich die Person nur Ihnen gegenüber so oder auch anderen gegenüber? Es gibt Menschen, in deren Naturell es liegt, mit allem und jedem zu flirten. Es macht ihnen Spaß und liegt

ihnen einfach im Blut. Solch ein Verhalten kann von anderen leicht falsch interpretiert werden. Mit dieser Frage im Hinterkopf merken Sie aber schnell, ob Sie gemeint sind oder nicht. Wenn sich zum Beispiel Ihr Kollege nur Ihnen gegenüber »flirtend« verhält, ist das ein wichtiger Hinweis darauf, dass er Sie attraktiv findet.

Tausendmal berührt: »Wir kennen uns doch schon so lange …«

Die zweite schwer zu entschlüsselnde Situation: Manchmal kennen wir jemanden schon sehr lange, und plötzlich fängt es wie aus heiterem Himmel an zu knistern. Das kann der Kollege sein, mit dem man schon ewig zusammenarbeitet, oder die Freundin, die man noch aus Studienzeiten kennt. Vielleicht ist Ihnen bei der Lektüre der Flirtsignale das ein oder andere Licht aufgegangen. Je länger wir jemanden kennen, desto schwieriger ist es zu erkennen, ob derjenige wirklich mit uns flirtet. Vor allem, weil dies meistens sehr zurückhaltend geschieht, ob aus Angst davor, die bestehende Arbeitsbeziehung zu beschädigen oder weil man fürchtet, die Freundschaft zu gefährden. Zu den beiden oben genannten Fragen des Flirtbarometers kommt für diese Situation eine dritte Frage hinzu:

3. Hat sich das Verhalten der Person Ihnen gegenüber verändert, oder war es schon immer so? Bei einer plötzlichen Verhaltensänderung sollten Sie aufmerksamer hinschauen. Gibt es vielleicht ein Ereignis, einen »magischen Moment«, der alles verändert haben könnte? Oder ist jemand vielleicht gerade wieder Single geworden?

Da es natürlich sein kann, dass die Person – ohne dass Sie es bemerkt haben – schon immer verliebt in Sie war, bleiben auch die beiden ersten Fragen wichtig. Wie Sie Verliebtheit in der Mimik und Körpersprache erkennen, erfahren Sie am Schluss des siebten Kapitels.

> **Die drei Fragen des Flirtbarometers**
> 1. Nehmen Sie mehrere Flirtsignale wahr?
> 2. Verhält sich die Person nur Ihnen gegenüber so?
> 3. Wenn Sie sich länger kennen: Ist das Verhalten neu?
>
> Dreimal Ja heißt: Die Wahrscheinlichkeit ist groß, dass die Person Sie umwirbt!

4. Gute Gefühle sind magnetisch: So senden Sie die richtigen Signale

Haben Sie manchmal das Gefühl, dass die halbe Welt mit Ihnen flirtet? Und manchmal, wenn es eigentlich dringend nötig wäre, niemand? Mit diesem Eindruck sind Sie nicht allein – tatsächlich machen viele Menschen die Erfahrung, dass sie als Single vergeblich nach neuen Bekanntschaften und Flirtmöglichkeiten suchen. Sind sie hingegen frisch verliebt, stehen plötzlich mehrere Anwärter Schlange.

Woran das liegt, beschreibt der Mediziner Eric Finzi sehr aufschlussreich in seinem Buch *The Face of Emotion* anhand der Erfahrungen seiner Bekannten Claire, die auch uns des Rätsels Lösung näherbringt: Claire genoss nach einem Umzug nach Paris zunächst so viel Zeit wie möglich draußen und in Cafés. Es gab nur eine Sache, die sie mehr und mehr störte: Ständig wurde sie von französischen Männern angesprochen, sie wagte es kaum mehr, allein in einem Café zu sitzen. Nach einem Tag, an dem es besonders schlimm war, fragte sie sich, warum ihr das passierte. Erst da fiel ihr auf, dass die meisten jungen Pariserinnen mit einem leicht angewiderten Gesichtsausdruck durch die Stadt liefen – das schien abschreckend zu wirken. Claire tat es ihnen gleich, und siehe da, fast niemand sprach sie mehr an.

In unserer Mimik zeigen sich nicht nur unsere Gefühle, unser Gesichtsausdruck beeinflusst auch, wie anziehend wir auf andere Menschen wirken. Blasen wir Trübsal, weil wir Single sind, strahlen wir unsere schlechte Stimmung über die Mimik aus. Sind wir hingegen glücklich verliebt, wirkt die Freude in unserem Gesicht anziehend auf andere Menschen. Lächeln ist allerdings nicht das einzige Signal, mit dem wir unsere Wirkung beim Liebeswerben optimieren können. Welche nonverbalen Signale können Sie also insbesondere in Phase 2 noch aussenden, um beim anderen Geschlecht zu punkten? Um das zu klären, müssen wir zunächst einen Blick darauf werfen, wie sich Männer und Frauen beim Flirten unterscheiden.

Männer flirten anders, Frauen auch

Vor allem in den ersten beiden Phasen des Liebeswerbens geht die Initiative von der Frau aus, indem sie dem Mann deutliche nonverbale Werbesignale sendet, um eine Annäherung durch ihn auszulösen. Die Frau ist beim Liebeswerben das wählerischere Geschlecht. Das ist, Sie ahnen es sicher schon, evolutionär begründet: Ihre Kosten bei der Wahl des falschen Partners waren und sind noch heute erheblich höher als die des Mannes. Vergegenwärtigen wir uns, dass der biologische Sinn der Partnerwahl die Fortpflanzung ist, ist auch schnell klar, warum. Vor allem die zeitlichen Kosten spielen hierbei eine Rolle. So muss die Frau ein gemeinsam gezeugtes Kind neun Monate lang austragen, der Mann hingegen könnte sich nach erfolgtem Geschlechtsakt aus dem Staub machen. Diese ungleiche evolutionäre Kosten- und Risikoverteilung prägt auch heute noch unser Werbeverhalten: Die Frau sendet Bereitschaftssignale, und dem Mann obliegt es, die Initiative zu ergreifen, die Frau anzusprechen und ihr zu beweisen, dass er es ernst meint. Deswegen wird die Frau den Mann unbewusst meist durch wechselnde Annäherungs- und Distanzierungssignale »testen«, bis sie überzeugt davon ist, dass er der Richtige ist.

Aber was bedeutet eigentlich »der Richtige«? Diese Frage müssen wir ebenfalls mit Blick auf die Evolution beantworten:

Für den Mann war es wichtig, eine Partnerin auszuwählen, die möglichst fruchtbar ist, während für die Frau ein hoher sozialer Status und der Einfluss des Mannes das Überleben der Nachkommen sicherten. Auch wenn unsere moderne Gesellschaft diese archaischen Auswahlkriterien längst hinter sich gelassen hat, sind sie unbewusst auch heute noch in uns aktiv.

Daraus ergeben sich zwei unterschiedliche Arten zu flirten: das einladend-zurückhaltende weibliche flirten und das von Dominanz und Imponiergehabe geprägte männliche Liebeswerben. Hüten Sie sich aber vor Schubladendenken – dies sind natürlich nur Tendenzen, und wir greifen hin und wieder auch in die »Trickkiste« des anderen Geschlechts.

So senden Sie als Frau die richtigen Locksignale

Diese evolutionären Wurzeln sind der Grund, weshalb Männer bei Frauen bevorzugt auf nonverbale Signale reagieren, die einladend wirken und die Frau gleichzeitig ungefährlich und zurückhaltend erscheinen lassen. Wenn Sie als Frau einen Mann dazu ermutigen wollen, sich Ihnen zu nähern, empfehle ich Ihnen daher ein verlegenes Lächeln, nach unten schauen, leichtes Schrägstellen des Kopfes oder Hochziehen der Schultern – und suchen Sie dabei immer wieder seinen Blick. Wenn Sie den Blickkontakt zum Mann Ihrer Träume hergestellt haben, ihn aber auch mit einem Lächeln nicht animieren können, Sie anzusprechen, hilft vielleicht folgendes Wissen: Statistisch betrachtet, lächeln Frauen durchschnittlich häufiger als Männer, weshalb ein weibliches Lächeln nicht so stark ins Gewicht fällt wie ein männliches. Senden Sie in solch einem Fall gezielt ein paar der anderen Flirtsignale, die Sie gerade kennengelernt haben, zum Beispiel autoerotische Gesten, um Ihr Interesse zu verdeutlichen. Die meisten

Männer brauchen Ermutigung. Und wenn das alles nicht hilft, bleibt natürlich immer noch die Option, Ihren ganzen Mut zusammenzunehmen und ihn selbst anzusprechen.

So macht Mann alles richtig

Wenn die Frau nun also das wählerische Geschlecht ist, stellt sich für uns Männer die Frage: Was sind die Mechanismen, die ihre Auswahl beeinflussen? Und was kann der Mann tun, um seine Chancen zu erhöhen und ein nonverbales »Okay, du darfst dich nähern«-Zeichen zu empfangen? Wie wir gesehen haben, sollten Männer bevorzugt Signale senden, die Dominanz und sozialen Einfluss ausdrücken.

Gar nicht so einfach, denken Sie jetzt vermutlich. Wie soll denn der Mann von heute Dominanz und sozialen Einfluss ausstrahlen, ohne bei Frauen als unsympathischer Macho anzukommen? Diese Fragen stellte sich im Jahr 2004 auch ein Team von Wissenschaftlern rund um den deutschen Verhaltensforscher und Evolutionsbiologen Karl Grammer, das Männer im Alter zwischen 21 und 34 Jahren bei ihren Annäherungsversuchen beobachtete. Und wurde fündig. Insgesamt deckten die Wissenschaftler fünf körpersprachliche Merkmale auf, die Männer beim Flirten erfolgreicher machen. Aus ihren Erkenntnissen lassen sich die folgenden Tipps ableiten:

1. Suchen Sie Blickkontakt
Blickkontakt ist, Sie wissen es bereits, beim Flirten das A und O. Vor allem ein kurzer und direkter Blickkontakt, kurz bevor Sie eine Frau ansprechen, zahlt sich aus. Im Gegenzug empfinden es viele Frauen als unangenehm, wenn sie von einem Mann angesprochen werden, mit dem sie vorher keinen Blickkontakt hatten.

2. Nutzen Sie raumeinnehmende Bewegungen

Raumeinnehmende Bewegungen, wie sich strecken oder die Arme auf angrenzende Stühle legen, erhöhen ebenfalls Ihre Erfolgschancen beim weiblichen Geschlecht. Dies lässt sich leicht erklären: Je höher der soziale Status und Einfluss, desto mehr Raum beansprucht eine Person für sich.

Weitere Beispiele für raumeinnehmende Bewegungen sind: Arme in die Hüften gestemmt oder ein etwas mehr als hüftbreiter Stand. Übertreiben Sie es dabei aber nicht, denn zu viele Dominanzsignale können abschreckend wirken, vor allem, wenn sie nach Imponiergehabe aussehen.

3. Wechseln Sie hin und wieder den Ort

Bleiben Sie nicht die ganze Zeit auf einer Stelle stehen oder sitzen, sondern wechseln Sie, wenn möglich, gelegentlich den Standort. Die freiere Bewegung wird ebenfalls mit einem höheren sozialen Status in Verbindung gebracht.

4. Berühren Sie andere Männer

Grammer beobachtete, dass Männer, die andere Männer beispielsweise an der Schulter anfassen, ihre Erfolgschancen in der Anbahnungsphase erhöhen, allerdings nur, wenn ihre Berührung nicht erwidert wird. Der Grund dafür ist, dass wir dem Berührenden unbewusst einen höheren Status und mehr sozialen Einfluss zuschreiben als dem Berührten. So haben Verhaltensforscher herausgefunden, dass das Hierarchieverhältnis beeinflusst, wer wen berühren darf. Die unausgesprochene Regel lautet: Der mit dem höheren Status darf die Personen anfassen, die einen niedrigeren Status haben. Aber nicht umgekehrt. So wird es zum Beispiel selten vorkommen, dass der Angestellte, während er mit seinem Chef spricht, seine Hand auf dessen Schulter legt, andersherum haben Sie das sicher schon häufig beobachtet.

Weitere Beispiele für solche Gesten sind: den Ellbogen auf die Schulter eines Freundes zu legen, während man mit ihm spricht, ihn an der Schulter anzutippen, damit er aufmerksam wird, oder ihn kurz mit der Handrückenseite am Oberarm anzustupsen. Wohl dosiert, erhöhen Sie so sehr subtil Ihre Erfolgschancen beim schönen Geschlecht. Wenn Sie mit einem Freund unterwegs sind, der schon vergeben ist, können Sie sich im Vorfeld gut absprechen, bevor Sie gemeinsam losziehen. Zumindest sollten Sie jedoch darauf achten, dass Sie die Berührung anderer Männer erwidern. Dies stellt Sie nonverbal wieder auf die gleiche Ebene.

5. Zeigen Sie eine offene Körperhaltung
Eine offene Körperhaltung erhöhte ebenfalls den Flirterfolg von Grammers Probanden, und auch andere Studien haben gezeigt, dass die meisten Menschen eine offene Körperhaltung vermehrt mit positiven Eigenschaften in Verbindung bringen: unter anderem mit Durchsetzungsstärke, sozialem Einfluss und Attraktivität. Eine offene Körperhaltung ermöglicht freie Sicht auf die Körperachse. Bei einer geschlossenen Körperhaltung hingegen verdecken die Arme oder ein Gegenstand, zum Beispiel eine Schreibmappe, die Körpermitte.

Die Herausforderung für den Mann besteht bei den ersten vier Gesten darin, die Balance zu halten. Einerseits muss er seinen Status, seine Gesundheit, Kraft und Intelligenz darstellen, um attraktiv auf eine Frau zu wirken, andererseits darf er dabei nicht übertreiben, weil eine überzogene Darstellung abschreckend wirkt. Auf jeden Fall gilt es, Dominanzsignale zu vermeiden, die sich gegen die Frau richten – wie zum Beispiel von »oben herab« mit ihr zu sprechen.

> **Wie Männer Frauen bei ihrer Wahl beeinflussen können**
>
> Frauen wählen zwar aus, Männer haben aber die Möglichkeit, diese Auswahl über ihre nonverbalen Signale zu beeinflussen. Männer, die auf der einen Seite ihr Interesse und ihre Offenheit durch Blickkontakt, Lächeln und offene Gesten zeigen und auf der anderen Seite ihren Wert als potentieller Partner wohl dosiert demonstrieren (durch statussteigernde Gesten), haben deutlich bessere Erfolgschancen.

Wie Unsicherheit Flirtchancen vernichten kann

Was haben eine Weltmeisterschaft, ein Bewerbungsgespräch und ein Flirt gemeinsam? Alle drei Situationen sind sogenannte Bahnungsmomente, bei denen wenige Augenblicke über Sieg oder Niederlage entscheiden und Weichen für den weiteren Lebensweg gestellt werden können. In solchen Momenten sind wir häufig besonders aufgeregt. Durchaus zu Recht, es hängt ja schließlich einiges vom Ausgang der Situation ab: Ein einziges Date kann unser ganzes Leben verändern. »Ein Freund von mir kann das bestätigen. Er musste nach seinem letzten Date seinen Namen, seine Telefonnummer und seine Adresse ändern«, scherzt der Comedian Ralf Schmitz. Es ist eine verfahrene Situation, denn je wichtiger eine Situation für uns ist, desto aufgeregter sind wir. Je aufgeregter wir aber sind, desto mehr tritt ein Phänomen auf, das ich »Klare Sicht – gefühlte Barriere« nenne. Wir wissen zwar ganz genau, wie wir uns verhalten wollen, machen es aber dann doch anders. Auf das Liebeswerben übertragen, heißt das: Nur weil wir wissen, welche nonverbalen Signale positiv auf andere Menschen wirken, bedeutet das leider noch nicht, dass es uns auch gelingt, diese zu zeigen. Da unsere mimische Muskulatur direkt mit unserem Emotionszentrum, dem limbischen System, verdrahtet ist, bildet sie schlichtweg unsere innere Gefühlswelt ab. Und das gilt leider auch für die Nervosität. Wir können unser Mienenspiel zwar auch bewusst beeinflussen, dies gelingt aber nur in geringem Maße und wirkt schnell unecht, vor allem wenn wir uns anders darstellen wollen, als wir uns fühlen.

Wenn wir uns verstellen, hat das darüber hinaus häufig zur Folge, dass Mimik und Körpersprache starrer werden. Da wir aber wissen, dass Menschen, die mimisch bewegter kommunizieren, positiver eingeschätzt werden, ist dies von Nachteil für unsere Ausstrahlung und Wirkung auf andere. Beim Liebeswerben kann uns hier insbesondere die natürliche Angst vor Zurückweisung in die Quere kommen. Denn je ängstlicher wir sind, desto zurückhaltender zeigen wir uns im Kontakt mit anderen.

Eine amerikanische Forschergruppe untersuchte in einer Studie, wie eine zurückhaltende Kommunikation unsere Wirkung auf Fremde beeinflusst. 90 Personen, die sich nicht kannten, wurden per Zufallsprinzip in Zweier-Teams eingeteilt, dann sollten sie neun Minuten lang über ein vorgegebenes Problem diskutieren und zu einer gemeinsamen Lösung kommen. Die Gespräche wurden gefilmt und anschließend von trainierten Beobachtern ausgewertet. Zusätzlich wurden die Diskussionspartner gebeten, sich gegenseitig einzuschätzen. Das Ergebnis: Die Probanden, die sich nach eigener Einschätzung ängstlich und zurückhaltend fühlten, wirkten auf die Beobachter und Diskussionspartner unfreundlicher und desinteressierter.

Furcht und Zurückhaltung können also dramatische Folgen haben, denn auch wenn wir innerlich freundlich und interessiert sind, kann die Angst vor Zurückweisung dafür sorgen, dass wir nach außen genau gegenteilig wirken. Unsicherheit und Schüchternheit verhindern im schlimmsten Fall also einen erfolgreichen Flirt, ohne dass wir uns der eigenen Wirkung bewusst sind.

Wie Sie blockierende Emotionen wirkungsvoll managen

Wie lässt sich nun die Herausforderung »Klare Sicht – gefühlte Barriere« meistern? Da wir Menschen emotionale Wesen sind, beeinflussen Gefühle unser Handeln fundamental. Und nicht nur unser Handeln, sondern auch unsere nonverbalen Signale. Wir strahlen aus, was wir fühlen. Wenn Sie Ihre Mimik und Körpersprache optimieren wollen, ist es daher sinnvoll, an Ihren Emotionen anzusetzen. Da unser limbisches System auf Worte aber nicht sonderlich gut anspricht, brauchen wir einen anderen Zugangsweg. Sie lernen nun zwei Übungen kennen, die schnell und nachhaltig wirken, um eine herausfordernde Situation kraftvoll und zuversichtlich zu meistern.

1. Übung: Der persönliche Kraft-Ort

Wir beginnen mit einer Übung, die Sie nutzen können, um sich jederzeit in einen kraftvollen Zustand zu bringen. Bei dieser Technik arbeiten wir mit einem positiven inneren Bild, um so die Macht der Vorstellungskraft zu nutzen. Eine Vorstellung wirkt sich direkt auf unser limbisches System aus und fühlt sich für unseren Körper genauso real an wie eine tatsächliche Erfahrung. Ein Beispiel zur Wirkung innerer Bilder: Stellen Sie sich jetzt bitte eine frische Zitrone vor, und schneiden Sie diese gedanklich in zwei Hälften. Nehmen Sie eine Hälfte in die Hand, und beißen Sie hinein. Wenn Sie sich dies detailliert ausmalen, spüren Sie jetzt wahrscheinlich, wie sich Ihr Mund zusammenzieht und der Speichelfluss aktiviert wird.

Die starke Wirkung der Vorstellungskraft können Sie nicht nur in Flirtsituationen nutzen, um sich zu beruhigen, sondern auch in anderen Stresssituationen des Alltags. Was Sie im ersten Schritt dafür brauchen, ist ein positives Bild, eine Erinnerung an ein kraftvolles Erlebnis. Vielleicht lieben Sie Spaziergänge am Meer oder im Wald, oder die Berge bringen Sie in Kontakt mit Ihren inneren Kraftquellen. Wählen Sie einen Ort aus, an dem Sie sich absolut sicher und ruhig fühlen. Anschließend lesen Sie sich die folgende Anleitung erst einmal durch und nehmen sich danach ein paar Minuten Zeit, um die kraftvolle Wirkung dieser Übung zu spüren. Damit Sie eine ungefähre Orientierung haben: 15 Minuten sollten dafür entspannt ausreichen.

Schritt 1: Kraft-Ort vorstellen

Schließen Sie bitte die Augen und stellen Sie sich vor, dass Sie jetzt an Ihrem Kraft-Ort sind: Was sehen Sie, wenn Sie dort sind? Nehmen Sie die Farben und die Art des Lichts um Sie herum wahr. Was hören Sie? Vielleicht das Rauschen des Meeres oder Vogelgezwitscher? Manchmal ist es auch einfach nur Stille. Welche Tastempfindungen spüren Sie? Ist der Untergrund weich oder hart? Wie ist die Temperatur? Gibt es irgendwelche Luftbewegungen? Und vielleicht gibt es auch einen angenehmen Geruch, den Sie mit Ihrem Kraft-Ort verbinden? Wenn Sie sich nun Ihren Ort mit allen Sinnen vergegenwärtigen, achten Sie auf die positiven Gefühle, die in Ihnen aufsteigen. Wo spüren Sie diese? Wie genau fühlt sich Ihr Körper dabei an? Genießen Sie für ein bis zwei Minuten dieses kraftvolle Gefühl von Sicherheit und Ruhe. Öffnen Sie anschließend wieder die Augen.

> **Anmerkung:** Wenn während dieser Übung irgendwelche unangenehmen Gefühle auftauchen sollten, wählen Sie bitte einen anderen Ort aus. So lange, bis Sie einen Kraft-Ort gefunden haben, der rein positive Gefühle in Ihnen aktiviert.

Schritt 2: Ein Schlüsselwort finden

Finden Sie ein Wort, das diesen Ort gut repräsentiert. Es kann das Gefühl beschreiben, das Sie mit dem Kraft-Ort verbinden, wie »Ruhe«, oder für die Umgebung stehen, beispielsweise das Wort »Alpen«. Wenn Sie Ihr Wort gefunden haben, schließen Sie wieder die Augen und begeben Sie sich zurück an Ihren persönlichen Kraft-Ort. Sobald die positiven Gefühle wieder aufsteigen, wiederholen Sie innerlich drei Mal das Schlüsselwort. Baden Sie ungefähr eine Minute in den angenehmen Gefühlen, bevor Sie wieder die Augen öffnen. Wiederholen Sie diesen Prozess noch fünfmal. So verstärken Sie die Verbindung zwischen den positiven Gefühlen und Ihrem Wort. Wenn Ihr Wort sich noch nicht rund anfühlt, passen Sie es gegebenenfalls an.

Schritt 3: Die Atmung nutzen

Sagen Sie sich nun bitte noch einmal Ihr Wort, und stellen Sie sich Ihren Kraft-Ort innerlich mit allen Sinnen vor. Lassen Sie die positiven Gefühle in sich aufsteigen. Achten Sie darauf, wie sich Ihre Atmung verändert, wenn Sie dies tun. Sobald Sie spüren, wie die angenehmen Empfindungen in Ihnen entstehen, legen Sie Ihre Hand auf den Bereich Ihres Oberkörpers, wo Ihr Atem beginnt, und konzentrieren sich ein bis zwei Minuten auf Ihre Atmung.

Allein diesen Schritt können Sie auch im Alltag nutzen. Denn wenn wir gestresst sind, atmen wir anders, als wenn wir uns ruhig und sicher fühlen. Die meisten Menschen atmen dann flacher. Wenn Sie beim nächsten Mal im Alltag bemerken, dass Stress in Ihnen aufsteigt, ändern Sie einfach bewusst Ihre Atmung. Atmen Sie so tief ein und aus, wie Sie es tun, wenn Sie sich ruhig und sicher fühlen. Sie werden schnell den beruhigenden Effekt spüren.

Überprüfen Sie die Wirkung der Übung

Wenn Sie möchten, können Sie die Wirkung dieser Übung direkt überprüfen: Denken Sie jetzt an etwas, das Sie leicht beunruhigt, und achten Sie darauf, wie sich Ihr Körper dabei anfühlt. Dann sagen Sie sich Ihr positives Schlüsselwort und nehmen Ihren Kraft-Ort innerlich mit allen Sinnen wahr. Spüren Sie, wie Ihre Atmung sich verändert und die angenehmen Gefühle in Ihnen aufsteigen?

Wenn es noch nicht funktioniert, wiederholen Sie die Kraft-Ort-Übung einfach noch einmal. Es lohnt sich: Sobald es Ihnen gelingt, haben Sie für immer und jederzeit eine Möglichkeit zur Hand, um sich in stressigen Situationen zu beruhigen.

Damit Ihnen diese Übung in Fleisch und Blut übergeht, üben Sie am besten drei Wochen lang jeden Tag dreimal für ein bis zwei Minuten. Üben Sie lieber öfter und dafür kürzer, viele kleine Lernwiederholungen prägen sich nämlich besser ein als eine große Anstrengung. Das Wichtigste dabei ist: Fühlen Sie sich wohl, wenn Sie die Übung machen. Denn das ist ja das Ziel.

Bevor wir die nächste Technik üben, lassen Sie uns ein Anwendungsbeispiel anschauen. Mein Coaching-Klient Max setzt den Kraft-Ort erfolgreich ein, um sich in Flirtsituationen selbstsicherer zu fühlen. Max beschrieb sich selbst als eher schüchternen

Typ, dem es schwerfiel, auf Frauen zuzugehen. Er wollte deswegen etwas »lockerer werden«. In der ersten Sitzung entwickelten wir gemeinsam einen Kraft-Ort für ihn, den Max bis zu seinem zweiten Termin eine Woche lang übte. In der nächsten Sitzung erzählte er mir dann Folgendes: »Es ist etwas Spannendes passiert. Gestern Abend bin ich in meiner Lieblingskneipe mit einem Freund ins Gespräch vertieft, als ich kurz aufblicke. Und da steht sie plötzlich am Tresen, meine Traumfrau. Unsere Blicke treffen sich kurz, und mir rutscht mein Herz direkt in die Hose. Dann schaut sie ein paarmal rüber und lächelt mich an. Früher hätte ich mich nicht mal getraut, sie länger anzuschauen. Als ich in der Situation merke, dass mein Herz bis in den Hals schlägt, sage ich mir mein Schlüsselwort ›Sicherheit‹, denke an den Kraft-Ort und atme bewusst in den Bauch, so wie wir es im Coaching geübt haben. Innerhalb weniger Sekunden spüre ich, dass ich mich deutlich beruhige. Dann zähle ich innerlich ›Eins, zwei, drei‹, stehe auf und gehe auf sie zu. Es war ein großartiges Gefühl. Ich muss sagen, ich hätte nicht gedacht, dass das so gut und vor allem schnell funktioniert.«

2. Übung: Blockierende Gefühle auflösen

Manchmal sind die Stressauslöser zu stark, und der Kraft-Ort reicht nicht aus, um uns zu beruhigen. Lassen Sie uns nun deshalb eine Möglichkeit anschauen, wie Sie in stressigen Situationen nicht nur in Kontakt mit Ihren Kraftquellen kommen, sondern wie Sie blockierende Gefühle wie Unsicherheit nachhaltig auflösen können. Das hinter der folgenden Methode stehende Wirkprinzip sind die REM-Phasen (**R**apid **E**ye **M**ovement: schnelle Augenbewegung). Da sind die Phasen im Schlaf, in denen wir bei geschlossenen Lidern unsere Augen sehr schnell hin- und herbewegen. In diesen Phasen verarbeiten wir auf natürliche

Weise unsere Tageseindrücke, ein sehr wirkungsvolles Stressverarbeitungssystem, mit dem uns die Natur »serienmäßig« ausgestattet hat. Der Volksmund sagt dazu: »Schlaf eine Nacht darüber, morgen sieht die Welt wieder anders aus.« Bekommen wir beispielsweise beim Flirten einen Korb, sind wir im ersten Moment vielleicht peinlich berührt, traurig oder manchmal sogar verärgert. Wenn wir dann ein paar Nächte darüber geschlafen haben, verblassen die unangenehmen Gefühle mehr und mehr, bis wir uns nur noch vage an sie erinnern. Diese Verarbeitung läuft im limbischen System, genauer im Hippocampus ab. Dieser sorgt dafür, dass wir ein Zeitempfinden haben, und macht in den REM-Phasen aus einer unangenehmen Emotion eine Information – das bedeutet: Wenn wir an den »Korb« zurückdenken, erinnern wir uns zwar noch an unsere Gefühle, wir erleben sie aber nicht mehr in der gleichen Stärke. In 99 Prozent der Fälle funktioniert dies wunderbar. In manchen Situationen können die natürlichen Stressverarbeitungsmechanismen allerdings überlastet sein, dann bleibt eine Situation im limbischen System »stecken«. Diese nicht verarbeitete Erinnerung kann dazu führen, dass wir jedes Mal erneut Stress verspüren, wenn wir in eine Situation kommen, die der Ursprungssituation ähnelt. Um beim Beispiel der Ablehnung zu bleiben: Beim Einkaufen begegnet uns eine Person, die uns auf den ersten Blick gefällt. Wir spüren den Impuls, sie anzusprechen, unbewusst erinnern wir uns aber an die letzte Abfuhr, bekommen deshalb innerlich Stress und zögern. Vielleicht einen Moment zu lange, und schon ist die Chance vorbei. Nicht immer muss uns dabei die Ursache für den empfundenen Stress bewusst sein.

Mit der Selbstcoaching-Technik, die wir uns gleich anschauen, können Sie vergangene Stresserlebnisse verarbeiten (wie eine bereits erlebte, aber noch immer als belastend empfundene Zurückweisung), sich wiederholende Situationen der Gegenwart »entstressen« (wie eine immer wieder auftauchende Blockade, wenn Sie jemanden kennenlernen, den Sie attraktiv finden) oder auch den Stress in einer vorgestellten Zukunftssituation lösen (wie eine aus Ihrer Sicht zu starke Aufregung vor einem ersten Date).

> **Wichtige Anmerkung zum Selbstcoaching**
>
> Die nachfolgende Technik ist Bestandteil der wingwave®-Coachingmethode, die im Jahr 2001 von den beiden Hamburger Psychologen Cora Besser-Siegmund und Harry Siegmund entwickelt wurde und in der ich in den letzten Jahren in unserer Berliner Akademie rund eintausend Coaches ausgebildet habe. Beachten Sie bitte, dass ein Selbstcoaching zwar helfen, nicht aber die professionelle Arbeit eines ausgebildeten Coaches oder Psychotherapeuten ersetzen kann.

Die Idee des wingwave®-Coachings ist simpel: Reichen die normalen REM-Phasen zur Verarbeitung einer Stresssituation nicht aus, können wir dies im Wachzustand nachholen. Dazu werden im Coaching schnelle Augenbewegungen stimuliert: Der Coach bewegt vor den Augen des Klienten seine Finger schnell von links nach rechts hin und her, während dieser den Fingern folgt.

Da die wenigsten Menschen ihre Augenmuskulatur so unter Kontrolle haben, dass sie die Bewegungen ohne Anleitung von außen durchführen können, nutzen wir im Selbstcoaching statt der Augenbewegungen wechselnde Links-rechts-Berührungen. Dies bewirkt die gleiche Links-rechts-Aktivierung der beiden Gehirnhälften, die auch während der REM-Phasen auftritt, und unterstützt Sie bei Ihrer Stressverarbeitung. Entwickelt wurde diese sogenannte Butterfly-Technik 1998 von der mexikanischen Traumatherapeutin Lucina Artigas. Bevor Sie die Technik aus-

Die Stimulation »wacher« REM-Phasen im
wingwave®-Coaching

probieren, wählen Sie bitte eine Situation aus, die in eines der folgenden drei Muster passt und Sie nicht zu sehr belastet.

1. Ein vergangenes Stresserlebnis, das Sie immer noch beschäftigt.
2. Eine sich wiederholende Situation der Gegenwart, in der Sie sich blockiert fühlen.
3. Eine potentielle und stressige Zukunftssituation.

Schritt 1: Wählen Sie eine Stresssituation
Vergegenwärtigen Sie sich die Situation, die Ihnen Stress bereitet. Wählen Sie bitte den unangenehmsten Moment dieser Situation aus, und rufen Sie ihn so konkret wie möglich innerlich ab. Was nehmen Sie in diesem Moment um sich herum wahr? Was konkret löst den Stress aus?

Schritt 2: Stressende Gefühle wahrnehmen
Achten Sie jetzt darauf, welche Emotion Sie als unangenehm empfinden, wenn Sie an diesen Moment denken: Spüren Sie Angst, Ärger, Ekel, Trauer, Scham oder eine andere Emotion? Vollziehen Sie nach, wo im Körper ein Echo auf diese stressende Emotion auftaucht, wo genau fühlen Sie den Stress? Im Kopf, im Oberkörper oder Unterkörper? Wie fühlt er sich an?

Schritt 3: Butterfly-Technik
Während Sie den unangenehmsten Moment der Situation innerlich wahrnehmen und die stressende Emotion im Körper spüren, kreuzen Sie die Arme vor dem Brustkorb, so dass Ihre linke Hand auf der rechten Schulter und die rechte Hand auf der linken Schulter ruht. Dann klopfen Sie mit den Handflächen sanft im Links-Rechts-Wechsel auf Ihre Schultern. Wählen Sie ein Tempo, das sich angenehm anfühlt und lassen Sie Ihren Atem frei fließen, während Sie einfach beobachten, was in Ihnen passiert. Registrieren Sie auftauchende Bilder, Gedanken, Gefühle und Körperempfindungen, doch lassen Sie diese vorbeiziehen wie Wolken am Himmel. Ihre Augen können Sie dabei schließen oder offen lassen, so wie es sich besser anfühlt. Machen Sie das ein- bis drei Minuten lang. Dann atmen Sie tief durch, denken noch einmal an die Ausgangssituation und überprüfen Ihre Gefühle. Wiederholen Sie diesen Prozess ungefähr drei- bis fünfmal, bis der Stress vollständig gelöst ist oder Sie zumindest eine deutliche Erleichterung spüren.

Die Butterfly-Technik

Wenn die negativen Gefühle dabei zu unangenehm werden sollten, öffnen Sie die Augen und nehmen Sie Ihre Umgebung wahr. Dies reduziert den Stress meist sofort und spürbar. Stellen Sie sich diesen Prozess der neuronalen Verarbeitung vor wie eine Zugfahrt: Manche Streckenabschnitte fliegen leicht und locker an einem vorbei, andere sind vielleicht etwas unangenehmer und zäher, wie zum Beispiel die Einfahrt in einen Tunnel, die den Blick plötzlich versperrt. Das Schöne ist aber: Am Ende jedes Tunnels ist Licht. Wenn Sie die unangenehmen Gefühle aushalten können, durchleben Sie diese so lange, bis Sie spüren, dass Ihr Körper sich wieder beruhigt hat. Wenn der Stress zu stark werden sollte, aktivieren Sie bitte Ihren Kraft-Ort.

Genau wie die Kraft-Ort-Übung lässt sich der beruhigende Effekt des wechselnden Links-rechts-Tappens auch *live*, also mitten in einer stressigen Situation nutzen. Statt der Butterfly-Technik können Sie dann auch eine unauffälligere Variante wählen, wie zum Beispiel sanftes Klopfen mit den Handinnenflächen oder den Fingern auf Ihre Oberschenkel. Nach circa drei Minuten spüren die meisten Menschen eine deutliche Erleichterung.

Stress lösen mit Musik

Statt der Links-rechts-Aktivierung über Berührungen können Sie auch eine speziell dafür entwickelte Musik nutzen, die mit wechselnden links-rechts-Tönen arbeitet und über Kopfhörer gehört, den gleichen Effekt erzielt.
Unter **Der-Liebes-Code.de** finden Sie den Login-Bereich für Leser. Dort können Sie sich neben weiterem Bonusmaterial ein speziell komponiertes Lied kostenfrei herunterladen.

Die Butterfly-Technik können Sie übrigens, ebenso wie die Musik, auch dafür nutzen, die positiven Gefühle Ihres Kraft-Ortes zu verstärken. Denken Sie einfach an Ihren Ort mit dem dazugehörigen Schlüsselwort, spüren Sie die positiven Gefühle, und vertiefen Sie Ihre Erfahrung dann mit der Butterfly-Technik, indem Sie sechs- bis achtmal links-rechts im Wechsel sanft tappen. Oder hören Sie stattdessen die Musik, während Sie Ihren Kraft-Ort mit allen Sinnen wahrnehmen.

Mit der Kraft-Ort-Übung und der Butterfly-Technik haben Sie zwei wirkungsvolle Möglichkeiten zur Verfügung, um stressende Gefühle wie Unsicherheit oder Schüchternheit in kraftspendende Empfindungen der Ruhe und Sicherheit zu verwandeln. Da Ihr emotionaler Zustand die nonverbalen Signale bestimmt, die Sie aussenden, optimieren Sie mit diesen Techniken gleichzeitig Ihre Ausstrahlung. Auf diesem Fundament wollen wir nun aufbauen, um auf eine weitere Idee für Ihr Emotionsmanagement zurückzukommen: Erinnern Sie sich noch an die Geschichte über Claire, die nach Paris gezogen war? Sie liefert eine weitere Erkenntnis, kommen wir deshalb noch einmal kurz darauf zurück. Nachdem Claire eine Woche lang konsequent den Ekel-Gesichtsausdruck simuliert hatte, um zu verhindern, dass sie ständig angeflirtet wird – was auch hervorragend funktionierte –, wurde ihr schlagartig bewusst, dass ihr Paris auf einmal nicht mehr so gut gefiel. Nun fragte sie sich: Hatte das etwas mit ihrer neuen Fassade zu tun? Mit dieser Idee lag Claire goldrichtig. Denn die Art und Weise, wie wir unsere Mimik und Körpersprache einsetzen, beeinflusst nicht nur, wie wir auf andere Menschen wirken, sondern auch, wie wir uns fühlen. Wenn Sie also beim Flirten darauf achten, die »richtigen« Signale auszusenden, schlagen Sie zwei Fliegen mit einer Klappe. Dennoch ist Vorsicht geboten: Eine gespielte Körpersprache wirkt schnell steif und künstlich. Deshalb brauchen Sie für die nachfolgenden Ideen eine ausbalancierte Grundstimmung, wenn Sie diese in einer Flirtsituation einsetzen möchten.

Wie die eigene Mimik glücklich machen kann

Ziehen wir unsere Augenbrauen zusammen, wird unmittelbar unser limbisches System angekurbelt. Je stärker wir dabei unsere mimische Muskulatur anspannen, desto aktiver ist es. In der Psychologie nennt man dieses Phänomen *Facial-Feedback*. Unsere Mimik kommuniziert unsere Gefühle also nicht nur nach außen, sondern auch nach innen. Wenn wir bewusst einen ärgerlichen Gesichtsausdruck aufsetzen, werden auch entsprechend Ärger-Gefühle in uns geweckt. So aktiviert und verstärkt unser Mienenspiel die Gefühle, die wir erleben.

> **Nutzen Sie die Mimik für Ihr Emotionsmanagement**
> Wenn Sie sich das nächste Mal ärgern, entspannen Sie doch einmal bewusst Ihr Gesicht (insbesondere die Augenbrauen), und achten Sie darauf, was mit dem Ärger-Gefühl passiert. Sie werden merken: Mit entspannten Augenbrauen fällt Ärgern wirklich schwer.

Entdeckt wurde das Facial-Feedback-Phänomen durch Zufall von Paul Ekman und Wallace Friesen, die in den 1970er Jahren das bereits erwähnte Facial Action Coding System (FACS) entwickelten. Um herauszufinden, wie bestimmte mimische Bewegungen den Gesichtsausdruck verändern, spannten die beiden

Stück für Stück jeden einzelnen Gesichtsmuskel an. Sie können sich wahrscheinlich vorstellen, dass das bei manchen Muskeln gar nicht so leicht ist. Die Muskeln, die bewusst nur schwer anzusteuern sind, wie beispielsweise der äußere Augenringmuskel, aktivierten Ekman und Friesen deshalb mittels Nadeln durch Elektrostimulation.

Ein kleiner Exkurs zur Muskelaktivierung

Heutzutage ist diese Form der Muskelaktivierung ziemlich in Mode gekommen. In jeder deutschen Großstadt gibt es mittlerweile Fitnessstudios, in denen man seine Muskeln mittels elektrischer Stimulation trainieren kann. Wer das mal gemacht hat, weiß, wie sich Ekman und Friesen gefühlt haben müssen. Und nicht vergessen: Die beiden haben das im Gesicht gemacht, und zwar mit Nadeln.

Ekman und Friesen begannen mit einzelnen Muskeln und steigerten sich, bis sie schließlich mehrere Muskeln gleichzeitig anspannen und damit eine komplette Emotion, wie zum Beispiel Angst, im Gesicht simulieren konnten. Dabei machten sie eine unerwartete Entdeckung: Plötzlich fiel ihnen auf, dass jedes Mal, wenn sie eine Emotion originalgetreu nachstellten, im Körper das Gefühl dazu auftauchte. Daraufhin erforschten sie, wie ihr Körper reagiert, wenn eine bestimmte Emotion im Gesicht mimisch dargestellt wird. Das Fazit: Der Gesichtsausdruck reicht aus, um eindeutige emotionsspezifische Veränderungen im autonomen Nervensystem, das viele lebenswichtige Funktionen wie Blutdruck und Atmung steuert, zu erzeugen. So erhöht zum Beispiel ein ängstlicher Gesichtsausdruck die Herzfrequenz. Die Gesichtsmuskulatur gibt unserem Gehirn also ständig Rückmeldungen, um im Körper genau die Emotion zu erzeugen, die zur momentanen Mimik passt.

Nun stellt sich allerdings die Frage: Müssen wir uns bewusst sein, welches Gesicht wir gerade machen, damit es sich auf unsere Gefühlslage auswirkt? Die Antwort darauf gibt eine Studie aus dem Jahr 1988, die untersuchte, wie sich unbewusstes Lächeln auf unsere Stimmung auswirkt. Dafür unterteilten die Wissenschaftler die Probanden in drei Gruppen. Die erste Gruppe war die Kontrollgruppe. Sie wurde gebeten, während der Aufgaben einen Stift in der Hand zu halten. Die Teilnehmer der zweiten Gruppe sollten den Stift mit den Lippen festhalten und die der dritten mit den Zähnen (ohne dass die Lippen ihn berühren). Der Clou an der Sache ist: Wenn wir den Stift wie die Teilnehmer der dritten Gruppe mit den Zähnen festhalten – ohne ihn mit den Lippen zu berühren –, dann müssen wir zwangsläufig den großen Jochbeinmuskel anspannen. Erinnern Sie sich? Das ist der Muskel, der fürs Lächeln zuständig ist. Wenn wir den Stift hingegen wie die Probanden in Gruppe 2 mit den Lippen festhalten, verhindert dies, dass wir den Lächelmuskel anspannen. So weit, so gut, das erste Problem ist also gelöst: Die Teilnehmer sind sich nicht bewusst, dass sie lächeln.

Dann schauten sich die Probanden Cartoons an und bewerteten sie anschließend. Die Ausgangsvermutung bestätigte sich: Die »Lächelgruppe« (Gruppe 3) stufte die Cartoons im Durchschnitt als besonders lustig ein, die Gruppe 2, die am Lächeln gehindert wurde, fand sie hingegen weniger lustig. Lächeln hellt unsere Stimmung also in der Tat auf, auch wenn wir uns dessen nicht bewusst sind.

Andere Wissenschaftler fanden heraus, dass sich sogar Depressionen lindern lassen, wenn man mit Botox die Gesichtsmuskeln lahmlegt, die wir typischerweise anspannen, wenn wir traurig sind. Bereits nach einer einmaligen Botox-Behandlung

Lächeln und Zusammenziehen der Augenbrauen:
das Yin und Yang der Mimik

berichteten die Patienten, dass es ihnen spürbar besserging. Die Wirktheorie: Wird der traurige Gesichtsausdruck verhindert, wird auch die Entstehung von Traurigkeit gehemmt.

Die durch das Nervengift eingeschränkte Beweglichkeit der Gesichtsmuskeln hat aber noch andere Folgen. Wenn wir mit jemandem sprechen, erwarten wir eine Reaktion in der Mimik. Fällt diese aus oder zeigt sie sich nur in verringerter Form, kann uns das irritieren. Und wenn wir jemanden nicht greifen können, finden wir ihn weniger sympathisch. Denken Sie daran, dass wir Menschen, die sich nonverbal in angemessener Weise bewegt zeigen, attraktiver und sympathischer finden. Die Schauspielerin Julia Roberts brachte das in einem Interview mit der Modezeitschrift *Elle* sehr schön auf den Punkt: »Unser Gesicht erzählt eine Geschichte und es sollte nicht die Geschichte über die Fahrt zur Arztpraxis sein.«

Die Lösung muss und kann anders aussehen: Üben Sie sich darin, achtsam zu sein für den Gesichtsausdruck, den Sie gerade machen. Der bekannte Gehirnforscher LeDoux schreibt dazu: »Es ist also vielleicht gar keine so schlechte Idee, ein fröhliches Gesicht aufzusetzen, wenn einem traurig zumute ist.« Wenn wir unsere Mimik bewusst einsetzen wollen, um unsere Gefühle positiv zu beeinflussen, sind insbesondere zwei mimische Bewegungen von Bedeutung: das Lächeln und das Zusammenziehen der Augenbrauen – quasi das Yin und Yang der Mimik. Das Zusammenziehen der Augenbrauen tritt nämlich nur bei unangenehmen Gefühlen wie Trauer, Ärger oder Angst auf. Während zusammengezogene Augenbrauen unseren Mitmenschen mitteilen, dass irgendetwas nicht stimmt, ist es mit dem Lächeln genau andersherum. Es sagt: Alles ist gut.

Gute Stimmung durch die richtige Mimik

Achten Sie einmal darauf, wie oft Sie die Augenbrauen zusammenziehen (»Zornesfalte«), und wenn Sie dies merken, entspannen Sie Ihre Augenbrauen wieder ganz bewusst. Wenn Sie Ihre Augenbrauen häufiger entspannen, verringern Sie damit unangenehme Gefühle. Wichtig ist natürlich, sich trotzdem mit den Ursachen der negativen Gefühle auseinanderzusetzen und diese gegebenenfalls zu beseitigen.

Um eine positive Stimmung aufzubauen, lächeln Sie mehrmals täglich ganz bewusst. Das verstärkt das positive Feedback der Mimik ans Gehirn.

Wie Körpersprache unsere Stimmung beeinflusst

Nicht nur bei Tieren lässt sich aufgrund der Körpersprache feststellen, wer das »Alpha« ist. Zu Beginn des Kapitels haben wir uns bereits angesehen, wie sich bestimmte nonverbale Signale, die für sozialen Einfluss und hohen Status stehen, bei Männern positiv auf die Erfolgschancen beim Flirten auswirken. Amy Cuddy, Psychologin an der renommierten Harvard-Universität, hat sich dieses Thema einmal von der anderen Seite angesehen und gefragt: Wenn wir gezielt in eine Alpha-Körperhaltung gehen, fühlen wir uns dann automatisch kraftvoller und risikobereiter? Das Ergebnis der Studie ist beeindruckend: Nehmen wir sogenannte High-Power-Posen ein, fühlen wir uns kraftvoller und risikobereiter. Diese Posen sind gekennzeichnet durch raumeinnehmende Gesten, wie zum Beispiel Arme in die Hüften stemmen oder ein etwas mehr als hüftbreiter Stand sowie durch eine offene Körperhaltung. Die High-Power-Posen machen sich sogar in unserer Blutbahn bemerkbar: Das Dominanzhormon Testosteron steigt, während das Stresshormon Kortisol sinkt. Schon zwei Minuten in einer High-Power-Pose reichen dafür aus. Aber Achtung! Low-Power-Posen stellen nicht nur das genaue Gegenteil dar, sie bewirken es auch. Sitzen wir mit einer leicht eingefallenen Körperhaltung, die Hände übereinander im Schoß liegend, insgesamt also in einer raumsparenden und geschlossenen Körperhaltung, bedeutet das: weniger Testosteron und mehr Kortisol, sowie Empfindungen von Kraftlosigkeit und Unsicherheit. Übrigens lässt sich sowohl beim Menschen als auch bei Tieren die soziale Stellung des Individuums innerhalb einer Gruppe anhand dieser beiden Hormone bestimmen: Hohe Testosteron- und niedrige Kortisol-Werte stehen dabei mit mehr sozialem Einfluss und einer höheren Stellung in der Hierarchie in Verbindung.

Wie Körpersprache unsere Stimmung beeinflusst 113

Posen beeinflussen unsere Gefühlslage – zum Positiven und zum Negativen

Wie können Sie sich diese Erkenntnisse zunutze machen? High-Power-Posen sind beim Flirten in leichter Dosierung nur Männern zu empfehlen. Frauen sind beim Flirten erfolgreicher, wenn sie sich ungefährlich und weniger dominant zeigen. Dennoch können beide Geschlechter die zentralen Erkenntnisse der Studie für sich nutzen. Vermeiden Sie eine eingefallene und geschlossene Körperhaltung, und achten Sie stattdessen auf eine aufrechte und offene Körpersprache. So können Sie Ihren emotionalen Zustand erheblich zum Positiven verbessern.

Und hier schließt sich der Kreis zum Anfang des Kapitels: Wenn wir uns emotional sicher fühlen, senden wir automatisch die nonverbalen Signale, die unsere Erfolgschancen beim anderen Geschlecht erhöhen. Die richtige Mimik und Körpersprache verstärken wiederum unsere positiven Gefühle, wir legen überflüssige Unsicherheiten ab und kommen mehr zu uns selbst.

> ### Filmtipp
>
>
> »Hitch – Der Date-Doktor« ist eine Komödie mit Will Smith, Eva Mendes und Kevin James in den Hauptrollen. Alex »Hitch« Hitchens (Will Smith) ist der Date-Doktor, der seinen Klienten auf unnachahmliche Weise zu einem ersten Date mit ihrer Angebeteten verhilft. Sein Geheimnis: Er fühlt sich in die Frauen ein wie kein anderer, um sie auf diese Weise in ihrer eigenen Welt abzuholen. Dann plant er die perfekte Inszenierung der Rahmenbedingungen und der nonverbalen Signale, um die entscheidende Magie des Augenblicks zu kreieren. Die zentrale Botschaft aber lautet: Es kommt nicht auf irgendwelche Techniken an, sondern darauf, du selbst zu sein. Doch das muss Hitch im Laufe des Films selbst noch lernen.

5. So punkten Sie im ersten Gespräch

Elias ist Anfang 30, leidenschaftlicher Läufer und unfreiwilliger Single. Obwohl er regelmäßig von Frauen angelächelt wird, traut er sich nicht, mit ihnen ein Gespräch anzufangen. Schon gar nicht, wenn ihm die Frau gefällt. Damit ist Elias nicht allein. Es gibt einige potentielle Paare, die über die ersten beiden Flirtphasen nie hinauskommen. Sie begegnen sich Tag für Tag, beispielsweise in der Kantine, tauschen fleißig nonverbale Flirtsignale aus, aber keiner von beiden hat den Mut, einen Schritt weiter zu gehen. Mit den Ideen und Übungen aus dem letzten Kapitel gehört diese Hürde für Sie der Vergangenheit an. Aber zurück zu Elias. Es ist ein Sonntagnachmittag im September, perfektes Joggingwetter. Acht Kilometer liegen schon hinter ihm, und er befindet sich auf dem Rückweg, als er an einer Ampel stehen bleiben muss. Plötzlich hält neben ihm auf dem Fußgängerweg ein Fahrrad. Elias schaut auf und direkt in die Augen einer jungen Frau. Während die beiden für zwei Sekunden Blickkontakt haben, lächelt sie leicht, und für ein paar Millisekunden kontrahiert ihr äußerer Augenringmuskel. Ein Signal für Freude. Dann guckt sie abrupt nach unten und blinzelt ein paarmal schnell hintereinander. Deutliche Signale für jeden, der die Mimik zu lesen weiß. Elias hat grünes Licht für den nächsten Schritt. Stellt sich nur die Frage: Wie spricht er die Frau jetzt am besten an? Welche Worte würden seine Erfolgschancen erhöhen? Bevor wir uns dem genauer widmen, ein kleines Quiz.

> **Quizfrage**
>
> Was schätzen Sie, welcher der folgenden Sätze erhöht für Elias die Erfolgschancen, mit der jungen Frau eine Unterhaltung zu beginnen?
> **A:** »Du hast wirklich schöne Augen.«
> **B:** »Hi, ich bin Elias.«
> **C:** »Wie wäre es mit einem Wettrennen?«

Um herauszufinden, welche Gesprächseröffnungen beim Flirten am erfolgreichsten sind, hat Chris Kleinke, Psychologe an der Universität von Alaska, 100 »Anmachsprüche« auf einer 7-Punkte-Skala von »Schrecklich« (1) bis »Hervorragend« (7) bewerten lassen. Wenn man wie Kleinke in Alaska lebt, haben die Ergebnisse der Studie wahrscheinlich einen ganz besonderen Stellenwert, schließlich wohnen auf zehn Quadratkilometern doch gerade einmal vier Personen (zum Vergleich: In Deutschland sind es knapp 2300). Die Chance, jemanden anzusprechen, sollte man dort also auf keinen Fall verpassen. Welche Anmachsprüche bekamen in Kleinkes Studie die besten Bewertungen? Die erfolgreichste Gesprächseröffnung war ein schlichtes »Hi«. Direkt danach folgte die Eröffnung »Hallo, ich heiße …«. Die Lösung für unser Quiz lautet also: B. Aber warum ist dies so?

Alle Eröffnungssätze eines Flirts lassen sich letztendlich in eine von drei Kategorien einordnen, und zwar in direkte, indirekte oder clever-lockere Anmachsprüche. Die direkte Ansprache offenbart unmittelbar das Interesse an der anderen Person, wie »Du hast wirklich schöne Augen«. Manchmal auch verbunden mit einer Selbstoffenbarung in Form von »Das ist mir jetzt ein bisschen peinlich, Sie anzusprechen, aber ich würde Sie gerne näher kennenlernen«. Bei der indirekten Gesprächseröffnung wird das Gespräch über eine Banalität in Gang gebracht. Dazu gehört das einfache »Hallo, ich bin Elias« genauso wie »Schönes Wetter heute, oder?«. Die clever-lockeren Anmachsprüche beinhalten eine Art humorvolle Aufforderung, wie beispielsweise »Wie wäre es mit einem Wettrennen?« oder »Ich mache Ihnen ein Angebot, das Sie nicht ablehnen können«.

Zahlreiche Studien kamen zu dem Ergebnis, dass Frauen, die von einem Mann angesprochen werden, eine indirekte Gesprächseröffnung bevorzugen. Sie sollten als Mann also nicht gleich mit der Tür ins Haus fallen und sich den lockeren Spruch lieber verkneifen. Auch mit der direkten Gesprächseröffnung können Sie punkten, diese ist statistisch betrachtet nahezu genauso wirkungsvoll. Weit abgeschlagen sind hingegen die clever-lockeren Gesprächseröffnungen, was nach Forschungsergebnissen des Psychologen Michael Cunningham daran liegt, dass Frauen dem männlichen Sender dieser Sprüche negative Persönlichkeitseigenschaften zuschreiben. Männer, die eine clever-lockere Gesprächseröffnung wählten, wurden als weniger sexy und weniger intelligent eingestuft. Mit einem einfachen »Hi« oder »Hallo« kommen Sie bei Frauen also in den meisten Fällen weiter als mit einem lässigen Spruch. Über den richtigen Anmachspruch brauchen Sie sich somit nicht den Kopf zu zerbrechen. Soviel zu den Vorlieben der Frauen, wenn ein Mann sie anspricht. Wie sieht es aber umgekehrt aus, also wenn die Frau auf einen Mann zugeht?

Wenn Männer von einer Frau angesprochen werden, bevorzugen sie ebenfalls die direkte oder indirekte Gesprächseröffnung, mit leichter Tendenz zur direkten Variante. Auf einen clever-lockeren Spruch reagieren auch die meisten Männer ablehnend. Die gute Nachricht für die Damenwelt ist aber: Wenn sie sich dazu durchringen, ihren Traummann anzusprechen, können sie das wesentlich entspannter als wir Männer angehen, weil wir auch in dieser Situation weniger wählerisch sind. Die Herren zeigten in allen Studien deutlich häufiger eine positive Reaktion auf eine weibliche Kontaktaufnahme – und zwar unabhängig davon, ob die Gesprächseröffnung direkt, indirekt oder cleverlocker war. Dennoch würde ich auch Ihnen, liebe Leserinnen, zur indirekten Eröffnung raten. Denn die birgt den Vorteil, dass sie den meisten entspannter über die Lippen geht, weil sie nicht so selbstoffenbarend ist wie die direkte Variante.

Wie Frauen und Männer angesprochen werden wollen

Frauen bevorzugen eine indirekte Gesprächseröffnung. Ein einfaches »Hallo, ich bin ...« ist in den meisten Fällen am erfolgreichsten. Männer reagieren zwar mit leichter Tendenz am besten auf direkte Eröffnungen, dennoch sind Sie auch hier mit der indirekten Variante auf der sicheren Seite.

Jetzt haben Sie das Werkzeug, um einen erfolgreichen nonverbalen Dialog zu führen, und wissen außerdem, wie Sie den Mann oder die Frau Ihrer Träume am besten ansprechen. Somit sind Sie Ihrem Liebesglück schon einen großen Schritt nähergekommen. Sie können in Phase 1 und 2 die richtigen Flirtsignale senden und auch die Zeichen Ihres Gegenübers deuten. Nun zeige ich Ihnen, wie Sie auch die *Konversationsphase* meistern können.

»Worüber soll ich bloß sprechen?«: Die Bedeutung der Inhaltsebene

Haben wir mit unserer Eröffnung gepunktet, geht es mit der Konversationsphase, also der dritten Phase des Liebeswerbens, erst richtig los. Wir sollten aber immer daran denken, dass ein erfolgreicher nonverbaler Dialog, insbesondere in Phase 2, die absolute Voraussetzung für die dritte Phase ist. Ein direkter Kaltstart der Konversationsphase geht in den meisten Fällen schief.

Obwohl jetzt, wie der Name verrät, gesprochen wird, sind auch in dieser Werbephase Mimik und Körpersprache spielentscheidend. Wie wir noch sehen werden, geht es oftmals weniger darum, über *was* wir uns unterhalten, als vielmehr darum, *wie* wir dies tun. Dabei gelten alle nonverbalen Spielregeln, die Sie schon kennen. Eine Ausnahme gibt es allerdings: Wirkt in Phase 2 die richtige Dosis an männlichen Dominanzsignalen noch positiv auf die Damenwelt, sieht das in der Konversationsphase schon anders aus. Imponiergehabe sollten Männer jetzt meiden – schade nur, dass diese aus neurobiologischen Gründen dazu neigen. Drei Forscher der Universität von Chicago haben herausgefunden, warum das so ist. Sie wiesen nach, dass schon ein fünfminütiges Gespräch mit einer Frau ausreicht, um den Testosteronspiegel des Mannes um 30 Prozent zu steigern. Und je höher der Spiegel des Dominanzhormons Testosteron ist, desto mehr versuchen die Männer, sich in Szene zu setzen und die Frauen zu beeindrucken. Es ist also eine echte Herausforderung für Männer, sich in einem Flirtgespräch zu zügeln, aber wer auf Dominanzsignale verzichtet und stattdessen eine offene und zugewandte Körpersprache sowie ein freundliches Mienenspiel zeigt, hat die besten Chancen, auch diese Phase erfolgreich zu meistern.

Bevor wir uns gleich anschauen, wie wir den nonverbalen

Tanz in dieser Phase in Schwung bringen, lassen Sie uns kurz einen Blick auf die verbale, also inhaltliche Ebene werfen, insbesondere auf den Beginn der Unterhaltung. Läuft das Gespräch erst einmal, müssen wir uns um unsere Worte kaum mehr Gedanken machen. Wenn wir jemanden gerade kennengelernt haben und es uns wichtig ist, eine Verbindung zu diesem Menschen aufzubauen, lautet die nachweislich wichtigste Empfehlung: Schaffen Sie ein gemeinsames *Bezugssystem*.

Stellen Sie ein gemeinsames Bezugssystem her

Suchen Sie nach Gemeinsamkeiten, so kommen Sie am schnellsten auf eine Wellenlänge mit einer Person und stellen ein gemeinsames Bezugssystem her. Ein Bezugssystem beschreibt Normen, die sich im Laufe der Zeit innerhalb einer Gruppe von Menschen bilden. So basiert zum Beispiel das Bezugssystem der Menschen einer Kultur auf denselben Grundlagen und weist viele Gemeinsamkeiten auf, wodurch eine reibungslosere Kommunikation möglich wird. Auch zwei Menschen können ein gemeinsames Bezugssystem aufbauen und Sachverhalte so ähnlich wahrnehmen und bewerten. Über die psychologische Gesetzmäßigkeit von »Gleich und gleich gesellt sich gern« haben wir ja bereits gesprochen. Lassen Sie uns aber noch einmal darauf zurückkommen, indem wir die spannenden Ergebnisse von Donn Byrne betrachten. Der amerikanische Sozialpsychologe hat sich den Umstand, dass Ähnlichkeit Sympathie fördert, in einer Studie noch einmal genauer angesehen.

Byrne interviewte zunächst eine Gruppe seiner Studenten, um deren wichtigste Meinungen und Interessen zu verschiedenen Themen zu erfahren. Er erstellte einen Fragebogen mit einer Liste von 26 Eigenschaften, von denen die Hälfte die substantielleren Themen (Einstellungen zu Gott oder Sex vor der Ehe) und die andere Hälfte die unwichtigeren (Musik- oder Filmgeschmack) betraf. Die Studenten sollten nun angeben, wie wichtig ihnen die einzelnen Punkte persönlich sind. So ergab sich ein ziemlich umfassendes psychologisches Interessensprofil jedes Teilnehmers.

Im nächsten Schritt bekamen die Probanden den Fragebogen eines »anderen Versuchsteilnehmers«. Aufgrund seiner Antworten sollten sie dessen Attraktivität, Intelligenz und Moral einschätzen. Was die Studenten nicht wussten: Die Bögen waren komplett gefälscht. »Ich habe sie an meinem Küchentisch mit verschiedenen Stiften selbst ausgefüllt. Mal habe ich Häkchen gemacht, mal Kreuze, mal größer, mal kleiner, ein paar mit der linken und andere mit der rechten Hand«, so Byrne. Er wollte vier unterschiedliche Versuchsgruppen generieren: Die erste Gruppe bekam Bögen, die sich in den Antworten komplett mit ihrem eigenen Interessensprofil deckten. Bei der zweiten Gruppe wichen die Antworten hingegen in allen 26 Punkten ab. Die Teilnehmer der dritten und vierten Gruppe bekamen Bögen zu sehen, die in der Hälfte der Antworten übereinstimmten. Bei der dritten waren die wichtigeren Themen deckungsgleich, wie beispielsweise die Haltung zur Religion, bei der vierten die unwichtigeren Punkte, wie der Musikgeschmack.

Das Ergebnis hätte nicht deutlicher ausfallen können: Die Versuchspersonen, die Bögen mit 100-prozentiger Übereinstimmung erhalten hatten, gaben ihren »Mitstudenten« (wir erinnern uns, die Bögen waren erfunden) auf einer Attraktivitätsskala von 14 Punkten durchschnittlich eine satte 13. Die zweite Gruppe, bei der es keine übereinstimmenden Themen gab, kam gerade einmal auf 4,41 Punkte. Das Ergebnis der dritten und vierten Gruppe überraschte selbst Byrne. Es gab nämlich keinen Unterschied. Beide lagen bei 7,20 Punkten. Mit zunehmender Gleichheit der Interessen nahm übrigens nicht nur die wahrgenommene Attraktivität zu, sondern auch die Intelligenz und Moral, die den erfundenen Personen von den Versuchsteilnehmern zugeschrieben wurde.

Es kommt also nicht darauf an, in welchen Themen wir übereinstimmen, sondern darauf, dass wir überhaupt Übereinstimmungen haben. Je mehr, desto besser. Das heißt nun konkret für Sie: Suchen Sie in der ersten Unterhaltung nach Gemeinsamkeiten. Gute Gesprächsthemen sind Interessen, die man teilt. Da Sie die andere Person noch nicht kennen und vermutlich keine Gedanken lesen können, achten Sie zu Beginn auf Dinge, die Sie beide wahrnehmen können, ohne einander zu kennen. Das Nächstliegende ist meist das Beste. Was gibt es beispielsweise zu sehen oder zu hören? Zoomen wir doch noch einmal in die Bar am Potsdamer Platz, Sie erinnern sich? Dort sitzt Julia mit ihrer Freundin Hannah. Nachdem es Julia gelungen war, Blickkontakt mit Sebastian herzustellen, scheint sie einiges richtig gemacht zu haben, denn er kommt gerade zu den beiden an den Tisch.

»Hallo, ich bin Sebastian.«

»Hi, ich bin Julia, und das ist Hannah.«

Was könnte jetzt ein gutes Gesprächsthema sein? Was meinen Sie? Was sollten Julia oder Sebastian als Nächstes sagen?

A: »Wir kennen uns doch irgendwoher, oder?«
B: »Schönes Ambiente hier, oder?«
C: »Wohnst du hier in der Nähe?«

Die erste Frage wirkt ziemlich abgedroschen und führt die beiden auch nicht weiter. Die dritte Frage kann als zu persönlich empfunden werden im Sinne von: »Zu dir oder zu mir?« Und einem Fremden gleich zu verraten, wo man wohnt, ist auch nicht jedermanns Sache. Der zweite Ansatz hingegen ist perfekt. Er bezieht sich auf etwas, das beide wahrnehmen können, und macht ein Themenfeld auf, an das sich leicht anknüpfen lässt.

Dabei dürfen die Fragen oder Themen nach und nach persönlicher werden – vorausgesetzt, die nonverbalen Signale geben grünes Licht dafür. Aber dazu später mehr im Kapitel *Sich näherkommen*.

> ### Gesprächsthemen – die Dos und Don'ts
> Hüten Sie sich davor, bereits bei der ersten Verabredung über gemeinsame Zukunftspläne zu sprechen. In einer Umfrage der Online-Partnerbörse eDarling im März 2014 antworteten 44 Prozent der Männer und 58 Prozent der Frauen auf die Frage »Worüber möchten Sie bei Ihrem ersten Date nicht reden?« mit: gemeinsame Zukunftspläne. Platz 2 der unerwünschten Themen belegte das Feld Politik, Wirtschaft und Religion. Als gewünschtes Gesprächsthema gaben rund 55 Prozent der befragten Frauen und Männer: gemeinsame Leidenschaften und Interessen an.

Die Macht des Nonverbalen im ersten Gespräch

Das eben besprochene Ähnlichkeitsprinzip wirkt nicht nur auf verbaler Ebene, sondern spiegelt sich auch in Mimik und Körpersprache wider. Im dritten Kapitel haben wir uns bereits den Chamäleon-Effekt angesehen: die Tendenz, dass wir uns Menschen, die wir mögen, nonverbal annähern, indem wir zum Beispiel Mimik, Körperhaltung oder bestimmte Verhaltensweisen nachahmen. Sie können diesen Effekt aber nicht nur beobachten und sich darüber freuen, sondern ihn ebenso gezielt einsetzen. Denn auch ein bewusstes nonverbales Annähern oder Nachahmen hat positive Auswirkungen auf die Gesprächsatmosphäre und die Beziehung zu unserem Gegenüber. Ähnlichkeit ist also nicht nur auf inhaltlicher Ebene, wie bei Einstellungen und Interessen, ein Attraktivitäts- und Sympathie-Booster, sondern vor allem auch auf nonverbaler Ebene.

Der französische Psychologe Nicolas Guéguen untersuchte den Einfluss nonverbalen Nachahmens in Speed-Dating-Veranstaltungen, wo die Teilnehmer innerhalb kurzer Zeit eine große Anzahl potentieller Partner kennenlernen. Vielleicht kennen Sie das Prinzip: Während einer Speed-Dating-Sitzung rotiert die Hälfte der Personen alle paar Minuten von Tisch zu Tisch. Die Gesprächsthemen sind freigestellt. Am Ende jeder Runde ertönt eine Glocke, dann wird zum nächsten Tisch gewechselt. Hat jeder einmal mit jedem gesprochen, notieren alle Teilnehmer die Personen, die sie gerne näher kennenlernen möchten. Gibt es eine Übereinstimmung, werden den Betroffenen die Kontaktdaten ausgehändigt. So weit zum Ablauf.

Einige der Frauen sollten nun in den Gesprächen einen Teil der – übrigens ahnungslosen – Männer im verbalen und nonverbalen Verhalten nachahmen, beim anderen Teil hingegen ganz darauf verzichten. So sollten sie innerhalb der fünf Minuten einer Runde fünf Wörter oder Sätze des Mannes »spiegeln«. Er sagt also zum Beispiel: »Das haben Sie wirklich gemacht?«, und sie antwortet, »Ja, das habe ich wirklich gemacht«, anstatt einfach nur »Ja« zu sagen. Oder es werden bestimmte Aussagen wie »Super« oder »Witzig« wiederholt. Außerdem sollten sie auch mimisch und körpersprachlich das Verhalten des Mannes nachahmen, und zwar innerhalb einer Runde fünfmal. Kratzte sich der Mann also beispielsweise im Gesicht, streichelte sich am Arm oder lehnte sich vor, tat die Frau es ihm wenige Sekunden später gleich.

Als es später zur Beurteilung der Männer kam, wurde deutlich, wie positiv sich das Nachahmen ausgewirkt hatte: Die Männer wollten die »Chamäleon-Frauen« viel häufiger wiedersehen und bewerteten sowohl deren Gesprächsqualität als auch ihre sexuelle Attraktivität höher als die der Frauen, von denen sie nicht nachgeahmt worden waren.

Sie sehen also, wie entscheidend in manchen Situationen Kleinigkeiten sein können. Nonverbales (und verbales) Annähern kann das Zünglein an der Waage sein, das zu einem Wiedersehen führt. Aber nicht nur aufgrund der Speed-Dating-Forschungsergebnisse von Nicolas Guéguen ist dies zu empfehlen, in einer Vielzahl weiterer Studien wurden noch mehr positive Auswirkungen entdeckt.

Noch ein Beispiel gefällig? Zwei niederländische Psychologen zeigten in einem Experiment 82 Studenten zwei Videos, von denen das eine positive Emotionen wie Freude und das andere negative Emotionen wie Ärger hervorrief. Anschließend sollte jeder der Studenten einer anderen Versuchsperson vier Minuten lang von dem Inhalt des Videos erzählen. Die Hälfte der Zuhörer spiegelte dabei die Gesichtsausdrücke des Erzählers, die andere Hälfte nicht. Die anschließende Auswertung zeigte: Die Erzähler, die mimisch gespiegelt wurden, bewerteten die Interaktion reibungsloser und fühlten sich dem Zuhörer näher als die Erzähler, die nicht nachgeahmt wurden. Außerdem erlebten die »Chamäleon-Zuhörer« stärker die Gefühle der Erzähler. Das Nachahmen der Mimik verbesserte also auch die empathischen Fähigkeiten.

Aber damit nicht genug: Nonverbales Nachahmen schaltet darüber hinaus in unserem Gehirn den Gemeinsamkeitssucher an. Wenn wir die Mimik und Körpersprache eines Menschen spiegeln, nehmen wir verstärkt Ähnlichkeiten wahr, also das, was wir mit demjenigen gemeinsam haben. So fällt im nächsten Schritt die Suche nach Gemeinsamkeiten auf inhaltlicher Ebene umso leichter, und wir bauen sich schneller ein gemeinsames Bezugssystem auf. Noch eindringlicher werden diese Forschungsergebnisse, wenn wir uns zusätzlich vergegenwärtigen, was passiert, wenn wir nonverbal nicht gespiegelt werden: Dann steigt nämlich der Spiegel des Stresshormons Kortisol an, so dass unser Stressempfinden nach oben geht. Nach dem aktuellen neurobiologischen Forschungsstand hängt das damit zusammen, dass wir uns unbewusst zurückgewiesen fühlen, wenn uns jemand nonverbal nicht nachahmt. Und vielleicht erinnern Sie sich: Zurückweisung aktiviert unser Schmerzzentrum im Gehirn.

Wie können Sie diese geballten Erkenntnisse in die Praxis umsetzen? Was sind die wichtigsten nonverbalen Signale Ihres Gegenübers, denen Sie sich annähern können? Um uns das klarzumachen, kehren wir erneut zurück in die Bar am Potsdamer Platz, wo Sebastian mittlerweile zu Julia und Hannah an den Tisch gekommen ist. Während er steht, sitzen die beiden jungen Frauen also. Nach all dem, was wir jetzt wissen, muss man sagen: Das ist eine sehr ungünstige Konstellation. Aus Julias Sicht lautet der Tipp daher: Aufstehen oder Sebastian einen Platz anbieten. Betrachten wir das Ganze aus Sebastians Sicht, empfehle ich ihm, sich an den Tisch zu hocken, so dass er auf Augenhöhe zu Julia ist.

Soviel zu Julia und Sebastian, werfen wir nun einen Blick auf die fünf zentralen nonverbalen Signale, die Sie zum einen selbst leicht nachahmen können und mit denen Sie zum anderen die größtmögliche Wirkung erzielen:

1. **Die Mimik**: Welche mimischen Bewegungen macht Ihr Gegenüber, insbesondere beim Sprechen? Wie zum Beispiel Lächeln, Hoch- oder Zusammenziehen der Augenbrauen. Mimik können Sie ruhig direkt und ohne Zeitverzögerung spiegeln. Es wäre ja auch komisch, wenn uns jemand anlächelt und wir fünf Sekunden warten, bis wir zurücklächeln.

2. **Die Körperhaltung**: Ist sie offen oder geschlossen? Ist die Person vor- oder zurückgelehnt? Oder hat sie vielleicht das Körpergewicht auf eine bestimmte Seite verlagert? Die Körperhaltung spiegeln Sie am besten vier bis fünf Sekunden zeitversetzt. Da wir uns beim Sprechen ohnehin bewegen, können Sie damit auch warten, bis Sie etwas erzählen und sich dabei dann an die Körperhaltung des anderen annähern.

3. **Die Gesten**: Darunter verstehe ich alle Hand- und Armbewegungen, wie zum Beispiel Kratzen am Kopf oder ein Streicheln des Armes. Gesten spiegeln Sie am besten mit einer Zeitverzögerung von vier bis fünf Sekunden.

4. **Bewegungen und Verhaltensweisen**: Dazu zählen zum Beispiel der Griff zum Glas, um etwas zu trinken, oder auch gleichzeitiges Hinsetzen oder Aufstehen. Mit Blick auf den Chamäleon-Effekt ist es deshalb übrigens eine gute Idee, sich beim ersten Date, soweit dies möglich ist, gemeinsam im gleichen Rhythmus zu bewegen. Hier bieten sich Tanzen oder ein gemeinsamer Spaziergang an.

5. **Die Stimme**: Spricht Ihr Gegenüber langsam oder schnell? Laut oder leise? Genau wie bei der Mimik sollten Sie sich auch stimmlich am besten direkt und ohne Zeitverzögerung anpassen.

Einen Hinweis sollten Sie bei der Nachahmung Ihres Gegenübers unbedingt im Hinterkopf behalten: Nonverbales Spiegeln ist kein simples Nachäffen, es geht darum, sich sanft anzunähern! Gehen Sie also sehr subtil vor, denn wenn das Nachahmen auffällt, hat es den gegenteiligen Effekt! Im Zweifelsfall ist weniger mehr. Bereits ein gespiegeltes nonverbales Signal pro Minute hat eine (messbare) Wirkung.

Über die nonverbalen Signale hinaus lohnt es sich auch, die verbale Ebene zu spiegeln. Das bedeutet: Wir passen uns in der Wortwahl an unser Gegenüber an. Gibt es beispielsweise bestimmte Schlüsselwörter wie »Großartig« oder »Super«, die von der Person öfter genutzt werden? Diese können wir dann gelegentlich an passenden Stellen verwenden. Allein dieser Punkt des verbalen Annäherns ist so wirkungsvoll, dass ein Kellner, der die Bestellung des Gastes wiederholt (»Ich hätte gerne ein Mineralwasser«, »Ein Mineralwasser, gerne«) im Durchschnitt 10 Prozent mehr Trinkgeld erhält. Geht er oder sie gar nonverbal mit dem Gast auf Augenhöhe, beispielsweise durch In-die-Hocke-Gehen oder Auf-einen-Stuhl-Setzen, sind es sogar 30 Prozent mehr.

Oft höre ich den Vorwurf, dass eine bewusste nonverbale Annäherung Manipulation sei. Drei Dinge sind mir deshalb an dieser Stelle besonders wichtig: Erstens ist der Chamäleon-Effekt etwas ganz Natürliches, das unbewusst zwischen Menschen passiert, die sich mögen. Zweitens stellen wir uns damit, wenn wir ihn bewusst einsetzen, lediglich auf unser Gegenüber ein. Und das ist eine Frage der Höflichkeit. Denken Sie zum Beispiel an das angenehme Gefühl, das aufkommt, wenn in einem fremden Land, dessen Sprache Sie nicht verstehen, ein Einheimischer Deutsch mit Ihnen spricht. Auch wenn wir uns annähern, sollten wir dennoch wir selbst bleiben und der anderen Person lediglich ein Stück entgegengehen, ohne uns zu verbiegen. Drittens können Sie sich darauf verlassen, dass negative Manipulation früher oder später nach hinten losgeht. Uns geht es hier ja darum, wie wir leichter in einen guten Kontakt mit anderen Menschen kommen, um so auch schneller entscheiden zu können, ob wir die andere Person wiedersehen möchten. Da es sich bei den Werkzeugen, die wir uns in diesem Buch anschauen, aber dennoch um sehr wirkungsvolle Techniken handelt, setzen Sie diese bitte stets verantwortungsvoll ein. Das ist vergleichbar mit einem scharfen Skalpell. Damit kann ein verantwortungsvoller Arzt Menschen heilen. Er könnte seine Patienten damit aber auch sehr verletzen, wenn er nicht achtsam damit umgeht. Und genau darum, um eine achtsame Kommunikation, geht es im nächsten Punkt.

Empathie punktet

In der fünften Klasse war ich unsterblich in Simona verliebt, eine süße Halb-Italienerin, die zu meinem Glück direkt eine Reihe vor mir saß. Ich glaube, damals war die halbe Klasse in sie verliebt. Und in der gleichen Weise, wie man sich als Zehnjähriger »unsterblich verliebt«, schrieb ich ihr eines Tages einen Liebesbrief, der mit der alles entscheidenden Frage »Willst du mit mir gehen?« und zwei Kästchen darunter endete. Noch heute erinnere ich mich an den Tag im September, an dem ich ihre Antwort las. Leider hatte sie ihr Kreuz an der falschen Stelle gemacht – auch als ich sicherheitshalber noch ein zweites Mal hinsah, blieb es beim »Nein«. Betrübt kam ich von der Schule nach Hause, wo mich mein Vater begrüßte. »Na, was ist denn mit dir passiert?« Nachdem ich ihm alles erzählt hatte, nahm er mich kurz zur Seite und gab mir einen Tipp, der ganz wunderbar auf den Punkt bringt, wie man erfolgreich flirtet und eine glückliche Partnerschaft aufbaut: »Sei neugierig, und interessiere dich für sie. Stell ihr ganz viele Fragen, und hör aufmerksam zu, wenn sie etwas erzählt. Wenn du versuchst, die Welt mit ihren Augen zu sehen, bist du den anderen Jungs um Meilen voraus.«

Die Welt mit den Augen eines anderen Menschen zu betrachten, sich also in andere einzufühlen, wahrzunehmen, was ihnen wichtig ist und zu verstehen, was in ihnen vorgeht, was sie bewegt, was ihre Bedürfnisse sind – all das bedeutet Empathie. Je besser wir diese Fähigkeit beherrschen, die Gefühle unseres Gegenübers erkennen und wertschätzend mit ihnen umgehen, desto schneller entspannt und vertieft sich ein Gespräch. Empathie ist notwendig, aber nicht hinreichend. Es braucht noch etwas anderes. Der berühmte Giacomo Casanova hat es einmal so formuliert: »Liebe besteht zu drei Vierteln aus Neugier.« Neben einem guten Einfühlungsvermögen braucht es also ein ehrliches Interesse am anderen. Gemeinsam bringen uns Neugier und Empathie in eine Positivspirale. Während Neugier eine Einstellung ist und sich deshalb schwer trainieren lässt, ist Empathie eine Fähigkeit, die Sie sehr gut ausbauen können. Und genau damit wollen wir uns nun beschäftigen: Was können wir konkret tun, um unsere empathischen Fähigkeiten zu verfeinern? Sie lernen jetzt drei Ideen kennen, die Sie sofort umsetzen können.

1. Machen Sie eine »Elektronik-Diät«

Empathie lernen wir am besten in der Interaktion mit anderen Menschen. Wie wichtig die Kommunikation von Angesicht zu Angesicht ist, um unsere empathischen Fähigkeiten auszubauen, hat erst kürzlich wieder eine im Jahr 2014 an der Universität von Kalifornien durchgeführte Studie gezeigt: 51 Jugendliche im Alter zwischen 11 und 13 Jahren verbrachten fünf Tage in einem Naturcamp ohne Fernseher, Mobiltelefon und Computer. Statt des Medienkonsums erforschten sie den umgebenden Wald und machten Orientierungsläufe sowie andere Übungen, bei denen sie mit ihren Kameraden zusammenarbeiten mussten. Vor dem Aufenthalt im Camp und danach wurde getestet, wie gut sie darin sind, nonverbale Signale zu entschlüsseln und richtig einzuschätzen, wie sich ein anderer Mensch fühlt. Der Vergleich der Vorher- und Nachher-Testergebnisse ist beeindruckend: Schon nach fünf Tagen »Elektronik-Diät« entschlüsselten die Jugendlichen die nonverbalen Signale und Gefühle ihrer Mitmenschen treffsicherer.

Da die empathischen Fähigkeiten in der Pubertät, wo wir nach Abgrenzung und Selbstfindung streben, eine dramatische Entwicklung durchlaufen, stürzen sie für eine Zeit quasi in den Keller. Das starke Ergebnis dieser Studie sollte deshalb nicht eins zu eins auf Erwachsene übertragen werden. Dennoch gilt auch für sie, dass gezielte Phasen, in denen man den Elektronik-Konsum zugunsten einer zwischenmenschlichen Interaktion verringert, sich positiv auf die Empathie auswirken. Eigentlich logisch: Mehr Gespräche von Angesicht zu Angesicht fördern unser Einfühlungsvermögen.

2. Schicken Sie Ihre Mimik ins Fitnessstudio

Eine der neuronalen Grundlagen von Empathie ist die unbewusste Nachahmung von Gesichtsausdrücken. Den wenigsten Menschen ist bekannt, dass wir in einer Unterhaltung unbewusst die Mimik unserer Gesprächspartner nachahmen (Chamäleon-Effekt!). Als Kind noch offensichtlich, als Erwachsener meist nur subtil und für das Gegenüber nicht mehr so deutlich sichtbar. Dies haben Forscher mittels einer Messmethode namens Elektromyographie (EMG) nachgewiesen, bei der mit Nadelelektroden gemessen wird, ob ein Muskel aktiv ist oder nicht. In einer dieser Studien zeigten Wissenschaftler ihren Versuchspersonen Bilder von Gesichtern mit Emotionsausdrücken und stellten fest, dass der bloße Anblick eines Gesichtsausdrucks genügt, damit sich die entsprechenden Muskeln in der Mimik des Betrachtenden leicht anspannen. Dafür verantwortlich sind die Ihnen bereits bekannten Spiegelneuronen. Über das Facial-Feedback spüren wir als Beobachtender in verringerter Stärke die Gefühle der anderen Person – was auch erklärt, wie sich Gefühle von einer Person auf eine andere übertragen. Und es ist die Begründung für eine weitere, erstaunliche Entdeckung: Studien haben gezeigt, dass das zur Faltenglättung benutzte Botox, das bekanntermaßen die Gesichtsmuskeln lähmt, unser Einfühlungsvermögen hemmen kann. Umgekehrt gilt dieser Zusammenhang aber auch. Je beweglicher und flexibler also unsere mimische Muskulatur ist, desto besser erkennen wir intuitiv, wie sich andere Menschen fühlen. Und genau das wollen wir jetzt gemeinsam trainieren.

Empathie-Muskeltraining

Mit dieser Übung trainieren Sie die Flexibilität Ihrer Mimik und lernen gleichzeitig die verschiedenen Gesichtsbewegungen noch besser kennen. Suchen Sie einen Handspiegel oder eine andere Möglichkeit, Ihr Gesicht zu beobachten, beispielsweise die Frontkamera eines Smartphones. Während Sie Ihre Mimik beobachten, machen Sie bitte jede der folgenden Bewegungen einzeln, und spüren Sie nach, welche Gefühle über das Facial-Feedback in Ihnen aktiviert werden:

1. Ziehen Sie die Augenbrauen zusammen.
2. Heben Sie die Augenbrauen an.
3. Versuchen Sie, nur die Innenseiten der Augenbrauen hochzuziehen (das schaffen auf Anhieb nur wenige).
4. Heben Sie das obere Augenlid an.
5. Spannen Sie das untere Augenlid an.
6. Rümpfen Sie die Nase.
7. Ziehen Sie die Oberlippe hoch.
8. Pressen Sie die Lippen zusammen.
9. Schürzen Sie die Lippen (wie bei einem Kussmund).

10. Schieben Sie die Unterlippe nach vorne, indem Sie den »Kinnbuckel« anheben.
11. Pressen Sie beide Mundwinkel ein.
12. Ziehen Sie die Mundwinkel runter.
13. Ziehen Sie die Mundwinkel seitlich auseinander.
14. Lächeln Sie, indem Sie die Mundwinkel anheben.

Für Fortgeschrittene: Versuchen Sie, möglichst viele der oben aufgeführten Bewegungen zu kombinieren. Wie viele schaffen Sie?

3. Lesen Sie den Mimik-Code

Unzählige Studien haben sich bis heute damit beschäftigt, den Code der Mimik zu entschlüsseln und aufzudecken, welche Muskelkontraktionen im Zusammenhang mit welchen konkreten Emotionen stehen. Das können Sie sich zunutze machen! Je genauer Sie die Signale der Mimik deuten können, desto schneller und leichter erkennen Sie, wie sich ein Mensch fühlt. Zum Teil können Sie das jetzt ja schon.

Wenn Sie präzise in der Mimik eines Menschen lesen möchten, müssen Sie aber auch immer bedenken, dass nicht jede mimische Bewegung eine Emotion ausdrückt. Deuten Sie also nicht jeden Ausdruck als Gefühlsäußerung. Für welche Zwecke aber setzen wir unsere Mimik ein?

1. Um unsere Gefühle auszudrücken, wie zum Beispiel Unbehagen.
2. Um mentale Zustände auszudrücken, zum Beispiel Konzentration.

3. Um inhaltliche Informationen zu transportieren, so signalisiert das starke Herunterziehen der Mundwinkel bei gleichzeitigem Anheben der Augenbrauen, dass man etwas nicht weiß oder unsicher ist.
4. Um das Gesagte zu unterstützen, zum Beispiel durch das Anheben der Augenbrauen, um ein Wort oder einen Satz zu betonen.
5. Um den Gesprächsfluss zu regulieren, zum Beispiel lächeln, um den anderen zu ermuntern, weiterzusprechen.

Darüber hinaus nutzen wir beim Sprechen für die Lautbildung teilweise die gleichen Bewegungen, mit denen wir sonst Gefühle ausdrücken. Sagen Sie beispielsweise »Iiihhhh«, benutzen Sie denselben Muskel, den Sie beim Lächeln einsetzen. Beim Entschlüsseln der Mimik erhalten wir deshalb die zuverlässigsten Ergebnisse, wenn keine sprechbedingten Mundbewegungen vorhanden sind, etwa in Sprechpausen – oder wir, während jemand spricht, die Bewegungen im Mundbereich bei Interpretationen ignorieren.

Im folgenden Abschnitt wollen wir uns anschauen, anhand welcher Gesichtsausdrücke Sie die sieben Basisemotionen erkennen können. So können Sie schon beim ersten Treffen – und natürlich auch später in einer Beziehung – erkennen, ob ein Gespräch in die richtige Richtung läuft.

Was die Mimik uns verrät

Der berühmte Evolutionsbiologie Charles Darwin beschäftigte sich als einer der ersten Wissenschaftler überhaupt damit, wie Menschen und Tiere Emotionen ausdrücken. In seinem Grundlagenwerk zum *Ausdruck der Gemüthsbewegungen bei dem Men-*

schen und den Thieren schrieb er im Jahr 1872, dass Bewegungen der Mimik mehr über Gedanken und Absichten eines Menschen enthüllen als Worte. Darwin stellte daraufhin die sogenannte Universalitätshypothese auf: die Idee, dass wir bestimmte Emotionen im Gesicht kulturübergreifend gleich ausdrücken. Noch für eine lange Zeit sollte dies als abwegig gelten, erst mehr als 90 Jahre später, Ende der 1960er Jahre, wiesen die beiden amerikanischen Psychologen Paul Ekman und Carroll Izard unabhängig voneinander nach, dass Darwin mit dieser These richtiglag. Es gibt tatsächlich sieben Basisemotionen, die in den Gesichtern aller Menschen auf die gleiche Weise offenbart und erkannt werden: Angst, Überraschung, Ärger, Ekel, Verachtung, Trauer und Freude.

Im dritten Kapitel haben wir uns angesehen, welche fünfzehn Signale beim Flirten positiv gedeutet werden können und welche sieben Zeichen Ablehnung verraten. Unter diesen Signalen waren bereits zwei der Basisemotionen: Freude und Ekel. Jetzt lernen Sie, wie Sie auch die anderen fünf treffsicher in der Mimik erkennen können. Außerdem zeige ich Ihnen, was diese Ihnen darüber verraten, was in einem Menschen vorgeht. Deshalb schauen wir uns auch die Auslöser, die sogenannten Trigger, der einzelnen Emotionen an. Dies ermöglicht es Ihnen, ein Stück weit »hinter die Kulisse zu blicken«.

Bevor wir starten, noch ein kurzes Erlebnis mit einer wichtigen Erkenntnis. Meinen letzten Sommerurlaub verbrachte ich mit meiner Familie auf der AIDA, wo uns beim Frühstück Folgendes passierte: Wir sitzen gemütlich am Tisch und schauen aufs Meer, als die Kellnerin die Getränke bringt. Meine ältere Tochter Sophie fragt sie: »Kann ich bitte Nutella bekommen? Am Buffet liegt keins mehr.« Daraufhin rümpft die Kellnerin kurz die Nase – ein mögliches Zeichen für Ekel oder Ablehnung. Ich bin kurz etwas amüsiert und denke, »Da hat wohl jemand eine ziemliche Abneigung gegen Nutella«, doch dann folgt die Aufklärung: »Das ist leider alle. Im letzten Hafen wurde zu wenig geliefert.« Direkt darauf folgt bei meiner Tochter eine deutlich erkennbare Trauer-Expression in der Mimik. Die wohl sehr empathische Kellnerin sagt daraufhin: »Aber ich schau mal in meinem Privatvorrat, ob ich noch etwas für dich finde.« So viel zum Thema Abneigung gegen Nutella ... Sie sehen also: Wir erkennen in der Mimik zwar, *wie* sich ein Mensch fühlt, aber niemals, *warum* ein bestimmtes Gefühl auftritt. In Anlehnung an mein Urlaubserlebnis nenne ich diesen Grundsatz die AIDA-Regel: **A**lle **I**deen **D**ringend **A**bwägen.

> **Die AIDA-Regel: A**lle **I**deen **D**ringend **A**bwägen
> Die Mimik verrät uns nie, *warum* ein bestimmtes Gefühl auftritt. Wenn Sie eine Emotion bei Ihrem Gesprächspartner wahrnehmen, sollten Sie deshalb stets mehrere Möglichkeiten in Betracht ziehen, warum derjenige sich so fühlen könnte. Wenn möglich, hinterfragen Sie auftretende Gefühle wertschätzend. Wie dies konkret aussehen kann, schauen wir uns in einem späteren Kapitel noch an.

Und noch ein Tipp vorweg: Versuchen Sie, schon während Sie über die einzelnen Basisemotionen lesen, den jeweiligen Gesichtsausdruck selbst nachzuahmen – und spüren Sie nach, welche Körperempfindungen er bei Ihnen auslöst. So lernen Sie nicht nur theoretisch, sondern bringen das Wissen gleich über die Spiegelneuronen in Ihren Körper.

Die Angst sagt: »Vorsicht!«

Je nach Stärke der Angst nutzen wir im Alltag verschiedene Begriffe, um diesen Gefühlszustand zu beschreiben. Dazu gehören Worte wie panisch, beunruhigt, erschrocken, verängstigt, bange, besorgt, angespannt, beklommen, entsetzt, nervös, unsicher und vorsichtig sowie sich fürchten oder sich nicht trauen.

Wie äußert sich Angst in unserem Gesicht? Wir ziehen die Augenbrauen nach oben und zusammen, heben die oberen Augenlider an, während wir die unteren Augenlider anspannen und die Lippen seitlich nach außen ziehen. So sieht Angst *prototypisch* aus, also im »Idealfall«, was allerdings nur vorkommt, wenn sie sehr stark ist oder nur für einen kurzen Moment über das Gesicht huscht. Zum besseren Vergleich sehen Sie neben dem prototypischen Gesichtsausdruck von Angst die neutrale Mimik. So können Sie die Unterschiede besser wahrnehmen.

Neutraler Gesichtsausdruck　　　　　Angst

Angst zeigt sich im Alltag nur selten (so wie im rechten Bild dargestellt) im kompletten Gesicht, meistens äußert sie sich subtil, indem die Person nur einen Teil der oben genannten Signale zeigt. Das gleichzeitige Hoch- und Zusammenziehen der Augenbrauen – ohne zusätzliche Bewegungen – etwa kann zuverlässig als Angst interpretiert werden. Auf diese Weise zeigen sich in der Regel mildere Formen von Angst, wie beispielsweise Sorge oder Beunruhigung. Zieht jemand nur die Lippen seitlich auseinander, kann das auf leichte oder kontrollierte Angst hinweisen, jedoch ebenso auf ein anderes Gefühl: *Schmerz*. Dabei muss es sich nicht um körperlich ausgelösten Schmerz handeln, Schmerz kann auch psychisch getriggert werden, wie bei einer Zurückweisung (das haben wir in Kapitel 3 gesehen). Das seitliche Auseinanderziehen der Lippen zeigt sich also auch, wenn eine Person etwas als unangenehm empfindet (im Sinne von schmerzhaft). Ein sehr schönes Beispiel für diese Expression hat unsere Bundeskanzlerin Angela Merkel uns im Dezember 2012 beschert. Auf einem Parteitag der CDU sagte sie: »Auch mir hat eine Satiresendung schon mal richtig aus der Seele gesprochen, als es dort hieß: ›Gott hat die FDP vielleicht nur erschaffen, um uns zu prüfen.‹« Direkt nach diesem Satz folgte ein nur 200 Millisekunden dauerndes Auseinanderziehen der Lippen. Dies kann ein Zeichen dafür gewesen sein, dass sie sich in diesem Moment etwas unsicher war, wie diese Aussage wohl ankommen würde. Wenn zu dieser Bewegung im unteren Gesicht das Hochziehen der oberen Augenlider hinzukommt (das war bei Frau Merkel nicht der Fall), handelt es sich um eine Kombination der Ausdrücke, die ein zuverlässiges Zeichen für Angst darstellt. Ein weiteres mimisches Signal für diese Emotion ist Erblassen. Der durch die Angst ausgelöste Fluchtimpuls zeigt sich meist auch in der Körpersprache: Die Person weicht mit dem Kopf und/oder Körper zurück, manchmal erstarrt sie.

Was verraten Ihnen solche nonverbalen Signale in der Mimik oder Körpersprache Ihres Gegenüber? Angst wird ausgelöst, wenn wir das Gefühl haben, dass unser körperliches oder psychisches Wohlbefinden bedroht ist. Wir müssen also gar nicht wirklich gefährdet sein, sondern es genügt, dass wir eine Situation oder eine Person als bedrohlich *empfinden*. Was jemand als Gefahr interpretiert, ist absolut subjektiv und kann sich von Person zu Person unterscheiden. Und, was die Sache noch heikler macht, die wahrgenommene Bedrohung muss nicht unbedingt »im Außen« greifbar sein. Wenn wir zum Beispiel ein Blind Date haben, dann kann uns die Ungewissheit beunruhigen, was uns genau erwartet und ob wir der anderen Person überhaupt gefallen.

Grundsätzlich ist die natürliche Angst vor Zurückweisung ganz typisch für Flirtsituationen, ein paar Signale von Unsicherheit sind also gerade zu Beginn eines Flirts normal. Tauchen diese jedoch zu einem späteren Zeitpunkt auf, kann das – wenn sich die Angst auf etwas bezieht, das Sie getan oder gesagt haben – ein Warnsignal sein.

Die Überraschung sagt: »Das habe ich nicht erwartet!«

Zur Emotionsfamilie Überraschung gehören Gefühlsbeschreibungen wie verblüfft, erstaunt, verwundert, sprachlos, perplex, baff oder »wie vom Blitz getroffen«.

Im prototypischen Gesichtsausdruck für Überraschung sind die Augenbrauen und Oberlider hochgezogen, der Mund ist entspannt geöffnet, körpersprachlich meist kombiniert mit leichtem Aufrichten und Einatmen.

Auch Überraschung kann sich subtil zeigen, indem nur die oberen Augenlider hochgezogen werden. Das ist doch ähnlich wie bei Angst, denken Sie jetzt vielleicht – und Sie haben recht.

Neutraler Gesichtsausdruck   Überraschung

Wenn die Mimik ansonsten regungslos bleibt, entscheidet die Dauer: Werden die Oberlider nur eine Sekunde oder kürzer hochgezogen, ist die betreffende Person wahrscheinlich überrascht; dauert es länger, ist dies eher ein Zeichen für gerade beginnende oder kontrollierte Angst. Werden hingegen nur die Augenbrauen nach oben gezogen oder nur der Mund geöffnet, sollten Sie das nicht als Überraschung werten. Vielmehr ist das wahrscheinlich ein Zeichen für *Interesse* oder bedeutet Folgendes:

- *Erleichterung:* wenn das Öffnen des Mundes mit Ausatmen verbunden ist;
- *Abwartendes Zuhören:* Die Person möchte selbst etwas sagen;
- *Zunehmender Stress:* Ein geöffneter Mund erleichtert bei emotionaler Erregung die beschleunigte Atmung.

Echte Überraschung lässt sich besonders häufig in Reality-TV-Shows beobachten. Eine für Mimik-Liebhaber besonders schöne Überraschungs-Expression habe ich im RTL-»Dschungelcamp« im Januar 2013 entdeckt, als das Ergebnis verkündet wurde, ob als Nächstes Claudelle Deckert oder Patrick Nuo das Camp verlassen muss. Die beiden Moderatoren machen es wie immer spannend, und als dann der Name »Patrick!« fällt, zeigt Claudelles Gesicht für 250 Millisekunden Überraschung.

Was verrät uns dieser Ausdruck über die Gefühlslage einer Person? Überraschung wird ausgelöst, wenn wir etwas Neues und Unerwartetes wahrnehmen. Unter den Basisemotionen hat sie allerdings eine besondere Stellung, da sie sehr flüchtig ist (sie zeigt sich in der Regel maximal eine Sekunde in der Mimik) und – das ist das Wichtige – lediglich eine Zwischenstation darstellt. Überraschung ist somit weder eine negative noch positive Reaktion, sondern dient dazu, dass wir Informationen sammeln und uns wieder orientieren. Claudelle hat also nicht damit gerechnet, dass sie im Camp bleibt. Wie ihr dies gefällt, verrät allerdings erst ihr direkt auf die Überraschung anschließender Gesichtsausdruck: Ihr äußerer Augenringmuskel kontrahiert leicht – ein Zeichen für echte Freude –, dann schaut sie zu Patrick, zieht die Mundwinkel runter und spannt den Kinnbuckel an – ein Hinweis darauf, dass sie gleichzeitig traurig ist.

Wenn Sie eine Überraschungs-Expression beobachten und Ihr Gegenüber verstehen wollen, ist es also wichtig, insbesondere darauf zu achten, welche Emotion danach, also nach der Reorientierung auftritt. Dies verrät Ihnen, wie die Person das unerwartete Ereignis oder die unerwartete Information bewertet. Treffen Sie jemanden beispielsweise zum ersten Mal und sehen eine Überraschungs-Expression, gefolgt von Freude in der Mimik, können Sie davon ausgehen, dass derjenige von Ihrem Anblick positiv überrascht ist.

Der Ärger sagt: »Das stört!«

Ärger kann mit Begriffen wie frustriert, aufgebracht, empört, entrüstet, missmutig, ungehalten, zornig, wütend, sauer oder grantig umschrieben werden.

Ärgern wir uns, ziehen wir prototypisch die Augenbrauen zusammen und die Oberlider hoch. Dadurch ergibt sich der für Ärger typisch »stechende Blick«. Zusätzlich spannen wir die unteren Augenlider an und pressen die Lippen zusammen.

In der Mimik kann sich diese Emotion auf verschiedene Weise subtil zeigen: Als Einzelsignal ist nur der stechende Blick zuverlässig als Ärger zu interpretieren. Diesen Gesichtsausdruck zeigte Uli Hoeneß in einem Interview mit der Sportjournalistin Katrin Müller-Hohenstein im Juli 2013, die nach ein paar Fragen zu Spiel und Verein plötzlich auf den Gerichtsprozess wegen Steuerhinterziehung zu sprechen kam. Bei Hoeneß nahmen unmittelbar

Neutraler Gesichtsausdruck   Ärger

die Beruhigungsgesten zu, er kratzte sich an der Nase und es war unübersehbar, dass er sich unwohl fühlte. Als Müller-Hohenstein dann mutmaßte, ob er seinen Posten als Vereinspräsident behält, zog Uli Hoeneß sehr leicht und schnell die Augenbrauen zusammen und die Oberlider hoch: der berühmte »stechende Blick«. Werden nur die Augenbrauen zusammengezogen oder die unteren Augenlider angespannt, gibt das zwar einen Hinweis auf kontrollierten oder leichten Ärger, es kann aber auch bedeuten, dass die Person *konzentriert*, *irritiert* oder *skeptisch* ist.

Ärger verrät uns, dass gerade ein Ziel, Wunsch oder Bedürfnis der Person blockiert wurde oder aktuell blockiert wird. Hierzu zählt auch, wenn etwas, das angenehm oder wichtig für uns ist, unterbrochen oder aufgeschoben wird. Im Beispiel von Hoeneß, stört ihn vermutlich die Frage, weil er wahrscheinlich lieber über Fußball sprechen würde. Aber nicht immer ist Ärger negativ zu werten: Wenn bei einem romantischen Abendessen zu zweit ein Kellner öfter das Gespräch unterbricht und Ihre Verabredung daraufhin Ärger zeigt, kann das heißen, dass Ihr Gegenüber sich mit Ihnen wohl fühlt. Dann ist Ärger ein positives Signal! Beobachten Sie ihn allerdings in einer Unterhaltung in Bezug auf eine Ihrer Aussagen oder Handlungen, ist Vorsicht geboten: Das kann ein Hinweis darauf sein, dass sich an dieser Stelle unsere Wertewelt von der des anderen unterscheidet.

Der Ekel sagt: »Das gefällt mir nicht!«

Zur Emotionsfamilie von Ekel zählen Gefühle wie angewidert sein, etwas abstoßend finden und verabscheuen. Das klingt im ersten Moment vielleicht etwas drastisch, und Sie fragen sich jetzt, ob Ekel nicht nur in Extremfällen auftritt. Nicht unbedingt. Da mildere Formen wie Ablehnung, Abneigung, Widerwillen oder Übersättigung recht häufig sind, sollten Sie vor allem auf die feinen Bewegungen im Gesicht achten, um Ekel zu erkennen. Die beiden prototypischen Gesichtsausdrücke für Ekel (Rümpfen der Nase, Hochziehen der Oberlippe) – schauen Sie noch mal auf Seite 82 – zeigen sich nämlich deshalb oft nur subtil. Die Muskelbewegungen bleiben also immer die gleichen, sie variieren nur in ihrer Stärke.

Ekel wird ausgelöst, wenn wir etwas als verunreinigt wahrnehmen oder uns »etwas nicht schmeckt«, also nicht gefällt. Eine der besten Gelegenheiten, um Ihre Wahrnehmung für Gesichtsausdrücke von Ekel zu trainieren, sind Geburtstage und Weihnachten. Kein Zeichen verrät Ihnen deutlicher, dass jemand mit seinem Geschenk danebenlag. Wenn Sie dann direkt den Kassenbon hinhalten, ist der nächste Gesichtsausdruck bei Ihrem Gegenüber vorprogrammiert: Überraschung, gefolgt von Freude. Denn Ekel motiviert uns, den Auslöser – in diesem Fall das unliebsame Geschenk – loszuwerden.

Nicht immer muss es ein Gegenstand sein, der Ekel auslöst. Es kann sich auch um ein Verhalten oder die Einstellung einer Person handeln, ein schlechter Scherz oder politische Ansichten, die wir von uns fernhalten wollen und damit auf Abstand gehen. Wenn eine Person mit Ablehnung auf eine Ihrer Handlungen oder Aussagen reagiert, ist dies ein definitives Warnsignal, da Ekel den Abstand zwischen zwei Personen vergrößert.

Die Verachtung sagt:
»Ich bin besser als du!«

Verachtung umschreibt man auch mit Begriffen wie geringschätzend, missachtend, herablassend, verhöhnend, spöttisch, hochmütig oder auch sich überlegen, besser als andere fühlen. Es ist die einzige Emotion, die sich prototypisch in nur einer Gesichtshälfte zeigt: durch das Einpressen eines Mundwinkels.

Neutraler Gesichtsausdruck   Verachtung

Da dieser Gesichtsausdruck auch bedeuten kann, dass jemand *nachdenkt*, *unentschlossen* ist oder *Zweifel* hat, achten Sie stets auf zusätzlich Hinweise. Sehr zuverlässig ist hier das Blickverhalten: Nicht umsonst heißt es »Jemanden keines Blickes würdigen«. Presst also die Frau, die Sie gerade angesprochen haben, einen Mundwinkel einseitig ein und unterbricht gleichzeitig den Blickkontakt, sollten Sie sich anderweitig umschauen. Unterstrichen wird diese Expression häufig, indem wir den Kopf anheben, als würde man auf den anderen hinabblicken. Der Kopf ist dabei meist seitlich geneigt. Zeigt sich Verachtung nur subtil, kann der Mundwinkel auch nur ganz leicht und für einen kurzen Moment zucken. Werden die Mundwinkel gleichzeitig auf beiden Seiten angepresst (meist verbunden mit Augenrollen), kann dies ein Signal dafür sein, dass man »bedient ist«, weil jemand zum Beispiel etwas gemacht hat oder etwas passiert ist, das man nicht gut findet.

Verachtung ist genau wie Ekel eine Emotion, die uns von anderen Menschen abgrenzt und entfernt. Deshalb ist es mir wichtig, Ihnen an dieser Stelle noch einmal kurz die Erkenntnisse aus dem zweiten Kapitel für Ihr Profilbild in einer Online-Singlebörse in Erinnerung zu rufen: Vermeiden Sie auf einem Foto in jedem Fall die Gesichtsausdrücke von Verachtung und Ekel. Jetzt denken Sie vielleicht: »Das ist doch logisch!« Aus meiner Erfahrung und Zusammenarbeit mit Fotografen kann ich Ihnen allerdings sagen: Das ist nicht selbstverständlich! Schauen Sie sich bei der nächsten Landtags- oder Bundestagswahl einfach mal die Wahlplakate an. Sie werden überrascht sein, welche Gesichtsausdrücke Sie darauf entdecken. So hat zum Beispiel bei der Bundestagswahl 2013 der ehemalige FDP-Abgeordnete Martin Lindner auf einem Wahlplakat einen Mischausdruck von Ekel und Verachtung gezeigt: eine leicht hochgezogene Oberlippe bei gleichzeitig eingepresstem Mundwinkel. Das muss jetzt nicht heißen, dass Herr Lindner sich auf dem Foto wirklich so gefühlt hat. Bei gestellten Fotoaufnahmen erzeugen wir in der Regel gezielt einen bestimmten Gesichtsausdruck, während im wahren Leben die Mimik dem Fluss der Emotionen folgt. Auf einem Foto ist aber nicht entscheidend, wie der Abgebildete sich wirklich gefühlt hat, sondern was beim Betrachter ankommt.

Nun aber zurück zum wahren Leben: Was verrät es Ihnen, wenn Sie Verachtung bei Ihrem Gegenüber beobachten? Verachtung wird ausgelöst, wenn wir etwas als unmoralisch bewerten oder jemand eine mangelhafte Leistung erbringt. So zeigen sie viele Frauen als Reaktion auf übermäßiges männliches Imponiergehabe. Im Gegensatz zu Ekel hat Verachtung einen hierarchischen Aspekt. Wer verachtet, fühlt sich überlegen. Beobachten Sie diesen Ausdruck also in einer Unterhaltung und können ihn auf Ihr Verhalten beziehen, läuft gerade irgendetwas grundlegend schief.

Die Trauer sagt:
»Schade, du bist nicht mehr da!«

Zur Emotionsfamilie Trauer gehören Gefühlsbeschreibungen wie elend, unglücklich, etwas bedauern, betroffen, bedrückt, verzweifelt, enttäuscht, desillusioniert, niedergeschlagen, schwermütig, mutlos, resigniert, bestürzt, betrübt oder verzagt.

Trauer zeigt sich prototypisch in der Mimik durch hochgezogene Augenbrauen-Innenseiten (erkennbar an den Falten im Stirnzentrum), nach unten gezogener Mundwinkel und einen angespannten Kinnbuckel. Da unsere Muskelspannung bei Trauer nachlässt, geben wir den Widerstand gegen die Schwerkraft auf. Aus diesem Grund werden die mimischen Signale meist zusätzlich durch eine eingefallene Körperhaltung sowie einen nach unten gesenkten Kopf und Blick begleitet. Außerdem werden durch die verringerte Muskelspannung die Bewegungen langsamer.

Neutraler Gesichtsausdruck   Trauer

Trauer kann sich auf verschiedene Weisen subtil in der Mimik zeigen. So gilt schon das Hochziehen der Augenbrauen-Innenseiten als zuverlässiges Zeichen für leichte oder kontrollierte Traurigkeit, es kann aber auch für eine gerade beginnende oder abebbende Trauer stehen. Als im Oktober 2013 bekannt wurde, dass der US-amerikanische Geheimdienst NSA das Handy unserer Bundeskanzlerin überwacht hatte, war den Medien zu entnehmen, dass Angela Merkel sehr scharf in Richtung der USA geantwortet hat. Umso spannender war es für mich, ihre Stellungnahme zu analysieren. »Scharf antworten« klingt nach Ärger. Davon war in ihrem Interview allerdings keine Spur, im Gegenteil: Während die Bundeskanzlerin sagt »Wir brauchen Vertrauen unter Verbündeten und Partnern«, zucken ihre Augenbrauen-Innenseiten zweimal sehr schnell und fast unmerklich nach oben. Ein Hinweis auf Trauer, hier wahrscheinlich im Sinne von Enttäuschung. Beziehen Sie neben den Worten einer Person also auch immer deren Mimik mit ein, wenn Sie wissen möchten, wie sie sich wirklich fühlt.

Bewegen sich die Augenbrauen, lohnt es sich in jedem Fall, genau hinzuschauen, denn die »Trauer-Augenbrauen« verwechselt man schnell mal mit der Augenbrauen-Stellung von Angst. Um sauber unterscheiden zu können, achten Sie am besten auf die unterschiedlichen Formen der Augenbrauen: In dem Ausdruck von Trauer, den Sie oben im rechten Bild sehen, sind die Augenbrauen leicht schräg ausgerichtet – im Kontrast zur typischen eher geraden bis geschwungenen Augenbrauenform bei Angst, und auch im Gegensatz zum normalen Hochziehen der Augenbrauen, bei der sie eine Bogenform haben. Es gibt noch ein weiteres Unterscheidungsmerkmal zur Angst-Expression: Weil bei Angst nicht nur die Augenbrauen-Innenseiten, sondern auch die Außenseiten hochgezogen werden, hebt sich die Augendeckfalte (das ist die Falte zwischen Augenbraue und Oberlid), so dass an den äußeren

Augenwinkeln die oberen Augenlider sichtbarer sind Sie sich zum Vergleich ruhig noch einmal das Bild der Angst-Expression auf Seite 137 an, und versuchen Sie, die drei unterschiedlichen Augenbrauen-Bewegungen nachzuahmen: normales Hochziehen, gleichzeitiges Hoch- und Zusammenziehen sowie nur die Augenbrauen-Innenseiten Hochziehen, während Sie in einem Spiegel darauf achten, wie sich Stirnfalten und Augenbrauenform durch die unterschiedlichen Bewegungen verändern.

Lassen Sie uns nun noch einen Blick auf den unteren Gesichtsteil werfen: Auch das alleinige Runterziehen der Mundwinkel kann auf kontrollierte oder leichte Trauer, wie zum Beispiel Enttäuschung hinweisen. Während ein Zittern des Kinnbuckels verrät, dass die Person kurz davor ist zu weinen.

Weltweit löst bei allen Menschen der gleiche Trigger Trauer aus: der Verlust einer geliebten Person oder eines geliebten Objektes. Es kann sich aber auch um Erwartungen handeln, die wir beispielsweise an ein Date – oder im Fall von Frau Merkel an einen Bündnispartner – hatten und die nicht erfüllt werden. Die gedankliche Vorwegnahme eines Verlustes kann uns ebenfalls traurig machen.

Die Freude sagt: »Ziel erreicht!«

Begeistert, enthusiastisch, euphorisch, fröhlich, glücklich, heiter, vergnügt, zufrieden, befriedigt oder entzückt – das alles sind Begriffe, die Freude ausdrücken.

Woran Sie Freude prototypisch im Gesicht erkennen und von einem höflichen Lächeln unterscheiden, wissen wir aus dem dritten Kapitel. Und wann freuen wir uns? Wenn wir ein Ziel erreichen, sich ein Wunsch erfüllt oder ein Bedürfnis befriedigt wird. Im Rahmen der ARD-Themenwoche »Glück« startete der Radiosender radioeins ein Glücksexperiment, an dem ich beteiligt war: Drei Hörer durften sich jeweils ein Erlebnis wünschen, das sie glücklich macht, über das sie sich also freuen. radioeins hat daraufhin die Wünsche erfüllt, während ich die Gesichter der Hörer beobachtete, um zu ermitteln, ob das Glücksexperiment gelungen ist. Die Hörerin Inka wünschte sich beispielsweise einen Besuch auf einer Alpaka-Farm in Brandenburg. Um das Glücksgefühl zu messen, haben wir Inka direkt nach dem Kuscheln mit den Alpakas interviewt, und ich habe dabei auf ihre Worte sowie ihre Mimik geachtet. Auf die Frage, was denn der glücklichste Moment für sie gewesen sei, antwortete sie:»Definitiv das Näseln!«, dabei strahlte sie über beide Ohren, und auch der äußere Augenringmuskel kontrahierte deutlich. Glücksexperiment gelungen!

Freude bringt uns einander näher: Mit Personen (oder wie im Beispiel auch mit Tieren), die Freude in uns auslösen, wollen wir Zeit verbringen. Freude ist also, wie Sie sich sicher längst dachten, ein gutes Zeichen dafür, dass wir beim Liebeswerben auf dem richtigen Weg sind. Je mehr Freude Sie im Gesicht Ihres Gesprächspartners sehen, desto besser. Vorausgesetzt, der Blick ist dabei auf Sie gerichtet und nicht auf die Person am Nebentisch.

6. Nie wieder Tomaten auf den Augen: Wie man Lügen erkennt

»Ich melde mich dann bei dir« – diesen Satz haben viele von uns nach einer Verabredung oder einem ersten Gespräch schon einmal gehört … und dann vergeblich auf einen Anruf gewartet. Anhand welcher Signale in Mimik, Stimme und Körpersprache können wir einschätzen, ob jemand die Wahrheit sagt oder uns eine Lüge auftischt? Die Antwort auf diese Frage erspart Ihnen nicht nur beim Flirten vergeudete Liebesmüh. Sie kann Sie ebenso davor bewahren, in Ihr Unglück zu rennen, oder aber Ihre Liebesbeziehung retten. Ist mein Partner mir treu? Kann ich ihr wirklich vertrauen, wenn sie sagt, »Das ist nur ein alter Freund von früher«? Jetzt fragen Sie sich vielleicht: Warum soll es meine Beziehung retten, wenn ich Lügen klarer erkennen kann? Nun, es geht mir in diesem Kapitel um mehr als nur darum, eine Täuschung besser zu erkennen. Ziel ist es, klarer zwischen Wahrheit und Lüge zu unterscheiden, also auch zu erkennen, wenn jemand <u>keine</u> Anhaltspunkte für eine Lüge zeigt. So manches Liebesglück wurde schon durch falsches Halbwissen zerstört: »Ich war dir treu«, sagt Mirko (der gerade die Wahrheit sagt) und kratzt sich an der Nase. »Du bist ein Lügner«, denkt Saskia und sagt: »Es ist aus zwischen uns!«, da sie sich sicher ist: Wer lügt, fasst sich an die Nase. Oder nicht? Tatsächlich sorgen solche Mythen immer wieder dafür, dass die ein oder andere ehrliche Haut zu Unrecht der Lüge bezichtigt wird. Aber auf welche Signale können Sie nun wirklich vertrauen? Wenn Sie dieses Kapitel gelesen haben, wissen Sie mehr – gefährliches Halbwissen und falsche Mythen gehören der Vergangenheit an.

Gehen wir an die Arbeit: Je klarer Sie erkennen, wie sich Ihre Gesprächspartner fühlen, desto präziser können Sie Lüge und Wahrheit voneinander unterscheiden. Beachten Sie aber bitte: Obwohl wissenschaftlich erwiesen ist, dass mimische Signale die wichtigste Quelle für Täuschungssignale sind, bleiben sie dennoch stets nur Hinweise, denen Sie weiter nachgehen sollten. Kein Mensch der Welt, auch wenn manch einer das gern so darstellt, kann anhand verbaler oder nonverbaler Signale sicher einschätzen, ob ein anderer die Wahrheit sagt oder lügt. Es gibt eben nicht *das* Zeichen für eine Lüge. Vielmehr müssen wir verschiedene Informationen sammeln, um uns ein Urteil bilden zu können.

Wenn sich mehrere Signale an einer bestimmten Stelle in einem Gespräch häufen oder ein sehr deutlicher Hinweis auftritt, dann nennen wir das in der Fachsprache einen *Hotspot*. Diesen »heißen Punkt« sollten Sie im Auge behalten und näher untersuchen, zum Beispiel durch Nachfragen. So kann es durchaus ein Stresssignal sein, wenn Mirko sich an der Nase kratzt (Beruhigungsgeste!). Dies muss aber nicht zwangsläufig bedeuten, dass die Ursache für seinen Stress eine Lüge ist. Er könnte auch nervös sein, weil er Angst davor hat, dass Saskia ihm nicht glaubt. Denken Sie an die AIDA-Regel: **A**lle **I**deen **D**ringend **A**bwägen. Die Mimik verrät uns nie, *warum* ein bestimmtes Gefühl auftritt. Wenn Sie bei Ihrem Partner, wie Saskia bei Mirko, ein Stresssignal wahrnehmen, rate ich Ihnen deshalb zu folgender Strategie: Bedenken Sie mehrere Möglichkeiten, warum derjenige sich so fühlen könnte, und hinterfragen Sie wertschätzend Ihre Wahrnehmung: »Ich merke, dass du gerade gestresst bist. Woran liegt das?«

Werfen wir jetzt einen Blick darauf, was eine Lüge eigentlich ist und welche nonverbalen Signale auf »Hotspots« hinweisen.

Was ist eine Lüge?

Um eine Lüge handelt es sich, wenn eine Person eine andere vorsätzlich in die Irre führt. Wenn jemand beispielsweise etwas erzählt, von dem er denkt, dass es die Wahrheit sei – dies aber in Wirklichkeit nicht den Tatsachen entspricht –, handelt es sich dabei nicht um eine Lüge. Diese Unterscheidung ist wichtig, weil die Person in solch einem Fall verständlicherweise keinerlei nonverbale Täuschungshinweise zeigen wird. Sie glaubt ja selbst an das, was sie sagt.

Zweitens gehen wir nur von einer Lüge aus, wenn die Person die Täuschung vorher nicht angekündigt hat und von der Zielperson nicht darum gebeten wurde, angelogen zu werden. Es wäre zum Beispiel absurd, einen Pokerspieler als Lügner zu bezeichnen, denn das Bluffen macht ja gerade den Reiz des Spiels aus. Auch in solch einer Situation fallen bestimmte nonverbale Täuschungshinweise weg.

Die vier Typen einer Lüge

Aufbauend auf dieser Definition können wir Lügen nun nach Art und Inhalt unterteilen. In Bezug auf die **Art einer Lüge** unterscheiden wir Verheimlichen von Verfälschen. Verheimlichen bedeutet, dass der Lügner etwas im Dunkeln lässt, beim Verfälschen hingegen wird etwas Falsches als Wahrheit dargestellt. In der Praxis treten beide Arten häufig in Kombination auf. Spielen wir gemeinsam ein Beispiel durch: »Ich liebe dich«, flüstert Luisa Martin ins Ohr. Während er ihr einen Kuss gibt, denkt Martin: »Oh Gott, und ich frage mich gerade, wie ich am besten anspreche, dass ich mich trennen möchte.« Das ist ein Beispiel für das Verheimlichen von Emotionen: Ein Partner sagt zum anderen, »Ich liebe dich«, der aber weicht aus, weil er die Liebe nicht erwidern kann. Von einem Verfälschen würde man in dieser Situation sprechen, wenn Martin »Ich liebe dich auch« antwortet, obwohl er es nicht fühlt. Er also falsche Gefühle vorspielt.

In Bezug auf den **Inhalt einer Lüge** kann es sich um eine Täuschung handeln, die sich – wie in unserem Beispiel eben – auf Emotionen bezieht oder auf Informationen, Pläne oder Geschehnisse. Ist letzteres der Fall, werden also nicht Gefühle verheimlicht oder verfälscht, sondern Fakten, Pläne, Gedanken usw. Meine Frau fragt zum Beispiel, wo ich gestern Abend noch so lange war. Ich antworte: »Im Büro«, obwohl ich in Wahrheit ein Geburtstagsgeschenk für sie gekauft habe. Da sie davon nichts erfahren soll, verfälsche ich die Information: Aus dem Einkaufszentrum wird mein Büro. Würde sie sich nicht erkundigen und ich folglich nichts erzählen, wäre das wiederum ein Fall von Verheimlichen. An diesem Beispiel wird deutlich, warum uns Verheimlichen in den meisten Fällen leichter fällt als Verfälschen. Dabei müssen wir nämlich keine zusätzliche Anstrengung investieren, um eine Lügengeschichte zu konstruieren oder nicht vorhandene Gefühle zu simulieren.

Es gibt also vier unterschiedliche Typen einer Lüge:

Inhalt ⇩ Art ⇨	Verheimlichen	Verfälschen
Emotionen	Verheimlichen von Emotionen	Verfälschen von Emotionen
Informationen	Verheimlichen von Informationen	Verfälschen von Informationen

Uns geht es nun aber nicht darum herauszufinden, wie man selbst am besten lügt, sondern den Täuschungsmanövern unserer Partner auf die Spur zu kommen – und dass, ohne die Gedanken eines anderen zu lesen. Dies ist nämlich schlichtweg nicht möglich: Bei den Gedankenleser-Tricks à la »Ich sage dir, welche Karte du dir ausgesucht hast«, die Ihnen vornehmlich in Bühnenshows begegnen, handelt es sich nahezu ausschließlich um bloße Zaubertricks, die für den praktischen Alltag untauglich sind. Aber keine Sorge: Um klarer zwischen Wahrheit und Lüge zu unterscheiden, müssen Sie lediglich Ihren Blick für die Gefühle anderer Menschen schulen und die relevanten Signale beachten. Und die schauen wir uns jetzt an.

Was ist schon normal, oder: Ohne Baseline sind wir blind

Wenn Sie nonverbale Signale richtig interpretieren wollen, lautet einer der wichtigsten Grundsätze: Ohne Baseline sind Sie blind. Die Baseline bezeichnet das Normalverhalten einer Person, das wir schon im Zusammenhang mit den Beruhigungsgesten und der Blinzelrate kennengelernt haben. Sie erinnern sich an das Beispiel von Ursula von der Leyen, die in Interviewsituationen standardmäßig (also unabhängig vom Thema und den sonstigen Rahmenbedingungen) auffallend häufig blinzelt? Wenn wir einschätzen möchten, ob eine Person die Wahrheit sagt oder nicht, müssen wir zunächst einen Eindruck ihres Normalverhaltens bekommen. Vielleicht setzt sie gewohnheitsmäßig mimische Bewegungen ein, die zuverlässig auf bestimmte Emotionen hinweisen? Barack Obama zum Beispiel nutzt das Hochziehen der Augenbrauen-Innenseiten, um Wörter oder Sätze zu betonen. Da er diese Bewegung regelmäßig zeigt – sie also Teil seines mimischen Normalverhaltens ist –, lässt es sich bei ihm nicht als zuverlässiges Signal für Trauer werten. Wer das nicht weiß, wird sonst Trauer sehen, wo keine Trauer ist.

Möchten Sie das Normalverhalten eines Menschen einschätzen, gilt es deshalb, die Person als Ganzes zu betrachten. Berücksichtigen Sie sowohl Mimik als auch Körpersprache, Stimme und Sprechstil. Folgende Fragen können Ihnen dabei helfen, sich einen Eindruck von der Baseline eines Menschen zu verschaffen:

Mimisches Verhalten: Was sich im Gesicht tut
- Welche mimischen Ausdrücke treten bei der Person, die Sie analysieren möchten, in einer bestimmten Situation gehäuft auf? Presst derjenige beispielsweise immer wieder die Lippen zusammen oder die Mundwinkel ein? Oder lächelt er vielleicht auffällig oft?
- Welche mimischen Bewegungen nutzt die Person standardmäßig, um ihre Worte zu unterstreichen? Zieht die Person beispielsweise öfter die Augenbrauen zusammen oder wie Barack Obama immer wieder die Augenbrauen-Innenseiten hoch, um etwas zu betonen? Sind darunter auch Muskelbewegungen, die für gewöhnlich auf bestimmte Emotionen hinweisen wie das Einpressen eines Mundwinkels, das typische Zeichen für Verachtung?
- Wie hoch ist die normale Blinzelrate? Gerade die ist – da nicht bewusst gesteuert – ein zuverlässiger Indikator für den Stresspegel eines Menschen, aber auch, wie wir gleich sehen werden, ein Signalgeber für konzentriertes Nachdenken.

Körpersprache: Was der Körper verrät
- Wie viele Beruhigungsgesten, wie zum Beispiel Spielen mit den Fingern oder mit Schmuck, zeigt die Person normalerweise? Denken Sie daran, dass beim Flirten generell die Anzahl der Beruhigungsgesten zunimmt.
- Welche Beruhigungsgesten tauchen besonders häufig auf? Selbst-, Fremd- oder Objekt-Beruhigungsgesten?

- Hat die Person eine Vorliebe für bestimmte Beruhigungsgesten, streicht sie sich beispielsweise aus Gewohnheit mit den Handflächen öfter über die Oberschenkel? Gewohnheitsgesten sind nur dann ein Hinweis auf Stress, wenn sie deutlich zunehmen oder durch weitere Beruhigungsgesten oder Stresssignale wie zunehmendes Blinzeln begleitet werden.

Stimme: Der Ton macht die Musik
- Wie ist die normale Tonhöhe der Stimme? Ist sie eher hoch, tief oder normal?
- Wie ist die normale Lautstärke? Spricht die Person standardmäßig eher laut oder leise?
- Wie ist die normale Sprechgeschwindigkeit? Schießen die Worte wie ein Expresszug aus dem Mund oder kommen sie eher langsam wie ein Bummelzug?

Sprechstil: Das »Wie« entscheidet
- Wie viele Sprechpausen macht die Person? Wie lange ist die Pause zwischen zwei Sätzen, und wie viel Zeit vergeht durchschnittlich, bis das Gegenüber auf eine Frage antwortet? Die Sprechpausen wirken sich darauf aus, wie wir das gesprochene Tempo einer Person empfinden: Wenn jemand zwar sehr schnell spricht, aber immer wieder längere Pausen macht, empfinden wir die Sprechgeschwindigkeit als weniger hoch.
- Wie viele Füllwörter wie beispielsweise »Ähm« und »Hm« benutzt derjenige?

Für Sie geht es nun weniger darum, sofort all diese Einzelsignale gleichzeitig wahrzunehmen, sie sollen Ihnen lediglich dabei helfen, sich einen Gesamteindruck vom nonverbalen Verhalten einer Person zu verschaffen. An dieser Stelle ein kleiner Tipp für alle Anfänger: Wenn Sie damit beginnen, in Gesprächen mehr auf nonverbale Signale zu achten, werden Sie zunächst wahrscheinlich kaum noch etwas vom eigentlichen Inhalt der Unterhaltung mitbekommen. Trainieren Sie deshalb vorerst in Situationen, die eher unwichtig sind – zum Beispiel, wenn Sie nicht aktiv am Gespräch beteiligt sind oder indem Sie Talkshows im Fernsehen anschauen.

Übrigens gleichen wir alle ständig unbewusst und völlig automatisch das nonverbale Verhalten einer Person mit ihrem Normalverhalten ab. So können Sie bei einer Ihnen nahestehenden Person allein am Tonfall und der Art des Sprechens unterscheiden, mit wem sie gerade telefoniert: Mit den Eltern? Der neuen Liebe? Oder dem besten Freund? Denn mit jedem sprechen wir ein bisschen anders. Bei Menschen, die wir gut kennen, verrät uns manchmal bereits eine kleine Änderung der Mimik oder des Tonfalls, dass sie uns gerade einen Bären aufbinden wollen. Hören Sie also ruhig auf Ihr Bauchgefühl. Wenn Sie dann bei Ihrem Gegenüber Abweichungen von seiner Baseline bemerken, suchen Sie danach, was konkret anders ist. Wenn wir flirten, kennen wir unser Gegenüber meist noch nicht so gut, deswegen hilft zu Beginn des Kontakts ein kurzes, bewusstes Wahrnehmen des Normalverhaltens. So haben Sie schneller einen Eindruck der Baseline und bemerken leichter, wenn die nonverbalen Signale davon abweichen, Ihr Gegenüber zum Beispiel plötzlich längere Sprechpausen einlegt. Diese Abweichung verrät Ihnen, dass irgendetwas passiert ist, das denjenigen emotional in Bewegung gebracht hat. Denken wir zurück an Julia und Sebastian. Julia hat direkt nach Sebastians Ankunft in der Bar eindeutige Flirtsignale gezeigt, sie ist also von ihrem bisherigen Normalverhalten abgewichen. Allein die aufmerksame Beobachtung ihrer nonverbalen Signale hätte uns verraten, dass Julia gerade einen attraktiven Mann entdeckt hat.

Wenn wir eine Abweichung vom Normalverhalten ausgemacht haben, müssen wir im nächsten Schritt den Grund dafür herausfinden, beispielsweise, indem wir einfach nachfragen oder die Person weiter beobachten. Aber wodurch kann ein Gefühl ausgelöst werden? Werfen wir einen Blick auf die verschiedenen Möglichkeiten: Der Auslöser kann, wie in Julias Fall, im Außen liegen (sinnlich wahrnehmbar) – sie findet Sebastian einfach attraktiv. Er kann aber auch im Verborgenen liegen und mit den inneren Prozessen eines Menschen zusammenhängen. Wenn wir auf einer Party jemanden entdecken, der uns an unsere erste große unerfüllte Liebe erinnert, fühlen wir uns vielleicht plötzlich traurig oder eingeschüchtert. Jemand, der die Situation beobachtet, wundert sich dann möglicherweise über diesen Stimmungswechsel. Noch ein anderes Beispiel: Während wir flirten – und es eigentlich ganz gut läuft –, fragen wir uns plötzlich, ob unser Glück wohl von Dauer sein wird; oder wir haben anschließend noch einen wichtigen Arzttermin und sind in Gedanken schon dort. Auch hier kann ein Außenstehender nicht wissen, was der Grund für unsere wechselhafte Gefühlslage ist. Innere Auslöser einer Emotion können also sowohl Erinnerungen an die Vergangenheit als auch aktuelle Gedanken sowie Vorstellungen über die Zukunft sein.

Möchten Sie den Auslöser für eine nonverbale Veränderung finden, sollten Sie insofern stets mehrere Möglichkeiten in Betracht ziehen. Ein Täuschungsmanöver ist nur eine unter vielen weiteren Möglichkeiten – berücksichtigen Sie dies bitte auch, wenn wir uns nun den zuverlässigsten Quellen für Täuschungshinweise widmen.

Achten Sie auf Inkongruenzen

Was lässt sich leichter kontrollieren: Worte, Mimik, Stimme oder Körpersprache? Die Antwort auf diese Frage hilft uns dabei, Täuschungen besser zu erkennen. Beginnen wir mit dem Ausdruckskanal, der sich am leichtesten kontrollieren lässt: unsere Worte.

Worte lassen sich zwar am leichtesten steuern, allerdings auch nicht vollkommen. Verhörspezialisten wissen: Je mehr ein Verdächtiger spricht, desto höher ist die Wahrscheinlichkeit, dass die Wahrheit ans Licht kommt. Versprecher sind ein schönes Beispiel dafür, wie etwas durch Worte ungewollt »durchsickern« kann. Wir alle kennen Momente, in denen wir mehr erzählt haben, als wir eigentlich wollten. Das muss nicht unbedingt mit einer Lüge zu tun haben. Stellen Sie sich vor, Sie lernen jemanden auf einer Party kennen, der Ihnen auf Anhieb sympathisch ist. Es fühlt sich an, als ob Sie sich schon ewig kennen, und die Zeit vergeht wie im Flug. Als Sie sich verabschieden, denken Sie: »Jetzt kennt er meine halbe Lebensgeschichte, und ich weiß fast gar nichts über ihn. Manches hätte ich doch lieber für mich behalten sollen.« Achten Sie also auf die Worte einer Person, denn Versprecher und mögliche inhaltliche Widersprüche können eine Lüge verraten.

An zweiter Stelle stehen die mimischen **Makroexpressionen**. Das sind die »normalen« Gesichtsausdrücke des Alltags, die wir gewöhnlicherweise auch meinen, wenn wir über Mimik sprechen, und die ohne Training von jedem gesehen werden. Wir lächeln zum Beispiel jemanden an, um ihn zu grüßen, oder machen unserer Wut Luft, wenn unser Lieblings-Fußballverein zurückliegt. Gefühle, die wir nicht verstecken, sondern offen ausdrücken möchten, zeigen sich in Form von Makroexpressionen. Diese steuern wir bewusst mit dem motorischen Zentrum im Gehirn, vollständig kontrollieren können wir sie aber nicht. Wenn Sie etwas wirklich lustig finden, Sie es aber gerade nicht für angemessen halten zu lachen, kann es zum Beispiel eine ganz schöne Herausforderung sein, das Grinsen zu unterdrücken.

Noch schwieriger ist es, die eigene **Körpersprache** zu kontrollieren. Beruhigungsgesten lassen sich zwar relativ leicht ablegen, es gibt aber noch andere körpersprachliche Elemente, die uns weniger bewusst sind. Diese schauen wir uns gleich noch an.

An vierter Stelle folgt unsere **Stimme**, die wir – im Gegensatz zu Mimik und Körpersprache – erst wahrnehmen können, wenn wir etwas sagen. Wenn Sie Ihren potentiellen Traumpartner ansprechen, merken Sie vielleicht erst in dem Moment, wo Sie »Hi« sagen, dass Ihre Stimme ängstlich oder unsicher klingt, oder sich gar vor Aufregung überschlägt. Doch dann ist es zu spät, um noch etwas an Ihrer Stimme zu korrigieren.

So gut wie gar nicht kontrollieren lassen sich die unwillentlich vom limbischen System ausgelösten **Mikroexpressionen**. Diese huschen für nur 40 bis 500 Millisekunden übers Gesicht und bleiben für ein untrainiertes Auge meist verborgen. Auch die Mikroexpressionen werden wir uns im Laufe dieses Kapitels noch ausführlich anschauen.

Zuletzt gibt es noch die **Signale des autonomen Nervensystems**, die untrainierte Menschen bewusst nicht kontrollieren können. Dazu zählen zum Beispiel die Durchblutung der Haut (wie Erröten bei Verlegenheit oder Erblassen bei Angst) und die Pupillenreaktion. Die Blinzelrate und die Atmung gehören auch dazu und befinden sich auf der Schwelle zwischen Bewusstem und Unbewusstem. Dieser Signale werden wir uns für gewöhnlich erst gewahr, wenn wir bewusst über sie nachdenken. Vor allem in Stresssituationen können wir eine beschleunigte Atmung oder häufiges Blinzeln jedoch nicht so unterdrücken, dass es nicht auffallen würde. Haben Sie schon einmal versucht, Ihre Atmung unter Kontrolle zu bekommen, wenn Sie eine Rede halten müssen, obwohl Sie Angst davor haben? Dann wissen Sie, dass dies ohne spezielle Techniken, wie beispielsweise die Kraft-Ort-Übung, nahezu unmöglich ist.

Die **Kongruenz**, also die Stimmigkeit, zwischen all den eben genannten Ausdruckskanälen ist am schwersten zu kontrollieren. Es ist nicht möglich, sich in jedem Moment aller Signale bewusst zu sein, die man durch Worte, Mimik, Stimme und Körpersprache aussendet. Dafür sind es einfach zu viele. Die größte Herausforderung und gleichzeitig auch die größte Chance ist es daher, alle Informationskanäle präzise zu beobachten und miteinander abzugleichen. Inkongruenzen, also Widersprüche, zwischen den einzelnen Kanälen sind deshalb der beste und zuverlässigste Hinweis darauf, dass etwas nicht stimmt.

> **Was lässt sich am schwierigsten kontrollieren?**
> 1. Kongruenz zwischen allen Kanälen
> 2. Signale vom autonomen Nervensystem
> 3. Mikroexpressionen
> 4. Stimme
> 5. Körpersprache
> 6. Makroexpressionen
> 7. Worte

Wir können natürlich nur beobachten, was auch da ist. Auf der Bühne der Emotionen – der Mimik – sehen wir nur die Gefühle, die jemand tatsächlich erlebt. Dann bahnen sich Emotionen irgendwie einen Weg nach außen, und wenn das Signal noch so klein ist. Gelingt es einer Person aber, ihre eigene Lüge zu glauben, lassen sich keine nonverbalen Täuschungssignale mehr erkennen, da sie selbst nicht das Gefühl hat zu lügen. Ein Schauspieler geht so in seiner Rolle auf, dass wir sein Täuschungsmanöver auf der Bühne oder Leinwand nicht bemerken. Im Idealfall zumindest. Denn spielt jemand seine Rolle nur schlecht, trübt dies doch sehr den Filmgenuss.

Wenn Sie Täuschungsmanöver durchschauen wollen, lautet die Königsdisziplin also: Achten Sie auf Inkongruenzen. Damit Sie beim Flirten auch kleine Unstimmigkeiten, wie zum Beispiel ein falsches Lächeln oder ein aus Höflichkeit vorgetäuschtes Interesse, sofort erfassen können, schauen wir uns in den folgenden Abschnitten die wichtigsten Erkenntnisse und Ideen dazu an.

Lächeln ist die häufigste Maske

Die meisten Menschen lächeln, wenn sie versuchen, ihre Gefühle zu verbergen. Das macht es für Sie umso wichtiger, ein echtes Lächeln von einem maskierenden Lächeln zu unterscheiden. Über die fehlende Anspannung des äußeren Augenringmuskels haben wir ja bereits gesprochen, doch es gibt noch weitere Kriterien, die Sie unbedingt kennen sollten.

Echt oder unecht?

Woran sehen Sie, ob die Gefühle, die ein Mensch ausdrückt, echt (also kongruent) sind oder nur vorgetäuscht werden? Es gibt drei Schlüsselhinweise, die Ihnen dabei wertvolle Einblicke geben können.

Achten Sie darauf, ob bei einem Gefühlsausdruck in der Mimik **zuverlässige Muskelbewegungen** fehlen, das sind Bewegungen, die schwer zu imitieren und deswegen besonders zuverlässig sind. Findet Ihr Date Ihre Witze wirklich lustig, lachen die Augen mit, bei Angst und Trauer ist die Bewegung der Augenbrauen entscheidend. Wenn Sie bei Ihrer Partnerin einen »stechenden Blick« beobachten, wissen Sie, dass sie sich wirklich darüber ärgert, dass Sie schon wieder zu spät gekommen sind. Fehlen diese mimischen Bewegungen, sollten Sie aufhorchen. Bedenken Sie aber auch, dass Botox immer verbreiteter ist und durch seine glättende und vor allem muskellähmende Wirkung für manch regungslose Mimik verantwortlich sein kann.

Ein weiterer Aspekt ist **Asymmetrie:** Werden Gefühle nur vorgespielt, sind sie asymmetrischer als spontane und echte Emotionsausdrücke in der Mimik. Ein höfliches Lächeln ist zum Beispiel ungleichmäßiger als der Ausdruck echter Freude im Gesicht. So kann sich zum Beispiel ein Mundwinkel viel weiter nach oben ziehen als der andere, und das Lachen wirkt leicht gequält.

Auch ein **falsches Timing** kann Ihnen verraten, dass ein Gesichtsausdruck künstlich erzeugt wird: Gespielte Mienen setzen meist zu abrupt ein und wieder aus, und sie werden gern mal zu lange gezeigt. Ein echtes Lächeln ist in der Regel nur für maximal vier Sekunden in der Mimik sichtbar. Dauert es wesentlich länger, könnte es vorgetäuscht sein. Da es bei der Basisemotion Überraschung keine zuverlässigen Muskelbewegungen gibt, ist das Timing hier besonders relevant. Eine echte Überraschungs-Expression zeigt sich maximal eine Sekunde im Gesicht. Ist sie länger zu sehen, ist die Überraschung in den meisten Fällen gespielt. Entdecken Sie zum Beispiel auf einer Party einen alten Bekannten, der nach Ihrer Begrüßung länger als eine Sekunde überrascht schaut, hat er Sie aller Wahrscheinlichkeit nach schon vorher bemerkt. Ein weiterer relevanter Aspekt beim Timing ist der Ablauf. Echte Mimik ist schneller als die Gestik oder zumindest synchron: Erst gucken wir ärgerlich, dann hauen wir mit der Faust auf den Tisch. Erst huscht die Freude über unser Gesicht, dann sagen wir »Schön, dich mal wiederzusehen«. Ist die Reihenfolge umgekehrt, steht zu befürchten, dass unser Gegenüber uns etwas vorspielt.

Mimik ist schneller als der Verstand

Über diese drei Kriterien hinaus zeigen sich Inkongruenzen in der Mimik am häufigsten durch Mikroexpressionen, von denen Sie oben bereits gelesen haben. Diese sehr schnellen Gesichtsausdrücke wurden, mehr oder weniger durch Zufall, Mitte der 1960er Jahre durch die beiden Psychologen Ernest A. Haggard und Kenneth S. Isaacs entdeckt. Als sie sich auf Video aufgezeichnete Psychotherapie-Sitzungen in Zeitlupengeschwindigkeit ansahen, entdeckten sie plötzlich Gesichtsausdrücke bei den Patienten, die für gerade mal 150 Millisekunden auftauchten und sofort wieder verschwanden: die Mikroexpressionen. Fasziniert von ihrer Entdeckung, analysierten Haggard und Isaacs diese schnellen Gesichtsausdrücke und fanden heraus, dass sie meistens in Situationen über das Gesicht huschten, in denen der Inhalt des Gesagten der Botschaft der Mikroexpression widersprach. Der Patient sagte also zum Beispiel »Mir geht es gut«, zeigte dabei aber eine Mikroexpression, die wie sieben Tage Regenwetter aussah.

Mittlerweile hat die Gehirnforschung eine Erklärung für das Phänomen der Mikroexpressionen gefunden: Die menschliche Mimik beruht auf einem dualen System. Auf der einen Seite gibt es Gesichtsausdrücke, die wir bewusst steuern können, und auf der anderen Seite existieren Bewegungen, die sich unserer bewussten Kontrolle entziehen. Dies wird dramatisch belegt durch Studien mit Patienten, die Schäden in bestimmten Gehirnarealen haben. Liegt eine Schädigung im pyramidalen System vor, wo hauptsächlich unsere willentlich ausgeführten Bewegungen gesteuert werden, können Betroffene zum Beispiel nicht mehr lächeln, wenn sie darum gebeten werden. Hören Sie aber einen Witz, den sie lustig finden, taucht das Lächeln von ganz allein in ihrem Gesicht auf. Mimik wird also gleichzeitig von zwei Bereichen in unserem Gehirn gesteuert: bewusst über die motorische Rinde und unwillentlich über das Emotionszentrum (limbisches System). Mikroexpressionen werden direkt vom Emotionszentrum ausgelöst, deshalb unterliegen sie nicht unserer bewussten Kontrolle.

Was sind Mikroexpressionen?

Mikroexpressionen sind sehr kurze, unwillentliche und emotional ausgelöste Gesichtsausdrücke, die sich nur für Sekundenbruchteile zeigen (40 bis 500 Millisekunden). Sie treten in emotional hoch aufgeladenen Situationen auf und sind nach aktuellem Stand der Forschung typischerweise Signale von Gefühlen, die man eigentlich verheimlichen möchte oder die einem (noch) nicht bewusst sind.

Um Mikroexpressionen wahrzunehmen, müssen wir sehr aufmerksam sein. Da es allerdings ziemlich störend für eine entspannte Gesprächsatmosphäre wäre, wenn Sie Ihre Gesprächspartner die ganze Zeit anstarren, stellt sich die Frage: Wie guckt man am besten, um diese sehr schnellen Bewegungen zu erfassen? Die Lösung lautet *peripher*. Beim *peripheren Sehen* ist der Blick entspannter und weicher als beim direkten Fixieren eines Objektes.

Lassen Sie mich das mit einer kurzen Übung verdeutlichen: Stellen Sie sich bitte so hin, dass Sie links und rechts genügend Platz haben, um die Arme auszubreiten. Strecken Sie nun die Arme waagerecht vor Ihrem Körper aus, so dass sie parallel zum Boden verlaufen. Dann heben Sie die Daumen an, wobei diese sich ungefähr auf Augenhöhe befinden sollten. Bewegen Sie jetzt die Arme langsam seitlich auseinander und wackeln dabei mit den Daumen. Versuchen Sie, beide Daumen im Blick zu behalten – während Sie weiterhin geradeaus gucken. Sie werden überrascht sein, wie weit Sie Ihre Arme zur Seite bewegen und noch beide Daumen im Blick behalten können. Genau das ist peripheres Sehen. Ihr Blick ist geradeaus gerichtet, während Sie gleichzeitig die Umgebung wahrnehmen. In der Praxis heißt das: Wenn Sie mit entspanntem und offenem Blick auf eine Person schauen, dann nehmen Sie Mikroexpressionen besser wahr, verlieren aber auch die anderen nonverbalen Signale nicht aus den Augen. Diese kleine Übung können Sie regelmäßig durchführen, um Ihre Fähigkeit für peripheres Sehen zu trainieren.

Da Mikroexpressionen aber auch sehr schnell sind, müssen wir unsere Augen im nächsten Schritt noch auf Geschwindigkeit trainieren. Glücklicherweise verarbeiten unsere Augen von Natur aus Informationen sehr schnell. Deshalb braucht es neben dem peripheren Sehen nur ein bisschen Training, um unsere Wahrnehmung für Mikroexpressionen zu beschleunigen. Die folgende Übung unterstützt Sie dabei.

Die Fotoapparat-Übung

Sie brauchen für diese Übung einen Übungspartner. Die Übungsteilnehmer werden nachfolgend als A und B beschrieben.
- **A** trainiert seine Wahrnehmung und beobachtet.
- **B** trainiert die Flexibilität seiner Mimik.

Ablauf:

1. **A** und **B** stehen so voreinander, dass sie jeweils das Gesicht des anderen gut sehen können.
2. **B** macht ein neutrales Gesicht. **A** schaut **B** mit peripherem Blick in die Augen, so dass er das komplette Gesicht »aus dem Augenwinkel« wahrnimmt und prägt es sich ein.

3. **A** schließt die Augen, während **B** etwas in seiner Mimik verändert, zum Beispiel den Mund leicht öffnet.
4. **B** schnippst mit den Fingern, so dass **A** weiß, dass er die Veränderung vorgenommen hat. **A** öffnet daraufhin für einen kurzen Moment seine Augen und schließt sie wieder so schnell wie möglich. Je schneller, desto besser.
5. **A** nennt bei geschlossenen Augen die mimische Veränderung, die er gesehen hat, und ahmt sie – wenn möglich – nach. **B** meldet zurück, ob das richtig ist. Wenn nicht, öffnet **A** noch einmal kurz seine Augen und probiert es erneut.
6. Die Schritte 2 bis 5 werden ungefähr zehnmal wiederholt. **B** nimmt dabei immer feinere Veränderungen vor. Danach erfolgt ein Rollenwechsel.

Um Inkongruenzen in der Mimik zu erkennen, achten Sie also insbesondere auf die schnellen und feinen Bewegungen im Gesicht. Im letzten Kapitel haben wir uns bereits angesehen, wie Sie die sieben Basisemotionen Angst, Überraschung, Ärger, Ekel, Verachtung, Trauer und Freude präzise in der Mimik erkennen. Dieses Wissen hilft Ihnen dabei, Mikroexpressionen richtig zu deuten. Wenn Sie Ihre Fähigkeiten weiter ausbauen möchten, finden Sie unter mimikresonanz24.com ein von mir entwickeltes Online-Training, um spielerisch zu üben, mimische Bewegungen und Mikroexpressionen richtig zu deuten.

Wer die Wahrheit besser von einer Lüge unterscheiden möchte, muss insbesondere auf drei Emotionen achten. Diese wollen wir im nächsten Abschnitt beleuchten.

Halten Sie Ausschau nach Angst, Schuld und Freude

Aufgrund unserer bisherigen Erkenntnisse können Sie einschätzen, ob jemand Emotionen verheimlicht oder verfälscht. Was aber, wenn es nicht um Gefühle, sondern um Informationen geht? Wenn zum Beispiel Ihre neue Bekanntschaft nach der ersten Verabredung sagt, »Ich melde mich bei dir«, aber schon weiß, dass sie dies nicht tun wird. Weil wir in der Mimik keine Gedanken, sondern nur Emotionen lesen können, hilft uns das bisher Gelernte nicht weiter. Die für uns entscheidende Frage lautet deshalb: Welche Emotionen können durch den Akt des Lügens an sich ausgelöst werden? Die Antwort: Grundsätzlich alle, die folgenden drei sind aber besonders häufig und typisch:

1. Die Angst, erwischt zu werden oder als Lügner dazustehen.
2. Das Schuldgefühl, die andere Person anzulügen.
3. Die Freude, dass man den anderen an der Nase herumführt.

Wenn eine dieser drei Emotionen in einem Gespräch auftaucht und nicht zur Situation passt oder durch andere Faktoren erklärt werden kann, handelt es sich dabei in der Regel um einen Täuschungshinweis.

Die Angst beim Lügen
Angst ist die Emotion, die beim Lügen am häufigsten vorkommt. Zum einen ist da die Angst, beim Lügen erwischt zu werden und die Konsequenzen dafür tragen zu müssen, sei es Vertrauensverlust oder eine Trennung. Oder der Lügner hat Angst davor, etwas Bestimmtes nicht zu bekommen, wenn die Wahrheit ans Tageslicht kommt. So verschweigt jemand vielleicht beim ersten Date, dass er sich gerade erst getrennt hat, weil er fürchtet, dass der andere sich dann nicht mehr treffen möchte. Je mehr auf dem Spiel

steht, je stärker in dem eben genannten Fall die Zuneigung zu der neuen Bekanntschaft, desto größer die potentielle Angst. Und dann ist da noch die Angst davor, als Lügner dazustehen. Schließlich haben diese keinen guten Stand in unserer Gesellschaft.

Signale für Angst, die nicht zur Situation passen, können also ein Hinweis auf ein Täuschungsmanöver sein. Achten Sie hier insbesondere auf Mikroexpressionen, wie ein schnelles Hoch- und Zusammenziehen der Augenbrauen, ein Aufreißen der Augen oder ein seitliches Auseinanderziehen der Lippen.

Wie können Sie die Furcht vor den Konsequenzen einer Lüge oder davor, als Lügner dazustehen, für sich arbeiten lassen? Mein Tipp: Versuchen Sie, im Gespräch die Angst beim potentiellen Lügner zu verstärken. Dazu ein Beispiel aus meiner eigenen Geschichte: Als ich mit meiner heutigen Frau zusammenkam, rauchte sie täglich einige Zigaretten. Da sie wusste, dass ich Zigarettenrauch unangenehm finde, hörte sie mir zuliebe auf.

Die Augenbrauen verraten sie: subtile Angst

Das dachte ich zumindest. Eines Tages – ungefähr ein halbes Jahr, nachdem sie offiziell aufgehört hatte – sitzen wir gemeinsam im Auto, und ich sage zu ihr: »Ich bin dir so dankbar, dass du damals aufgehört hast zu rauchen. Auch wenn ich nie etwas gesagt habe, es hat mich schon sehr gestört.« Kurze Stille. »Ich wollte eh schon lange aufhören, da war das eine gute Gelegenheit«, antwortet sie. Drei Monate später gesteht sie mir dann, dass sie zu diesem Zeitpunkt noch heimlich ein paar Zigaretten am Tag geraucht hat und bei unserem Gespräch im Auto ganz schön weiche Knie bekam. Wenn ich damals geahnt hätte, dass sie noch raucht und meine Augen nicht auf die Straße gerichtet gewesen wären, hätte ich genau so meinen Verdacht überprüfen können. Denn mit meiner Aussage hatte ich ungewollt bei ihr die Angst vor den Konsequenzen verstärkt. Doch anscheinend war ich so verliebt, dass ich nicht einmal gerochen hatte, dass sie noch rauchte.

> **Mimik-Analyse »Und dann kam Polly ...« – Teil 1**
> Wenn Sie sich den Film »Und dann kam Polly ...« besorgt haben (Filmtipp des ersten Kapitels), schauen Sie sich unbedingt Minute 17 an. Dort macht Sandy eine kurze Mimik-Analyse des Hochzeitsvideos von Ruben und enthüllt eine Angst-Expression bei Lisa. Auf dem Standbild zieht sie die Lippen seitlich auseinander. Diese Bewegung ist Teil des prototypischen Ausdrucks von Angst (vgl. S. 137).

Das Schuldgefühl beim Lügen
Auch Schuldgefühle können Sie durch eine wahrheitsaufdeckende Gesprächsstrategie verstärken und aufdecken. Es stellt sich allerdings die Frage, wie Sie das schlechte Gewissen nur bei einem Lügner verstärken und nicht bei jemandem, der die Wahrheit sagt. Je besser die Beziehung zum Gesprächspartner ist, desto größer ist grundsätzlich das mögliche Schuldempfinden bei einer Lüge. Alles, was die Beziehung in einem Gespräch verbessert oder die bereits bestehende gute Beziehung betont, ist also auch geeignet, das schlechte Gewissen im Falle einer Lüge zu fördern. Das Gute daran ist: Das schlechte Gewissen erzeugen Sie so nur, wenn der andere Sie wirklich angelogen hat. Schauen wir

uns dazu ein Beispiel an: Sabine hat das Gefühl, dass ihr neuer Freund Max ihr etwas verheimlicht. In einer ruhigen Minute sagt sie zu ihm: »Stell dir vor, im Büro hat eine Kollegin gerade erzählt, dass ihr Mann auf einer Betriebsfeier eine andere geküsst hat. Das Schlimmste daran ist, das sie es nicht von ihm, sondern über drei Ecken erfahren hat. Ich finde, das Wichtigste in einer Beziehung ist, dass man ehrlich zueinander ist. Ich bin so glücklich, dass wir uns immer alles sagen können.« Mit diesem Satz fördert Sabine bei Max das schlechte Gewissen, allerdings nur wenn er tatsächlich etwas verheimlicht. Gleichzeitig macht sie es ihm leichter, mit ihr zu sprechen, wenn er wirklich etwas verschweigen sollte. So gut wie gar kein Schuldgefühl wird hingegen auftreten, wenn Max die Lüge für legitim hält. Wenn Sabine ihn beispielsweise betrogen hat und er es ihr aus Rache gleichtut, fühlt er sich weniger schuldig.

Schuld zeigt sich in der Mimik auf die gleiche Weise wie Trauer: Die Innenseiten der Augenbrauen werden nach oben gezogen, die Mundwinkel nach unten und der Kinnbuckel wird angehoben. Zusätzlich wird meist der Blickkontakt unterbrochen, indem Kopf und Blick sich nach unten senken. Dabei wird häufig das Gesicht mit den Händen berührt oder verdeckt. Bill Clinton hat uns das wohl bekannteste Beispiel für eine Schuld-Expression bei einer Lüge geliefert. Als er seinen mittlerweile weltberühmten Satz sagte: »I did not have sexual relations with that woman, Monica Lewinsky«[*], zeigte er einen subtilen Ausdruck von Schuld in der Mimik: Er hob die Innenseiten der Augenbrauen an. Wer das nachvollziehen möchte, findet das Video übrigens noch immer im Internet.

---

[*] »Ich hatte keine sexuelle Beziehung mit dieser Frau, Monica Lewinsky.«

Die Freude beim Lügen
Kennen Sie das freudige Gefühl am 1. April, wenn der Aprilscherz geglückt ist? Manch einem fällt es sehr schwer, das breite Grinsen zu unterdrücken, während er dem anderen einen Bären aufbindet. Suchen Sie also insbesondere nach Hinweisen, die Ihnen verraten, dass der andere versucht, einen Ausdruck von Freude zu unterdrücken: ein Pressen der Lippen oder das Herunterziehen der Mundwinkel, um zu verhindern, dass die Mundwinkel nach oben gehen. Achten Sie zusätzlich stets auf die Augen. Hier lässt sich der Ausdruck von Freude nicht kontrollieren.

Unterdrückte Freude

Lügen stresst

Die meisten Menschen sind gestresst, wenn sie lügen. Wenn Sie bemerken, dass bei Ihrem Gegenüber das Stressempfinden zunimmt und es keine logische Erklärung dafür gibt, kann es sich dabei also auch um einen Täuschungshinweis handeln. Als Stresssignale dienen uns zunehmende Beruhigungsgesten und eine erhöhte Blinzelrate. Denken Sie aber bitte daran: Bloß weil ein Mensch gestresst ist, heißt das selbstverständlich noch lange nicht, dass er lügt. An dieser Stelle möchte ich noch einmal ausdrücklich betonen, dass ein Hinweis allein noch überhaupt nichts bedeutet. Und auch wenn sich mehrere Signale um einen Punkt sammeln, gilt es zunächst herauszufinden, was die Ursache dafür ist. Gehen Sie also mit Bedacht vor und bleiben Sie offen für das Ergebnis. Genauso fatal wie auf eine Lüge hereinzufallen kann es nämlich sein, jemanden einer Lüge zu bezichtigen, obwohl er unschuldig ist.

Erkennen Sie einen steigenden Stresspegel, müssen Sie also zuerst den Stressauslöser identifizieren. Stress kann durch irgendetwas im Gespräch oder in der Situation ausgelöst worden sein: Worüber wurde gesprochen? Was ist passiert? Vielleicht hat Ihr Gegenüber gerade an etwas gedacht, das ihn beunruhigt? Hier ein Beispiel: Svenja und Thomas fahren von einer Party nach Hause. »Du hast ganz schön eng mit diesem Typen getanzt!«, sagt Thomas mit gereiztem Unterton. Svenja erwidert: »Da brauchst du dir keine Gedanken zu machen, das ist nur ein alter Freund!«, und blinzelt dabei ein paarmal schnell hintereinander.

Ihr Blinzeln kann ein Zeichen dafür sein, dass bei Svenja gerade der Stresspegel angestiegen ist. Muss es aber zwangsläufig bedeuten, dass sie lügt? Spielen wir ein paar Szenarien durch: Svenja fühlt sich in der Tat ertappt, so dass ihr Stresspegel steigt. Oder die Situation war harmlos, doch Svenja hat Angst, dass Thomas gleich ausrastet. Vielleicht ist sie aber auch gerade einfach nur müde und denkt, »Bitte jetzt keine Diskussion!«. Dies sind nur drei von mehreren Möglichkeiten, die alle plausibel wären. Wenn Sie ein »verräterisches« Signal beobachten, sollten Sie also stets mehrere Möglichkeiten abwägen, bevor Sie jemanden zu Unrecht der Lüge bezichtigen.

Lügen strengt an

Durch den Akt des Lügens können nicht nur die drei Emotionen Angst, Schuld und Freude sowie Stress ausgelöst werden, meistens nimmt auch die mentale Anstrengung zu. Denn wer spontan eine Lügengeschichte konstruiert, muss sich vermehrt kon-

Achten Sie auf Inkongruenzen 175

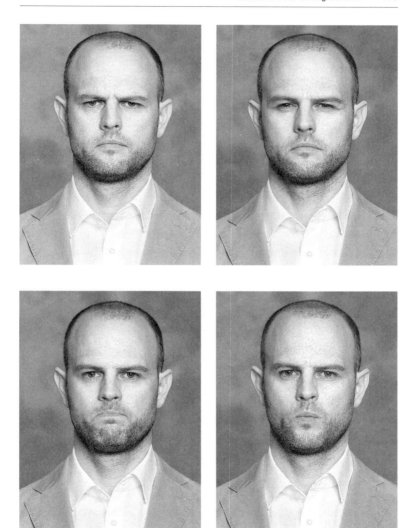

Mentale Anstrengung zeigt sich in der Mimik

zentrieren, um die richtigen Worte zu finden. Bei einer Person, die ihre Lüge gut vorbereitet hat, werden wir dies allerdings nur beobachten können, wenn wir Fragen stellen, die für sie überraschend kommen.

Mentale Anstrengung lässt sich hauptsächlich im Sprechstil in Form von zu langen oder häufigen Sprechpausen erkennen (verglichen mit dem Normalverhalten eines Menschen). Besonders vor Antworten ist eine ungewöhnlich lange Sprechpause ein sehr zuverlässiges Zeichen für mentale Anstrengung – so wie es beispielsweise in der Situation mit meiner Frau war, als ich im Auto das Rauchen angesprochen habe und sie kurz gezögert hat, bevor sie antworten konnte. Plötzlich auftretendes Stottern oder die gehäufte Verwendung von Füllwörtern wie »äh« und »hm« lassen ebenso auf mentale Anstrengung schließen.

Auch bestimmte Signale in der Mimik geben einen Hinweis, dass die mentale Anstrengung zunimmt:

- Zusammenziehen der Augenbrauen
- Anspannen der unteren Augenlider
- Pressen oder Schürzen der Lippen
- Verringerte Blinzelrate
  (weniger als 10 Mal pro Minute)

Wenn der Körper spricht

Mit manchen Gesten kommuniziert unser Körper so klar wie mit Worten. Gemeint sind die sogenannten Embleme, körpersprachliche Ausdrücke, für die es eine direkte Übersetzung gibt. Ob wir mit den Fingern eine Zahl anzeigen, den Kopf schütteln oder nicken, mit der Schulter zucken oder mit dem »Stinkefinger« beleidigen – Embleme verstehen wir ohne weitere Worte.

Ein grandioses Beispiel dafür, wie sich mit Hilfe von Emblemen eine Täuschung aufdecken lässt, findet sich in der Bar-Szene von Quentin Tarantinos »Inglourious Basterds«: Der Film spielt im Zweiten Weltkrieg, Anfang der 1940er Jahre, im von den Nazis besetzten Frankreich. In einer Szene bestellt ein englischer Spion, der sich als deutscher Soldat ausgibt, drei Whiskeys. Dabei zeigt er die Zahl Drei mit seiner Hand an. Probieren Sie das einmal aus. Welche Finger benutzen Sie, um die Drei darzustellen? In Deutschland benutzen wir normalerweise dafür Daumen, Zeige- und Mittelfinger. Als der englische Spion dies tut, nutzt er jedoch – wie für Engländer üblich – Zeige-, Mittel- und Ringfinger. Das sieht ein deutscher Soldat, entlarvt ihn und zieht seine Waffe.

Was wir aus diesem Beispiel lernen können, ist, dass Embleme im Gegensatz zum mimischen Ausdruck der sieben Basisemotionen *nicht* kulturübergreifend gleich sind. Sie sind erlernt und spezifisch für die jeweilige Kultur. Normalerweise sind wir uns der Embleme, die wir Tag für Tag nutzen, nicht bewusst. Wenn wir uns in anderen Kulturen bewegen, kann das zu kleineren Missverständnissen und manchmal sogar zu sehr explosiven zwischenmenschlichen Momenten führen. Denn so selbstverständlich für uns die Bedeutung eines bestimmten Emblems sein mag, so unterschiedlich kann es von einer Person aus einer anderen Kultur verstanden werden. Es gibt sogar berufsspezifische Embleme. So bedeutet zum Beispiel bei uns der gehobene Daumen Zustimmung oder auch »super«. In Thailand hingegen sagt man mit dieser Geste, dass man wütend auf eine Person ist und nicht mehr mit ihr sprechen möchte. In Lateinamerika ist der gehobene Daumen sogar eine Beleidigung, während er unter Tauchern sagt: auftauchen.

Embleme können uns wertvolle Einsichten in die Gefühlswelt eines Menschen geben. Sind wir uns dieser Signale bewusst, lesen wir sie treffsicher, auch wenn sie subtil auftauchen. Dabei sind die drei wichtigsten Embleme:

- Kopfnicken (Bedeutung bei uns: Ja)
- Kopfschütteln (Bedeutung bei uns: Nein)
- Schulterzucken (Bedeutung bei uns: »Ich bin unsicher«/ »Ich weiß es nicht«)

Wollen Sie Inkongruenzen entdecken, achten Sie besonders auf subtile Formen dieser Embleme, zum Beispiel auf ein leichtes und sanftes Kopfschütteln, während jemand »Ja« sagt, oder ein leichtes, einseitiges Schulterzucken. Als beispielsweise Uli Hoeneß im Sommer 2013 in dem Interview mit Katrin Müller-Hohenstein zu seinem bevorstehenden Prozess wegen Steuerhinterziehung befragt wurde, erwiderte er: »Ich bin relativ zuversichtlich, dass es am Ende doch ein relativ gutes Ende nehmen wird.« Während er diese Worte aussprach, zuckte er zweimal hintereinander leicht und einseitig mit der Schulter: Sein Körper widersprach dem Gesagten. Ein Hinweis auf unausgesprochene Zweifel. Als im März 2014 dann im Gerichtsprozess bekannt wurde, wie viel Uli Hoeneß zunächst verschwiegen hatte, erschien seine nonverbal ausgedrückte Unsicherheit auf einmal nachvollziehbar.

Aber nicht nur in prekären Situationen unterstützt uns das Wissen um Embleme, sondern auch in scheinbar banalen Situationen. Lassen Sie uns dazu eine weitere Szene anschauen, diesmal aus meinem Privatleben. Vor ungefähr drei Jahren waren meine Frau, unsere beiden Töchter und ich essen. Vorweg gab es für jeden ein frisches, ofenwarmes Brötchen mit Butter und Olivenöl. Meine jüngere Tochter Emelie, damals drei Jahre alt, isst nur eine Hälfte ihres Brötchens und ich frage: »Darf ich deine andere Hälfte essen?« Sie sagt zwar »Ja, Papi«, schüttelt dabei aber ganz leicht den Kopf. Ich bemerke das und frage noch einmal nach: »Bist du dir sicher?« Daraufhin fragt sie, ob wir noch Brötchen nachbestellen können. An diesem Beispiel sehen Sie, dass auch kleine, alltägliche Situationen großartige Gelegenheiten bieten, um besser auf die Gefühle und Bedürfnisse anderer Menschen einzugehen. Nutzen Sie Ihr Wissen also nicht nur, um Inkongruenzen bei einer möglichen Täuschung zu erkennen, sondern auch, um Ihre Empathie zu steigern. Wenn Sie einen *emblematischen Ausrutscher* beobachten, versuchen Sie, sich in Ihr Gegenüber einzufühlen, zu erspüren, worauf das Emblem in dieser Situation verweisen könnte und fragen Sie gegebenenfalls in angemessener Form nach. Manchmal bedeutet ein Emblem nämlich etwas anderes, als wir im ersten Moment denken. Nehmen wir zum Beispiel das Kopfschütteln, das viel mehr sagen kann als einfach nur »Nein«. Stellen Sie sich einmal folgende Situation vor: Nach einem Date sagt Ihnen Ihre neue Bekanntschaft, »Es hat wirklich Spaß gemacht mit dir«, und schüttelt dabei den Kopf. Lassen Sie sich jetzt nicht entmutigen! Die Geste muss nämlich nicht bedeuten, dass Ihre Verabredung keinen Spaß mit Ihnen hatte. Manchmal schütteln wir auch den Kopf, wenn wir etwas nicht erwartet hätten. Dann meint das Kopfschütteln: »Ich hätte nicht damit gerechnet, dass es so viel Spaß macht mit dir. Meine Erwartungen wurden übertroffen.«

Überblick: Inkongruenzen entdecken

Im Folgenden finden Sie zusammenfassend aufgeführt, welche Hinweise es auf verheimlichte Emotionen und Informationen gibt. Dies erleichtert es Ihnen, Inkongruenzen zu erkennen.

Beobachtung	Wahrscheinliche Emotion/ Information
Mikroexpressionen	Eine der folgenden zehn Emotionen: Angst, Überraschung, Ärger, Ekel, Verachtung, Trauer, Freude, Verlegenheit, Schuld, Interesse
Höhere Stimmlage	Angst, Ärger, Freude oder Interesse
Tiefere Stimmlage	Trauer oder Schuld
Lauteres, schnelleres Sprechen	Angst, Ärger, Freude oder Interesse
Leiseres, langsameres Sprechen	Trauer, Schuld oder Langeweile
Embleme	Können etwas über Emotionen und/oder andere Informationen preisgeben
Zunehmende Beruhigungsgesten	Stress/Unbehagen oder Langeweile, Konzentration
Pupillenerweiterung	Emotionale Beteiligung (positiv und negativ), Interesse/Aufmerksamkeit
Pupillenverengung	Desinteresse, Müdigkeit oder Überforderung
Zunehmende Blinzelfrequenz	Emotionale Erregung, wahrscheinlich negative Emotion (Stress)
Abnehmende Blinzelfrequenz	Mentale Anstrengung
Erröten	Ärger oder Verlegenheit
Erblassen	Angst oder Ärger
Sprechpausen, Füllwörter	Mentale Anstrengung
Versprecher	Können etwas über Emotionen und/oder andere Informationen preisgeben

Anzeichen für Verhaltenskontrolle

Achten Sie darauf, ob Bewegungen steifer werden, die Stimme monotoner wird oder die Mimik starrer. Presst Ihr Gegenüber gar die Lippen aufeinander? Manchen Menschen ist bewusst, dass ihr Stresspegel beim Lügen ansteigt, und sie versuchen deshalb Signale zu unterdrücken, die dies verraten könnten. Wenn Sie also bemerken sollten, wie Ihr Gesprächspartner seine Mimik, Körpersprache, Stimme oder auch Worte kontrolliert, sollten Sie vorsichtig sein. Wird Ihre neue Bekanntschaft bei der Verabschiedung auffallend steifer, während sie sagt, »Ich melde mich dann bei dir«, kann dies ein Hinweis darauf sein, dass der erhoffte Anruf ausbleiben wird. Haben Sie allerdings während des Dates viele positive Flirtsignale wie echte Freude, Flirtmimik oder Dreiecksblick wahrgenommen, kann der kontrollierte Stress statt durch Lügen auch durch Schüchternheit verursacht werden. Um treffsicher zu unterscheiden, hilft Ihnen also eine kurze nonverbale Analyse des hinter Ihnen liegenden Treffens.

> **Überblick: So erkennen Sie Lügen**
>
> Achten Sie stets auf das Gesamtbild, ein einzelnes Signal verrät Ihnen gar nichts. Wenn Sie die folgenden drei Punkte berücksichtigen, erkennen Sie Täuschungsmanöver besser:
> 1. Abweichungen vom Normalverhalten
> 2. Inkongruenzen
> 3. Anzeichen für Verhaltenskontrolle

Filmtipp

Um Ihr Wissen im Bereich der Lügenerkennung zu vertiefen und zu trainieren, empfehle ich Ihnen die erste Staffel der Krimiserie »Lie to me«. Die Serie handelt von einer Beratungsfirma namens Lightman-Group, die Lügen und Täuschungsmanöver mittels nonverbaler Signale aufdeckt. Dabei setzen die Darsteller die wissenschaftlichen Erkenntnisse aus diesem Kapitel ein, wie zum Beispiel Mikroexpressionen und Embleme. Auch wenn die Serie natürlich das Aufdecken von Lügen leichter darstellt, als es in Wirklichkeit ist, kann man sie dennoch ganz wunderbar zum Üben nutzen.

7. Sich näherkommen

Kommen wir nun wieder zurück zu den fünf Flirtphasen. Wir haben uns bisher die ersten drei Phasen angesehen: Sie wissen nun, wie Sie in der Aufmerksamkeitsphase dafür sorgen können, dass Sie wahrgenommen werden, und Sie erkennen in der Wahrnehmungsphase die wichtigsten Flirtsignale, die Ihnen verraten, ob Ihr Gegenüber Interesse hat oder ob Sie auf Granit beißen. Ist es Ihnen schließlich in der Konversationsphase gelungen, sich nonverbal sowie emotional aufeinander einzuschwingen und auch inhaltlich ein gemeinsames Bezugssystem herzustellen, steht die Tür zur vierten Phase – der Annäherungsphase – offen: Jetzt ist die Zeit gekommen für erste Berührungen, die körperliche und auch die subjektiv empfundene Nähe zwischen den Flirtenden nimmt mehr und mehr zu – und zwar auch anders und viel subtiler als durch eine schlichte Zunahme von Berührungen. Seien Sie also aufmerksam. Es lohnt sich.

Es stellen sich für uns hier die folgenden Fragen: Wie erkennen wir anhand der nonverbalen und verbalen Signale eine subtil zunehmende Nähe? Wie lässt sie sich fördern? Und welche psychologischen und neurobiologischen Gesetzmäßigkeiten bestimmen diese vierte Phase des Liebeswerbens? Einen ersten Einblick gibt uns eine Studie, die der amerikanische Psychologe Arthur Aron durchgeführt hat. Was denken Sie, wie lange dauert es, bis zwischen zwei Personen ein Gefühl von Nähe und Vertrautheit entsteht? Arthur Aron würde auf diese Frage antworten: Nicht mehr als 45 Minuten. Sie müssen sich nur als *Person zeigen*. Aber was heißt das überhaupt?

Seien Sie offen

Sich als Person zu zeigen heißt, die eigenen Gefühle und damit seine Verletzlichkeit zu offenbaren. Das ist leichter, als es sich wahrscheinlich im ersten Augenblick anhört. Lassen Sie uns zunächst einen Blick darauf werfen, auf welchen Ebenen wir uns mit anderen Menschen, also mit Ehepartnern, Kollegen oder auch unbekannten Personen, unterhalten. Tatsächlich lassen sich all unsere Gespräche nach ihren Inhalten in zwei Kategorien unterteilen, sie sind entweder gedanken- oder gefühlsorientiert. Gedankenorientierte Inhalte lassen sich ferner in drei Stufen von Aussagen gliedern, die nach und nach mehr von uns preisgeben. Schauen wir uns mal eine klassische Flirtsituation an: Manuel spricht Sabrina beim Gassigehen im Park an und beginnt seine Annäherung mit einer sogenannten *kontaktaufbauenden Äußerung*. »Schönes Wetter heute, oder?«, sagt Manuel. Das ist ein typisches Beispiel für die erste Stufe gedankenorientierter Aussagen, zu denen auch Grußformeln und andere Floskeln (»Wie geht es so?«) gehören, mit denen wir nichts über uns verraten. Da es sich dabei lediglich um »Schmieröl« handelt, damit die soziale Interaktion möglichst reibungslos läuft, erwarten wir in der Regel auch keine ernsthafte Antwort darauf. Manuel wäre vermutlich schon sehr zufrieden, wenn Sabrina entgegnen würde: »Ach, geht so. Bist du öfter hier?«

Das Gespräch könnte weitergehen mit einer *realitätsbezogenen Aussage* (Stufe 2), die objektive Zahlen, Daten und Fakten enthält. »Ich gehe jeden Morgen in den Park« und »Übrigens, ich heiße Manuel« sind Sätze, mit denen Manuel seine neue Bekanntschaft auf sachlicher Ebene vertiefen könnte. Befinden wir uns auf Stufe 3, tauschen wir *bewertende Äußerungen* aus, unsere Vorlieben und Meinungen, beispielsweise zu Personen und Ereignissen. »Ich finde den Park auch ganz toll«, könnte Sabrina jetzt erwidern. Und damit auch schon mehr über sich offenbaren. Bei bewertenden Äußerungen riskieren wir zwar bereits, dass andere uns widersprechen, haben aber nicht wirklich viel zu verlieren. Das gilt für alle drei Stufen der ersten Kategorie, denn es ist erst der emotional verbindende Austausch, mit dem wir uns verletzlich machen. Dies kennzeichnet die Aussagen der gefühlsorientierten Kategorie. Hier drücken wir unsere Empfindungen aus und machen uns dadurch verletzlich. Wenn Manuel zum Abschied sagt: »Ich würde mich freuen, wenn wir uns wiedersehen«, oder – keine gute Idee, denn er öffnet sich zu tief –, »Ich habe mich in dich verliebt«, ist er mitten in der Kategorie der gefühlsorientierten Aussagen – und somit auch wesentlich sensibler, falls ihm Sabrina jetzt widersprechen würde.

Auch Aussagen der zweiten Kategorie lassen sich in ihrer Tiefe noch einmal unterscheiden. Grundsätzlich gilt: Je wichtiger und intimer ein Gefühl für uns ist, desto verletzlicher sind wir. Unsere tiefsten Ängste oder größten Sehnsüchte haben wir vielleicht noch nie jemandem offenbart. Begegnen Sie deshalb gefühlsorientierten Aussagen stets mit Wertschätzung – und überlegen Sie genau, wem und wann Sie sich offenbaren. Öffnen Sie sich zu schnell, kann das andere verschrecken. Wenn Sie mit Ihren Aussagen in die gefühlsorientierte Kategorie wechseln, sollten Sie bei Ihrem Gesprächspartner deshalb auf subtile Signale von Angst, Verlegenheit oder Irritation achten, die sich durch ein Zusammenziehen der Augenbrauen zeigen kann – treten diese auf, haben Sie vermutlich einen zu tiefen Einblick gegeben.

Wechselt ein Gespräch von der ersten in die zweite Kategorie, ist das grundsätzlich ein gutes Zeichen, denn es bedeutet, dass Vertrautheit und Nähe zwischen den beiden Gesprächspartnern zunehmen. Umgekehrt ist es umso kritischer zu sehen, wenn wir die Gefühle einer anderen Person negieren oder nicht darauf eingehen, Sabrina also ausweichend auf Manuels Bekenntnis antworten würde. Manchmal genügt ein Satz, um die gerade entstandene Nähe wieder zu zerstören, und *schwups* rutscht das Gespräch zurück in Kategorie 1. Da die wenigsten Menschen die verschiedenen Gesprächskategorien kennen, fällt es meist auch nicht weiter auf, zumindest nicht direkt. Sie wundern sich dann vielleicht nur, warum Mimik und Körpersprache sich auf einmal verändern und weniger positive, vielleicht sogar plötzlich negative Signale kommen. Das sollte Ihnen jetzt nicht mehr passieren.

Zwei Gesprächskategorien

Kategorie 1: Gedankenorientierte Aussagen lassen sich in drei Stufen gliedern. Je höher die Stufe, desto größer die Nähe.
- **Stufe 1:** Aussagen, mit denen wir Kontakt aufbauen:
 »Schönes Wetter heute!«
- **Stufe 2:** Äußerungen auf rein sachlicher Ebene:
 »Wie alt sind Sie?«
- **Stufe 3:** Wir geben unsere Meinung zum Besten:
 »Ich liebe Rockmusik«

Kategorie 2: Gefühlsorientierte Aussagen
Je wichtiger und intimer ein Gefühl für uns ist, desto mehr offenbaren wir uns damit – und werden dabei verletzlich.

Wir brauchen also Vertrauen, um uns zu öffnen. Auf der anderen Seite können wir durch gefühlsorientierte Aussagen auch gezielt Vertrauen und Nähe fördern, was der eingangs erwähnte Psychologe Arthur Aron in einer Studie eindrucksvoll nachgewiesen hat. 50 Paare, die sich vorher nicht kannten, sollten sich 45 Minuten lang über vorgegebene Themen unterhalten. Ein Teil der Gruppe bekam Fragen, die sich langsam von gedankenorientierten Themen hin zu immer persönlicher werdenden gefühlsorientierten Inhalten entwickelten, bis hin zu Aufgaben wie »Sage deinem Partner eine Sache, die du jetzt schon an ihm magst« oder »Teile einen peinlichen Moment deines Lebens«. Der andere Teil der Gruppe dagegen erhielt nur Fragen aus der ersten, gedankenorientierten Kategorie, beispielsweise: »Was ist das beste Buch, das du in den letzten drei Monaten gelesen hast?«, oder: »Liest du oft Zeitung und wenn ja, welche bevorzugst du? Warum?«.

Das Ergebnis: Die Teilnehmer, die gefühlsorientierte Aussagen ausgetauscht hatten, fühlten nach eigenen Angaben eine deutlich engere Beziehung zueinander als die Versuchspersonen der gedankenorientierten Gruppe. Nach der Studie fiel Aron auf, dass viele dieser Paare nun auch in den Vorlesungen zusammensaßen oder sich außerhalb der Universität trafen. Eines der Paare verlobte sich sogar wenige Monate später und heiratete.

Fassen wir zusammen: Ein Schlüssel für die Entstehung von Nähe sind gefühlsorientierte Aussagen. Beachten sollten wir hier aber das Timing. Wenn wir uns in einem Gespräch zu schnell offenbaren, können wir andere dadurch verschrecken. Achten Sie daher stets auf das angemessene Tempo.

Mitfühlen – oder: Wie Empathie Nähe fördert

Nun ist es aber nur die halbe Miete, wenn wir merken, wie sich ein Gespräch nach und nach vertieft, und unsere Verabredung beispielsweise verstärkt über ihre Gefühle spricht (Gesprächskategorie 2). Wir müssen natürlich auch hier erkennen, welche Emotionen jemand ausdrückt, und wissen, wie wir damit am besten umgehen. Und wiedermal ist die Mimik der Schlüssel. Sie haben beispielsweise gelernt, dass das Hochziehen der Augenbrauen-Innenseiten ein zuverlässiger Hinweis auf Trauer ist und das Rümpfen der Nase ein Signal für Ekel. Lassen Sie uns nun einen Blick darauf werfen, wie Sie mit mimischen Signalen und auftauchenden Emotionen umgehen können. Das von mir entwickelte Mimikresonanz-Konzept stellt dafür drei aufeinander aufbauende Techniken zur Verfügung: die sogenannten Resonanzstufen, mit denen Sie die in einer Unterhaltung auftretenden mimischen Signale und Gefühle angemessen und wertschätzend aufgreifen können. So fördern Sie Nähe und eine vertrauensvolle Gesprächsatmosphäre. Also ein weiterer Schritt, um den Mann oder die Frau Ihrer Träume für sich zu gewinnen.

Resonanzstufe 1: die nonverbale Aufforderungsgeste

Zeigen Sie Ihrem Gesprächspartner mimisch oder körpersprachlich, dass Sie sein Gefühl wahrgenommen haben und er aussprechen kann, was er fühlt. Damit geben Sie dem anderen auf emotionaler Ebene Luft zum Atmen.

Ein Beispiel: Julia und Sebastian unterhalten sich seit ungefähr 30 Minuten angeregt. Sie erinnern sich? Julia und Sebastian sind das flirtende Paar in der Bar am Potsdamer Platz. In den letzten fünf Minuten nehmen die gefühlsorientierten Aussagen deutlich zu. »Ich hatte vorhin übrigens ganz schön weiche Knie, als du zu mir rübergeguckt hast«, sagt Julia. Sebastian schaut Julia an und lächelt. Die Nähe zwischen den beiden nimmt wahrnehmbar zu. Folgende nonverbale Aufforderungsgeste könnte Julia jetzt nutzen, um auf Sebastians Lächeln zu reagieren: Sie schweigt, lächelt ihn an, nickt ein wenig und zieht leicht die Augenbrauen hoch. Diese Geste sagt so etwas wie »Sprich mit mir« und führt in den meisten Situationen dazu, dass uns der andere mitteilt, was in ihm vorgeht.

Resonanzstufe 2: die Spiegel-Aussagen

Mit Spiegel-Aussagen koppeln wir unsere Beobachtung verbal zurück. Bleiben wir bei Julia und Sebastian: Nachdem Julia gestanden hat, dass sie weiche Knie hatte, lächelt Sebastian sie an, schweigt aber. In diesem Moment könnte Julia statt einer nonverbalen Aufforderungsgeste auch eine Spiegel-Aussage nutzen, um das Gespräch auf der Ebene gefühlsorientierter Aussagen weiter in Gang zu halten: Sie sagt zu ihm: »Du lächelst«, darauf antwortet Sebastian: »Ich hatte auch weiche Knie«, und grinst noch breiter.

Wenn wir positive nonverbale Signale (wie ein Lächeln oder Nicken) durch Spiegel-Aussagen aufgreifen, vertieft das in der Regel das Gespräch. Dabei hat dieses Spiegeln auf verbaler Ebene eine ähnliche Wirkung wie der Chamäleon-Effekt: Sie holen Ihr Gegenüber in seiner Gefühlswelt ab und bringen es innerlich zum Nicken.

Sie können Spiegel-Aussagen nicht nur nutzen, um positive Signale zu vertiefen, sondern auch, um auf negative Reaktionen wertschätzend einzugehen. Ihr Gesprächspartner zieht zum Beispiel nach einer Äußerung von Ihnen die Augenbrauen hoch, in den meisten Fällen ein Zeichen für Ungläubigkeit. Eine Spiegel-Aussage könnte hier lauten: »Du runzelst gerade die Stirn.«

Bitte achten Sie darauf, dass es sich bei den Spiegel-Aussagen nicht um Fragen handelt. Wir fragen also nicht, sondern stellen eine Aussage als Angebot in den Raum. Dies erhöht die Wahrscheinlichkeit, dass ein positiver Dialog in Gang gebracht wird, enorm.

Allerdings kann nicht jedes nonverbale Signal mit einer Spiegel-Aussage verbalisiert werden. So wäre es sicherlich merkwürdig, wenn wir etwas sagen würden wie: »Du ziehst gerade die Oberlippe hoch.« Die vier Standard-Spiegel-Aussagen, die Sie in einer Unterhaltung nutzen können, lauten:

- »Du runzelst die Stirn.«
- »Du schüttelst den Kopf.«
- »Du nickst.«
- »Du lächelst.«

Resonanz-Stufe 3: Interpretation

Und Sie können noch einen Schritt weitergehen: Auf der dritten Stufe koppeln Sie nicht Ihre Beobachtung zurück, sondern Ihre Interpretation – wertschätzend, in Form einer Ich-Botschaft oder einer Frage. Zum Beispiel: »Wenn ich es richtig sehe, macht dich das traurig«, oder: »Du bist traurig, oder?« Dabei sollten Sie achtsam vorgehen, denn im Unterschied zu den Spiegel-Aussagen besteht nun die Gefahr, dass Sie mit Ihrer Interpretation falschliegen. Deshalb ist es wichtig, nach einer Interpretation präzise auf die Reaktion des anderen zu achten. Sie gibt uns ein direktes Feedback, ob wir richtiglagen oder nicht. Wenn Sie richtiglagen, werden Sie belohnt: Das Gespräch und die empfundene Nähe vertiefen sich so stark wie bei keiner anderen Resonanzstufe.

Damit dies gelingt und Ihre Aussage mit der inneren Gefühlswelt der anderen Person in Resonanz geht, sollten Sie zwei Faktoren beherzigen. Erstens müssen Sie die richtige Emotionsfamilie treffen, zum Beispiel Angst, und zweitens deren Intensität passend einschätzen. Es ist ein großer Unterschied, ob Sie »Panik« oder »Sorge« als Interpretation zurückkoppeln. Im rechts dargestellten *Gefühlsrad* finden Sie eine Auflistung mit möglichen Wörtern für sechs der sieben Basisemotionen, mit denen Sie Ihr Repertoire an Gefühlsbegriffen erweitern können. Dabei werden die Emotionen von innen nach außen schwächer. Die Intensitätsreihenfolge ist das Ergebnis einer Umfrage mit 230 befragten Personen, die ich 2014 durchgeführt habe. Da jeder Mensch die Begriffe aber letztendlich etwas anders in der Stärke einordnet,

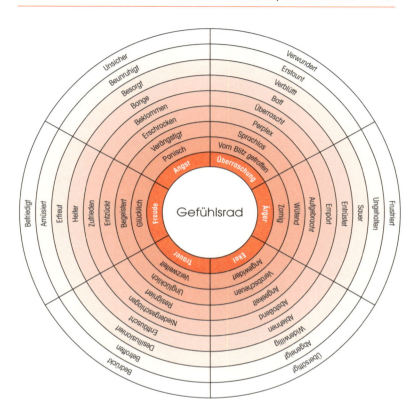

dient die Reihenfolge lediglich der groben Orientierung. Verachtung lassen wir hier außen vor, da wir diese für gewöhnlich nicht mit einer Interpretation zurückkoppeln. Ein Satz wie: »Wenn ich es richtig sehe, verachtest du mich«, klingt doch sehr eigentümlich und wirkt extrem konfrontierend. Beobachten Sie Verachtung, ist es deshalb zielführender, wenn Sie diese in der Interpretation in Ekel umformulieren, wie zum Beispiel: »Wenn ich es richtig sehe, gefällt dir etwas nicht.«

Statt der Formulierung »Wenn ich es richtig sehe, …« können Sie natürlich auch etwas anderes sagen, um zu transportieren, dass es sich bei der Aussage um Ihre Wahrnehmung handelt (Ich-Botschaft). Denken Sie zum Beispiel an Thomas, der Svenja nach einer Party vorwirft, sie habe viel zu eng mit einem anderen Mann getanzt. Um seiner Gefühlswelt näher zu kommen und einen Streit zu verhindern, könnte Svenja zum Beispiel entgegnen: »*Ich habe das Gefühl, dass* du sauer bist«, »*Ich nehme wahr, dass* dich das ärgert«, oder »*Bei mir kommt an, dass* du wütend darüber bist«.

Wann Sie lieber schweigen sollten

In bestimmten Situationen kann es allerdings angemessen sein, wenn wir eine wahrgenommene Emotion nicht direkt zurückkoppeln, sondern lediglich unser Verhalten anpassen, etwa indem wir das Gesprächsthema wechseln oder die Privatsphäre der anderen Person wahren. Das gilt unter anderem bei Mikroexpressionen, stehen diese ja meist für Gefühle, die wir verheimlichen möchten oder die uns selbst (noch) nicht bewusst sind. Wenn Sie eine Mikroexpression entdeckt haben, sollten Sie daher stets mit Bedacht abwägen, ob Sie diese ansprechen. Kommen Sie bei der ersten Verabredung zum Beispiel kurz auf den Expartner zu sprechen, und bei Ihrem Gegenüber zucken für einen Moment die Augenbrauen-Innenseiten hoch, gibt Ihnen dies einen Hinweis darauf, dass derjenige wahrscheinlich noch traurig ist oder sehr verletzt wurde. Ansprechen würde ich das im ersten Date aber noch nicht, dafür ist es zu diesem Zeitpunkt meistens noch zu früh. Warten Sie lieber, bis der andere von sich aus über seine Gefühle spricht.

»Schau mich an«, oder: Wie Blickkontakt Nähe schafft

Als elementares Steuerungsinstrument der sozialen Interaktion verändert sich mit zunehmender Nähe auch der Blickkontakt. Er signalisiert: Wir sind bereit für Kommunikation. Menschen, die wir nicht kennen und/oder mit denen wir nicht kommunizieren wollen, schauen wir deshalb nicht oder zumindest nur sehr kurz an. Denken Sie an die klassische Situation im Fahrstuhl, wo wir auf engem Raum mit uns fremden Personen stehen. Und wo sehen die meisten von uns hin? Entweder auf den Boden oder nach oben, um völlig gebannt die spannende Stockwerksanzeige zu verfolgen. Hauptsache, wir müssen niemanden anschauen.

Um zu untersuchen, wie sich unser Blickverhalten verändert, wenn wir verliebt sind, führte der amerikanische Psychologe Zick Rubin eine Studie mit stark und nur schwach verliebten Paaren durch. Wie stark sie verliebt waren, ermittelte Rubin zuvor mit einem Fragebogen, der Liebes-Skala. Das eigentliche Experiment sah so aus: Während die Paare sich an einem Tisch gegenübersitzen und unterhalten, wird jeder der beiden durch einen Einweg-Spiegel beobachtet. Wenn der Mann die Frau anguckt, startet der Beobachter eine Stoppuhr. Wenn die Frau den Mann anschaut, wird von einem zweiten Beobachter eine andere Uhr gestartet. Eine dritte Stoppuhr aktiviert sich automatisch, sobald die beiden anderen Uhren gleichzeitig laufen, und misst die zeitliche Dauer des Blickkontakts. Sobald der Mann oder die Frau den Blickkontakt unterbrechen, wird die entsprechende Uhr wieder gestoppt.

Wie lange die Frau den Mann ansah, oder umgekehrt, war bei den stark verliebten und den schwach verliebten Paaren <u>gleich</u>. Einen deutlichen Unterschied machte aber das folgende Phänomen: Die stark verliebten Paare erwiderten den Blick ihres Partners deutlich häufiger als die schwach verliebten Paare. Es gelang ihnen also häufiger, Blickkontakt aufzunehmen, und es kam seltener vor, dass einer der Partner den Blickkontakt suchte, ohne dass dieser erwidert wurde. Achten Sie also nicht unbedingt darauf, wie lange Sie Blickkontakt mit einer Person haben, sondern vielmehr darauf, ob Ihre Blicke erwidert werden. Je öfter das passiert und zu einem Blickkontakt führt, desto wahrscheinlicher ist es, dass sich Ihr Flirtpartner zu Ihnen hingezogen fühlt.

Wenn die Momente des Blickkontakts zunehmen, spricht das also für die Anziehungskraft zwischen zwei Menschen. Es beeinflusst umgekehrt aber anscheinend auch die Gefühle der Anziehung, wie eine weitere Studie von Rubin zeigte: Darin wurden 96 Versuchsteilnehmer in 48 Mann-Frau-Pärchen eingeteilt – beide waren sich vorher noch nie begegnet. Die Aufgabe: sich zwei Minuten lang in die Augen schauen. Nach Ablauf der Zeit füllten beide unabhängig voneinander einen psychologischen Fragebogen aus, um zu messen, wie sehr sie sich von ihrem Übungspartner angezogen fühlten. So unglaublich es klingt, aber zwei Minuten gemeinsamer Blickkontakt reichten aus, um die Gefühle der Anziehung auf beiden Seiten deutlich zu steigern. Sich tief in die Augen zu schauen signalisiert also nicht nur anderen: »Hey, wir sind verliebt«, sondern verstärkt gleichzeitig die gegenseitige Zuneigung. Neben den Augen spielt noch ein anderes Sinnesorgan eine Schlüsselrolle in der vierten Werbephase: die Haut.

Die Macht der Berührung

Mit einer Oberfläche von fast zwei Quadratmetern ist die Haut unser größtes Sinnesorgan. Sie erfüllt eine ganze Menge teilweise lebenswichtiger Aufgaben. Sie schützt uns beispielsweise vor Außeneinflüssen, hält unsere Körperwärme im Gleichgewicht, und wir ertasten mit ihr unsere Umgebung. In Phase 4 des Liebeswerbens spielt die Kommunikation über die Haut in Form von Berührungen eine zentrale Rolle, denn mit Berührungen kommunizieren wir sehr deutlich unsere Zu- und unsere Abneigung. Erwidert unser Flirtpartner eine Berührung, beispielsweise an der Hand, fühlen wir uns bestärkt. Ein Teil der Anspannung löst sich, wir merken, dass der andere uns auch zugetan ist. Aber warum haben Berührungen eine so starke Wirkung auf uns?

Die Sprache der Berührungen ist mehrere Millionen Jahre älter als unsere Worte. Sie umgeht unser denkendes Großhirn und aktiviert direkt unser Emotionszentrum. Nicht nur deshalb wirkt eine Berührung zwischen zwei Menschen so intensiv. Wie wir bereits gesehen haben: Anfassen beruhigt. Sanfte und als angenehm empfundene Berührungen fördern nämlich die Ausschüttung des Bindungshormons Oxytocin. Es sorgt dafür, dass wir die Nähe des anderen als angenehm empfinden und Vertrauen aufbauen. Aber das gilt nicht für jeden. Berührung baut Vertrauen auf, aber braucht auch Vertrauen, damit sie zugelassen werden kann. So ist die erste Berührung zwischen zwei Flirtenden, wie David Givens es formuliert hat, ein emotionaler Meilenstein. Meist wird sie wie zufällig wirken: So berühren sich »zufällig« die Fußspitzen oder Knie, während man einander gegenübersitzt, oder man streift eine andere Person, während man sich am Tisch nach vorne lehnt.

Die Reihenfolge folgt dabei einem mehr oder weniger festen Ablauf. Die erste, scheinbar zufällige Berührung findet meist von Hand zu Hand statt, während der Mann beispielsweise der Frau aus dem Mantel hilft oder ihr etwas (wie etwa einen Stift) in die Hand gibt. Die nächsten Schritte sind dann meist eine längere Berührung der Hände, vielleicht sogar ein »Händchenhalten«, und anschließend die Umarmung, wobei hier die Art unterschieden werden muss: Ist eine Umarmung an der Schulter noch sehr unverfänglich, vielleicht auch freundschaftlich, ist die Berührung der Taille eine intimere Geste, die zeigt, dass die Nähe weiter zugenommen hat. Der Beginn der romantischen Beziehung steht dann in der Regel kurz bevor. Folgt schließlich der ersehnte Kuss, sind auch die letzten Zweifel beseitigt, dass zwei Menschen sich voneinander angezogen fühlen. Vor einem Kuss sind ein Anstieg der Beruhigungsgesten typisch, ebenso wie der Dreiecksblick. Liebe Herren, wenn Sie die Dame Ihres Herzens also nach Hause gebracht haben, sich vor der Tür verabschieden wollen und bemerken, dass sie mit den Schlüsseln in der Tasche klappert (auch das ist eine Beruhigungsgeste), während der Blick kurz über Ihren Mund wandert, dann wissen Sie: Die Ampeln stehen auf Grün für den ersten Kuss. Womit wir auf der Schwelle zur fünften Phase – der Bindungsphase – wären. Als Letztes sind noch die Hand-zu-Kopf-Berührungen wie ein Streicheln im Gesicht zu erwähnen: Sie sind ein typisches Kennzeichen intimer Beziehungen, ebenso wie Kopf-an-Kopf-Berührungen (zum Beispiel, wenn man sich umarmt und dabei Stirn an Stirn ruht).

So habe ich den Bachelorette-Gewinner vorhergesagt

Mit Hilfe der Kenntnis, dass Hand-Kopf-Berührungen in der Regel intimen Beziehungen vorbehalten sind und dem Wissen, dass der Ausdruck echt erlebter Freude in der Mimik typisch für Gefühle romantischer Liebe ist, habe ich für das Magazin *Promiflash* den Gewinner der ersten Staffel der TV-Sendung »Die Bachelorette« vorhergesagt. In der letzten Folge vor dem Finale zeigte die Protagonistin Anna sowohl dem Kandidaten Marvin als auch Tim gegenüber Hand-Kopf-Berührungen, aber nur bei Marvin spiegelten sich beim Küssen in ihrer Mimik die Merkmale echt erlebter Freude wider: Ihre Augen lachten, während sich ihre Lippen berührten, erkennbar an der Fältchenbildung in den Augenwinkeln. Später sagte Anna in einem Interview: »Ich habe mich in nur einen Mann wirklich verliebt. In Marvin.« Ihr Gesicht hat das schon vor dem Finale verraten. Wenn man weiß, worauf man achten muss.

Das schöne, aber auch enthüllende Moment an Berührungen ist: Jede noch so sanfte Berührung löst eine eindeutige Ja- oder Nein-Reaktion in uns aus. Seien Sie also achtsam für die spontane nonverbale Reaktion auf die erste Berührung. Sie verrät Ihnen, ob Sie den Fuß vielleicht etwas vom Gas nehmen sollten oder ob die Ampel auf Grün steht. Die beste Stelle für einen ersten Berührungstest sind der Handrücken oder die Unterarmrückseite, zum Beispiel durch ein »zufälliges« Streichen oder ein sanftes Antippen, während man etwas erzählt.

Eine beliebte Vorstufe zur direkten Berührung ist das Anfassen von Gegenständen der anderen Person, wie zum Beispiel Handy, Kugelschreiber oder Uhr. Der Anthropologe Edward Hall bezeichnet diese Dinge als *Körpererweiterungen*. Damit ist alles gemeint, was wir am Körper tragen, in den Händen halten oder mit dem wir uns in irgendeiner Form verbunden fühlen. Berühren wir solche Körpererweiterungen, ist dies ein guter Test dafür, wie die Person auf eine echte Berührung reagieren wird.

Achten Sie bei Ihrem Gegenüber auch auf sogenannte *Intentionsbewegungen*. So nennt der britische Verhaltensforscher Desmond Morris die kleinen vorbereitenden Bewegungen, die wir ausführen, wenn wir uns auf eine Handlung innerlich einstellen. Sie zeigen uns, was jemand zu tun beabsichtigt. Sind wir fest entschlossen, gehen diese vorbereitenden Bewegungen in die eigentliche Handlung über. Wenn wir aber aus irgendeinem Grund zögern, so wie es beim Flirten durch die natürlich vorhandene innere Ambivalenz zwischen Zu- und Abwendung typisch ist, zeigt sich nur die Anfangsphase dieser Handlung.

Das wohl bekannteste Beispiel für eine Intentionsbewegung ist der sogenannte »Sesselgriff«: Wir sitzen auf einem Stuhl und unterhalten uns mit jemandem. Einerseits müssten wir los, weil wir noch einen Termin haben, andererseits finden wir das Gespräch – oder unseren Gesprächspartner – aber gerade so interessant. Wir lehnen uns nach vorne und stützen die Hände auf die Stuhllehne, was signalisiert, dass wir eigentlich aufstehen wollen. Der Teil von uns, der sagt: »Bleib doch noch, es ist gerade so interessant«, hält uns aber davon ab, die Handlung komplett auszuführen.

Der Sesselgriff

Intentionsbewegungen können auch zeigen, dass eine Annäherung gewünscht wird. So legt Ihre Angebetete vielleicht im Kino eine Hand auf Ihr Knie, ganz in die Nähe Ihrer eigenen Hand, oder Ihr Schwarm geht beim Verabschieden mit dem Kopf leicht nach vorne, weil er Sie eigentlich küssen möchte. Beides sind Hinweise auf eine zunehmende Nähe, die durch die räumliche Annäherung erkennbar ist. Morris schreibt dazu in seinem bekannten Buch *Der Mensch, mit dem wir leben*: »Das augenscheinlichste Bindungszeichen ist die bloße Körpernähe zweier Menschen, wenn sie ohne einander zu berühren, nahe beieinander stehen, sitzen, liegen oder sich bewegen.«

Abschließend noch ein Tipp für Sie: Nutzen Sie in Phase 4 den Chamäleon-Effekt, indem Sie sich hin und wieder selbst berühren. Streicheln Sie sich beispielsweise an der Seite des Halses, aktivieren die Spiegelneuronen beim anderen diese Bewegung ebenfalls. Damit signalisieren Sie nicht nur Berührungsbereitschaft, sondern durch die spiegelneuronale Aktivierung wird es auch wahrscheinlicher, dass eine Berührung tatsächlich zustande kommt.

Wie Sie Liebe in der Mimik erkennen

In Phase 4 steigen die Gefühle der Zuneigung und gegenseitiger Anziehung sprunghaft an. Dies erkennt man – wie wir gesehen haben – von außen am nonverbalen Verhalten der Flirtenden: Blickkontakt und die Berührungen nehmen deutlich zu. Und auch in der Gefühlswelt gibt es eine dramatische Veränderung. Sind wir nicht in der Nähe des anderen, vermissen wir ihn, und unsere Gedanken kreisen fast jeden Augenblick um die Person unseres Herzens. Kurzum: Wir sind verliebt. Es wird also Zeit,

Der universelle Ausdruck von Liebe (bei Männern und Frauen)
- Echt erlebte Freude (Lächeln und äußerer Augenringmuskel aktiv)
- Kopf seitlich geneigt

dass wir uns mit der Frage beschäftigen, wie wir romantische Liebe eigentlich in der Mimik und Körpersprache erkennen können. Der amerikanische Psychologe Dacher Keltner hat dies in mehreren Studien untersucht und Folgendes herausgefunden: Es gibt einzigartige nonverbale Signale, die den Ausdruck von Liebe kennzeichnen: der Ausdruck echter Freude, kombiniert mit seitlich leicht geneigtem Kopf.

Die Freude lässt sich leicht erklären. In einer anderen Studie zwei Londoner Psychologen Bartels und Zeki konnte nämlich gezeigt werden, dass der Anblick einer Person, in die wir »wahrhaft, wahnsinnig und tief« verliebt sind, unser Belohnungszentrum im Gehirn aktiviert. Das zweite mimische Merkmal – der seitlich leicht geneigte Kopf – macht dann in Kombination mit der Freude den einzigartigen prototypischen Gesichtsausdruck von Liebe aus (in Abgrenzung zum Ausdruck echter Freude). Als nonverbales Signal der Hingabe signalisiert die seitlich leichte Neigung des Kopfs Intimität und Nähe. Körpersprachlich begleitet wird dieser Gesichtsausdruck meist durch zustimmendes Kopfnicken, eine offene Körperhaltung und Vorlehnen, um der geliebten Person näher zu sein.

Keltner wies darüber hinaus nach, dass diese, übrigens kulturübergreifende Liebes-Mimik mit einem erhöhten Blutspiegel des Bindungshormons Oxytocin einhergeht. Und er entdeckte noch einen anderen interessanten Zusammenhang: Je häufiger der Gesichtsausdruck während eines Gesprächs auftritt, in dem sich ein Paar über positive Erlebnisse austauscht, desto mehr gemeinsame Aktivitäten unternimmt ein solches Paar, desto besser stimmt es die gemeinsamen Lebensziele miteinander ab, und desto zufriedener ist es mit seiner Beziehung. Sie können die Häufigkeit dieses Ausdrucks also auch als Indiz dafür nehmen, wie gut es um eine Partnerschaft bestellt ist.

In Abgrenzung zu romantischer Liebe wurden auch für sexuelles Verlangen in Studien insbesondere drei spezifische nonverbale Marker identifiziert: Lippen lecken, Lippen schürzen, die Lippen mit den Händen berühren. Wenn wir jemanden attraktiv finden, können der universelle Liebesausdruck und Merkmale von sexueller Begierde natürlich auch gemeinsam auftreten.

Ein Gesichtsausdruck, der nicht direkt Liebe ausdrückt, sich aber zeigt, wenn uns etwas rührt, wir »süß« oder romantisch fin-

Die »Ich bin gerührt«-Mimik

- Echt erlebte Freude (Lächeln und äußerer Augenringmuskel aktiv)
- Augenbrauen-Innenseiten hochgezogen

den, was jemand tut – ist der Ausdruck der Mischemotion Freude-Trauer. Sehen wir eine geliebte Person nach langer Zeit wieder, können wir diese Mimik ebenfalls oft beobachten. Das liegt daran, dass der Gesichtsausdruck auch auftaucht, wenn sich eine starke Sehnsucht erfüllt. So war bei Conchita Wurst (alias Thomas Neuwirth) deutlich zu sehen, wie überwältigt sie von ihrem Sieg des Eurovision Song Contest 2014 war: Im ersten Moment fiel ihr im wahrsten Sinne des Wortes die Kinnlade runter – ein Signal für Überraschung. Dann folgte die Kombination echter Freude und Trauer: Conchita lächelte (wobei die Augen mitlachten) und zog gleichzeitig die Augenbrauen-Innenseiten hoch. Wo wir gerade beim Eurovision Song Contest sind: Die Sängerin der Gruppe Elaiza, die für Deutschland an den Start gegangen ist, hat exakt den gleichen Gesichtsausdruck gezeigt, als sie die deutsche Vorentscheidung fürs Finale gewann.

Mimik-Analyse »Und dann kam Polly ...« – Teil 2

In Minute 59 von »Und dann kam Polly ...« finden Sie diesen Gesichtsausdruck bei Polly, als sie sieht, wie der sonst introvertierte Ruben beim Salsa-Tanzen komplett aus sich herauskommt.

8. Runter mit der rosaroten Brille: Verliebt und trotzdem klar

»Liebe macht blind«, sagt der Volksmund. Dass an dieser Redensart einiges dran ist, hat der ein oder andere wahrscheinlich schon einmal schmerzlich erfahren. Während der Freundeskreis einem rät, »Lass lieber die Finger davon«, denkt man sich, »Ihr irrt euch!«. Dann erwacht man irgendwann aus dem Dornröschen-Schlaf und sieht: »Oh Gott, ich war wirklich blind.« Eine Erklärung für dieses Phänomen liefert die eben erwähnte Studie von Bartels und Zeki: Sie haben nämlich nicht nur herausgefunden, dass unser Belohnungszentrum aktiviert wird, wenn wir jemanden sehen, in den wir verliebt sind. In Gehirnscans entdeckten sie außerdem, dass Verliebtheit bestimmte Gehirnareale blockiert: »Wir fanden in unseren Experimenten vor allem in der rechten Gehirnhälfte mehrere stillgelegte Areale: Alle hatten mit negativem Empfinden zu tun!«, so Bartels und Zeki. Gefühle romantischer Liebe blockieren anscheinend auch Bereiche im Gehirn, die mit Sozialkritik einhergehen. So kommt es, dass plötzlich alles nur noch eine Farbe hat: rosarot. Negative Eigenschaften des Angebeteten blenden wir weitestgehend aus.

Was können wir tun, um nicht gänzlich blind zu werden? Wie können wir uns das Glücksgefühl der Liebe bewahren und trotzdem zumindest ein bisschen klarer sehen? Sich bewusstzumachen, dass unser Gehirn in Zeiten der Verliebtheit eine rosarote Brille aufhat, ist der erste Schritt. Dann sollten wir uns ein Bild davon machen, wie sich unser(e) Angebetete(r) gegenüber anderen Personen verhält. Wie unser neuer Partner uns gegenüber auftritt, ist zu Beginn einer Beziehung nämlich kein wirklicher

Maßstab. Achten Sie besser auf die nonverbale und emotionale Baseline gegenüber anderen: Wie verhält sich Ihre Flamme beispielsweise gegenüber der Bedienung im Restaurant oder gegenüber Freunden? Welche Mimik und welche Emotionen zeigt sie generell am häufigsten?

Bevor wir uns anschauen, was Ihnen dies über die Persönlichkeitsstruktur, also über Wesen und Motive eines Menschen verrät, lassen Sie uns zunächst einmal einen Blick darauf werfen, welche Grundausprägungen der Persönlichkeit, welche Arten von Persönlichkeit, wir allgemein unterscheiden können.

Die vier Grundausprägungen unserer Persönlichkeit

Menschen sind natürlich weitaus vielschichtiger und bunter, als in irgendeinem Modell dargestellt werden kann. Das Persönlichkeitsmodell, das wir uns hier anschauen, soll daher lediglich die Orientierung erleichtern und Sie dabei unterstützen, Ihre Flirtpartner noch treffsicherer einschätzen zu können. Dabei gilt die folgende goldene Regel: Bleiben Sie in einem Gespräch stets offen, und richten Sie, wenn es sein muss, die eigene Einschätzung immer wieder neu aus.

Damit das Persönlichkeitsmodell möglichst überschaubar und anwendbar ist, arbeiten wir mit zwei *Persönlichkeitspräferenzen*, die auf zwei sich kreuzenden Achsen abgebildet werden. Eine Präferenz bezeichnet dabei eine Vorliebe, die wir für etwas haben. Stellen Sie sich die beiden Persönlichkeitspräferenzen weniger als einen »Entweder-oder«-Schalter vor, sondern vielmehr als eine Art Schieberegler. Es geht darum, in welche Richtung die jeweilige Präferenz bei einem Menschen ausgeprägt ist und wie sie die Persönlichkeit am stärksten beeinflusst. Die senkrechte

Achse bildet dabei die grundsätzliche Handlungsvorliebe einer Person ab, also ob jemand eher die Initiative ergreift und proaktiv agiert oder reaktiv ist: also eher beobachtet und reflektiert und darauf wartet, dass andere den ersten Schritt machen. Je größer die *Proaktivität*, desto mehr fühlt sich der Betreffende durch Handeln motiviert. Je deutlicher die *Reaktivität* ausgeprägt ist, desto mehr stehen Analyse und Verstehen im Mittelpunkt. Die horizontale Achse drückt aus, ob sich jemand in seiner Wahrnehmung mehr auf Beziehungen und Gefühle konzentriert oder auf Ideen und Aufgaben. Menschen mit einer eher *personenbezogenen* Wahrnehmungsvorliebe fällt es leicht, in Kontakt mit ihrem Gegenüber zu kommen. Ist der Schieberegler eher auf *objektbezogen* ausgerichtet, konzentriert sich die Person mehr auf die Aufgaben, die zu erledigen sind. Menschen werden dann manchmal wie Gegenstände behandelt.

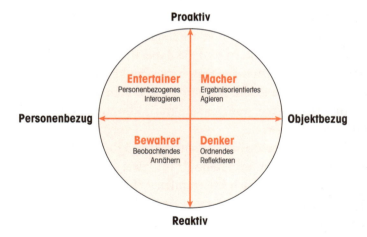

Dadurch, dass wir uns in diesem Modell auf nur zwei Persönlichkeitspräferenzen (eine Handlungs- und eine Wahrnehmungsvorliebe) konzentrieren, können wir das Verhalten eines

Menschen schnell einschätzen. Aus den beiden Achsen ergeben sich dann vier Felder, welche die Grundausprägungen der Persönlichkeit darstellen. Da wir diese vier »Energien« alle in uns tragen, nur in unterschiedlicher Ausprägung, stellen wir uns weniger die Frage, welcher Persönlichkeitstyp jemand ist, sondern vielmehr, in welchen Persönlichkeitsfeldern sich ein Mensch hauptsächlich bewegt.

Und wer bin ich? Ein Kurztest zur Einschätzung der eigenen Persönlichkeit

Bevor wir uns die einzelnen Ausprägungen anschauen, interessiert Sie wahrscheinlich, welches Persönlichkeitsfeld bei Ihnen besonders ausgeprägt ist. Dafür habe ich gemeinsam mit dem Psychologen Dirk Diergarten den folgenden Kurztest entwickelt. Diesen schauen wir uns mit Absicht bereits an, bevor Sie die einzelnen Typen kennenlernen. Denn in meinen Seminaren habe ich oft erlebt, wie der Test ansonsten von einigen Teilnehmern so ausgefüllt wird, dass nicht der Persönlichkeitstyp herauskommt, der man eigentlich ist, sondern der, der man gerne sein möchte. Beachten Sie bitte, dass es sich bei diesem Kurztest erstens um eine Selbsteinschätzung und zweitens um einen Schnelltest handelt, der nur zur groben Orientierung dienen soll. Sehr aufschlussreich ist es meistens auch, wenn Sie – nachdem Sie sich selbst eingeschätzt haben – die einzelnen Faktoren auch noch einmal von einer anderen Person beurteilen lassen. So können Sie Ihr Selbstbild mit dem Fremdbild abgleichen. Wenn Sie möchten, können Sie die nachfolgenden Fragen auch nutzen, um eine andere Person einzuschätzen. Den Einschätzungsbogen sowie die Auswertungsgggrafik finden Sie als kostenlosen Download auch im Leser-Login-Bereich unter Der-Liebes-Code.de.

Kreuzen Sie bitte jeweils die zutreffende Antwort an.

Die von mir eingeschätzte Person ...	Trifft zu	Trifft nicht zu
1 ... wartet eher darauf, dass andere die Initiative ergreifen, statt selbst aktiv zu werden	○	⊗
2 ... beschäftigt sich lieber mit Ideen und Aufgaben statt mit Gefühlen und Menschen	○	⊗
3 ... wirkt eher zurückhaltend als gesellig	○	⊗
4 ... zeigt sich eher einfühlsam als analytisch	○	⊗
5 ... wirkt eher zugewandt als nach innen gekehrt	⊗	○
6 ... respektiert eher Menschen, die kompetent wirken, als Menschen, die sich freundlich zeigen	○	⊗
7 ... wirkt eher anpackend als abwartend	○	⊗
8 ... wirkt eher angepasst als durchsetzungsstark	○	⊗
9 ... würde eine günstige Gelegenheit sofort nutzen, statt erst einmal darüber nachzudenken	○	⊗
10 ... agiert eher frei heraus als diplomatisch	⊗	○
11 ... knüpft eher schnell neue Kontakte, als die Ruhe allein oder zu zweit zu genießen	○	⊗
12 ... zeigt sich eher kompromissbereit als rechthaberisch	⊗	○
13 ... wartet eher ab, bis eine Situation reif ist, statt von sich aus aktiv zu werden	○	⊗
14 ... wirkt eher gefühlsbetont als faktenbezogen	⊗	○

So bestimmen Sie das dominierende Persönlichkeitsfeld

Schritt 1: Punktzahl berechnen

Errechnen Sie die Punktzahl, und tragen Sie diese bitte in die untenstehende Tabelle ein.

Proaktiv: Jeweils einen Punkt ...
- für jedes »Trifft zu« bei den Fragen 5, 7, 9, 11
- für jedes »Trifft nicht zu« bei den Fragen 1, 3, 13

Reaktiv: Jeweils einen Punkt ...
- für jedes »Trifft zu« bei den Fragen 1, 3, 13
- für jedes »Trifft nicht zu« bei den Fragen 5, 7, 9, 11

Objektbezug: Jeweils einen Punkt ...
- für jedes »Trifft zu« bei den Fragen 2, 6, 10,
- für jedes »Trifft nicht zu« bei den Fragen 4, 8, 12, 14

Personenbezug: Jeweils einen Punkt ...
- für jedes »Trifft zu« bei den Fragen 4, 8, 12, 14
- für jedes »Trifft nicht zu« bei den Fragen 2, 6, 10

Persönlichkeitspräferenz	Ausprägung (max. 7)
Proaktiv	
Reaktiv	
Objektbezug	
Personenbezug	

Schritt 2: Punktzahl in die Grafik übertragen

Jetzt markieren Sie Ihre Punktzahl bitte an den jeweiligen Achsen. Anschließend verbinden Sie die Punkte, so dass sich eine Form mit vier Eckpunkten ergibt. Die jeweilige Flächengröße in den vier Feldern zeigt Ihnen, wie stark dieses Feld Ihre Persönlichkeit beeinflusst.

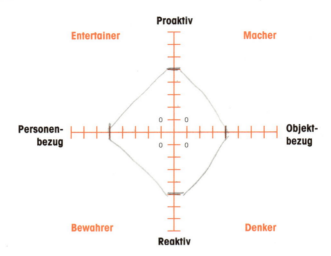

Damit Sie die Auswertung leicht nachvollziehen können, finden Sie nachfolgend ein Beispiel mit den Werten Proaktiv 5, Reaktiv 2, Personenbezug 6, Objektbezug 1. Wie Sie an der Grafik erkennen, liegt in diesem Fall das dominierende Persönlichkeitsfeld im Entertainer.

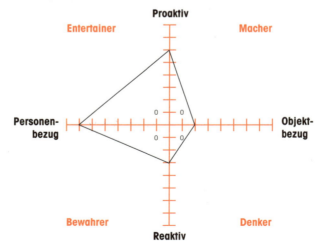

Nun aber dazu, was die einzelnen Persönlichkeitsausprägungen charakterisiert. In den folgenden Kurzporträts betrachten wir die einzelnen »Typen« im Allgemeinen, schauen uns im Besonderen aber auch das typische Verhalten in Liebesbeziehungen an. Dabei übertreibe ich die Darstellung bewusst, damit die einzelnen Grundausprägungen sich deutlich abzeichnen. Auch wenn die einzelnen Ausprägungen in der männlichen Form betitelt sind (der Macher, der Denker usw.), gelten die folgenden Ausführungen selbstverständlich auch für Sie, liebe Leserinnen. Sehen Sie es mir bitte nach, dass ich aus Gründen der Lesbarkeit darauf verzichtet habe, sowohl die männliche als auch die weibliche Form in der Beschreibung zu nutzen.

Macher handeln ergebnisorientiert

In Deutschland dominiert bei mehr Männern die Ausprägung des Machers in der Persönlichkeit (42 Prozent), doch selbstverständlich kann auch eine Frau über starke Macher-Anteile verfügen. Dies trifft in Deutschland auf ungefähr 19 Prozent der Frauen zu.

Durch die Kombination der beiden Präferenzen *proaktiv* und *Objektbezug* sind die ergebnisorientiert handelnden Macher fordernd, entschlussfreudig und kämpfen für ihre Ziele. Dies zeigt sich auch in ihrem Flirtverhalten: Wird es ihnen zu leicht gemacht, verlieren sie schon einmal das Interesse. Sie lieben es, um das »Objekt ihrer Begierde« zu kämpfen, leicht abwimmeln lassen sie sich dabei nicht. Treffen sie auf einen ebenbürtigen Partner, wird es erst richtig interessant für die Macher. Denn haben sie sich einmal ein Ziel gesetzt, machen sie sich entschlossen und willensstark ans Werk. Ein männlicher Macher bevorzugt eher einen Flirtstil in der klassischen Rollenverteilung: Der Mann erobert die Frau. Die weibliche Macherin bricht aus diesem Rollenklischee hingegen gerne aus und übernimmt selbst die Initiative.

In einer Beziehung fühlen sich Macher am wohlsten, wenn ihr Partner ihnen das Gefühl gibt, die Nummer 1 zu sein. Ist dies nicht so, neigen sie schnell dazu, eifersüchtig zu werden. Macher sind meist fürsorglich im Sinne von beschützend und großzügig. Gleichzeitig möchten sie die Fäden in der Hand halten und Entscheidungen frei treffen können. Sie wollen beispielsweise bestimmen, wohin der gemeinsame Urlaub geht und welche Möbel für die Wohnung gekauft werden. Routinearbeit und »Kleinkram« machen sie in der Regel ungeduldig und unzufrieden. Diese überlassen sie gerne dem Partner. Sexuell sind sie meist leidenschaftlich und direkt und lieben auch mal Machtspiele im Bett.

Gefühle zu zeigen fällt Machern meist schwer. Ihre Zuneigung drücken sie eher über Geschenke oder besondere Einladungen aus. Ärger und Kritik können sie hingegen offen und ohne Probleme ausdrücken. Manchmal vielleicht sogar etwas zu direkt, so dass sie in einem Streit sehr verletzend wirken können.

Macher neigen dazu, viel zu arbeiten. Die eigene Gesundheit und zwischenmenschliche Kontakte bleiben dabei häufig außen vor. Von anderen werden Macher deshalb immer wieder für kühl, schroff und arrogant gehalten. Außerdem tendieren sie dazu, wenig mitfühlend, anspruchsvoll und kritisch zu sein, vor allem wenn ihren Maßstäben nicht Genüge getan wird.

Der Macher im Überblick

- In Deutschland ist die Ausprägung »Macher« bei rund 42 Prozent der Männer und 19 Prozent der Frauen in der Persönlichkeit dominierend.

- Hauptmotive: Leistung, Wettkampf, Status, Macht, Unabhängigkeit
- Handeln: ergebnisorientiertes Agieren
- Werbeverhalten: entschlossen und willensstark
- Partnerschaft: beschützend und großzügig
- Stärke: Zielkonzentration und Durchhaltevermögen
- Entwicklungsfeld: Ungeduld und Kritikunfähigkeit

Tipp für die Liebe: Ziehen Sie nicht nur »Ihr Ding« durch, sondern seien Sie achtsam für die Gefühle und Bedürfnisse Ihres Partners.

Denker ordnen und strukturieren durch Nachdenken

Auch der Typ der Denker ist hierzulande größtenteils männlich. Die beiden Präferenzen *reaktiv* und *Objektbezug* sorgen dafür, dass Denker genau, vorsichtig und diszipliniert sind. Im Flirtverhalten zeigt sich dies in ihrer Zurückhaltung. Sie überlassen lieber anderen die Initiative. Männliche Denker brauchen viele positive Flirtsignale einer Frau, bis sie aktiv werden. Dabei sind sie stets höflich und wahren eine gewisse Distanz. Der nonverbale Tanz der Partnerwahl ist nicht wirklich ihr Metier, sie tun sich eher schwer damit, Zuneigung oder gar sexuelles Interesse körpersprachlich auszudrücken. Von anderen werden Denker deshalb oft als schwer zugänglich und kühl angesehen.

Da über Gefühle zu sprechen nicht die Stärke der Denker ist, drücken sie in einer Beziehung ihre Liebe eher über Taten und Zuverlässigkeit aus. Haben sie sich erst einmal für einen Partner entschieden, sind sie sehr verlässlich und treu. Überraschungen mögen sie gar nicht, dagegen sind Zahlen sowie objektive Fakten und Daten für Denker bei Entscheidungen von großer Bedeutung. Bevor sie sich entscheiden, wägen sie nach Möglichkeit alle vorhandenen Informationen gründlich ab, und selbst der Urlaub wird akribisch bis ins kleinste Detail durchgeplant. Zu Hause lieben sie strukturierte Ordnung und Sauberkeit. Ihr Wunsch nach Kontrolle zeigt sich auch beim Sex. Dort sind sie eher die stillen Genießer. Laute Geräusche werden Sie bei Denkern selten hören.

Mit ihren ausgeprägten analytischen Fähigkeiten lieben Denker in ihrem Beruf und in ihrer Freizeit Tätigkeiten, bei denen ein hohes Maß an Genauigkeit und Detailwissen gefordert ist. Solche Aufgaben erledigen sie gewissenhaft. Als objektive Denker sind sie stets auf der Suche nach der »richtigen Antwort«, was zur Folge hat, dass sie anderen Menschen – vor allem denen, die sie nicht gut kennen – misstrauisch gegenübertreten.

Der Denker im Überblick

- In Deutschland ist die Ausprägung »Denker« bei rund 27 Prozent der Männer und 13 Prozent der Frauen in der Persönlichkeit dominierend.
- Hauptmotive: Ordnung, Wissen, Qualität, Logik, Sicherheit
- Handeln: ordnendes Reflektieren
- Werbeverhalten: zurückhaltend und höflich
- Partnerschaft: verlässlich und treu
- Stärke: analytisches Denken
- Entwicklungsfeld: Detailverliebtheit, wenig Empathie

Tipp für die Liebe: Lernen Sie, über Gefühle zu sprechen, Ihre eigenen und die Ihres Partners.

Bewahrer nähern sich beobachtend an

Bei Bewahrern kombinieren sich die beiden Präferenzen *reaktiv* und *Personenbezug*. Diese Ausprägung der Persönlichkeit findet sich häufiger bei Frauen als bei Männern. Bewahrer sind einfühlsame und beständige Menschen, die im Kontakt mit anderen nach Harmonie suchen. Durch ihre eher zurückhaltende Art wirken Bewahrer auch beim Flirten ruhig und bescheiden. Sie lassen sich gerne erobern. Ihr Werbeverhalten ist darauf ausgerichtet, dass sie eine emotionale Verbindung zu der anderen Person herstellen. Bewahrer zeigen viel Interesse an ihrem Gegenüber und können nach einer gewissen Anlaufphase, die sie brauchen, um mit jemandem warm zu werden, ihre Herzlichkeit voll zeigen.

Bewahrer lieben eine beständige Partnerschaft, in der Treue und Loyalität elementare Werte für sie darstellen. Sie wünschen sich Harmonie auf der ganzen Linie und sind sehr sensibel für Störungen. Sie neigen dazu, Konflikten aus dem Weg zu gehen und sich zurückzuziehen, wenn es kriselt. Die Bewahrer haben ein starkes Bedürfnis nach Routine. Dies ist auch daran zu merken, dass sie, wenn sie überhaupt verreisen möchten, gerne den gleichen Urlaubsort bevorzugen. Mit Veränderungen tun sie sich im Allgemeinen schwer und möchten daher das Bestehende bewahren. Ihre absolute Stärke ist ihr Einfühlungsvermögen. Dies zeigt sich auch in ihrem Sexualleben: Das Wohl des Partners ist meist wichtiger als das eigene. Bewahrer brauchen viel Streicheleinheiten, um sich geborgen zu fühlen.

Da Bewahrer nur langsam neue Kontakte schließen, entwickeln sie sowohl privat als auch beruflich meist enge Beziehungen zu Einzelnen oder einer kleinen Gruppe von Menschen. Sie sind sehr hilfsbereit und immer für die Menschen da, die sie mögen.

> **Der Bewahrer im Überblick**
>
> - In Deutschland ist die Ausprägung »Bewahrer« bei rund 30 Prozent der Frauen und 14 Prozent der Männer in der Persönlichkeit dominierend.
> - Hauptmotive: Stabilität, emotionale Ruhe, Familie, Geborgenheit, Vertrauen
> - Handeln: beobachtendes Annähern
> - Werbeverhalten: ruhig und bescheiden
> - Partnerschaft: treu und harmonisch
> - Stärke: Empathie
> - Entwicklungsfeld: Durchsetzungsschwäche
>
> **Tipp für die Liebe:** Lernen Sie, auf Ihre Bedürfnisse zu achten und diese anderen mitzuteilen.

Entertainer interagieren mit anderen Menschen

Die Kombination der beiden Präferenzen *proaktiv* und *Personenbezug* sorgt dafür, dass Entertainer extrovertiert und gesellig sind. Mit 38 Prozent sind vor allem Frauen die geborenen Entertainer. Man könnte meinen, die Kunst des Flirtens haben sie mit der Muttermilch aufgesogt, denn sie verzaubern andere geradezu durch ihren Humor und ihre offene Art. Flirten ist für sie vor allem mit Spaß verbunden und deutet nur selten auf ein tieferes oder gar romantisches Interesse hin. Deswegen kann es schwer sein, ernsthaftes Interesse von natürlicher Offenheit ohne ernsthafte Absichten zu unterscheiden.

Entertainer lassen sich meist schnell auf eine Partnerschaft ein, sind aber genauso schnell wieder weg. Sie brauchen viel Zuneigung und Anerkennung, um sich wohl zu fühlen. Darüber hinaus ist ihnen in einer Beziehung Freiraum wichtig, um ihre Neugier und Kreativität auszuleben. Pünktlichkeit und Zuverlässigkeit gehören nicht zu ihren Stärken, ständige gute Laune und unerschütterlicher Optimismus hingegen sehr. Und eines ist sicher: Mit einem Entertainer an der Seite ist es immer abwechslungsreich. Dies gilt auch für das Sexualleben, das spontan und kreativ ist.

Optimistisch, wie sie sind, neigen Entertainer häufig zur Fehleinschätzung ihrer eigenen Fähigkeiten und denen der anderen. Sie sehen das Gute in jeder Person und Situation und ziehen oft voreilig positive Schlüsse, ohne alle nötigen Informationen gesammelt zu haben. Aufgrund ihrer vielen Ideen und ihrer Kreativität erscheinen sie anderen oft als unbeständig.

Der Entertainer im Überblick

- In Deutschland ist die Ausprägung »Entertainer« bei rund 38 Prozent der Frauen und 17 Prozent der Männer in der Persönlichkeit dominierend.
- Hauptmotive: Neugier, Abwechslung, Kreativität, Leichtigkeit, Anerkennung
- Handeln: personenbezogenes Interagieren
- Werbeverhalten: charmant und humorvoll
- Partnerschaft: abwechslungsreich und kreativ
- Stärke: Optimismus und Flexibilität
- Entwicklungsfeld: verspricht zu viel, sprunghaft

Tipp für die Liebe: Lernen Sie, verlässlicher zu sein.

> **Übung: So merken Sie sich die Grundausprägungen**
>
> Damit Sie sich die vier Grundausprägungen der Persönlichkeit möglichst gut merken und mit Leben füllen können, suchen Sie sich jetzt bitte gedanklich jeweils einen Menschen als typisches Beispiel für jede der Ausprägungen. Ist Ihr Chef vielleicht ein typischer Macher? Und jemand in Ihrem Freundeskreis ein Denker? Wer ist ein klassischer Bewahrer und wer der Entertainer schlechthin?

So verrät die Mimik, wie Ihr Gegenüber »tickt«

Jetzt wissen Sie, wie die vier Grundausprägungen der Persönlichkeit aussehen. Die entscheidende Frage lautet nun: Wie erkennen Sie schnell und treffsicher in einem Gespräch, welches Persönlichkeitsfeld bei Ihrem Gegenüber am stärksten ausgeprägt ist? Sie können ja schlecht sagen: »Ich habe hier einen Test, würden Sie so nett sein und den mal kurz ausfüllen? Geht auch ganz schnell.« Was Ihnen bei einer ersten Einschätzung helfen kann, ist, das Flirtverhalten abzugleichen. Sie wissen ja jetzt, wie sich die einzelnen Typen klassischerweise beim Flirten verhalten. Den zweiten Hinweis gibt Ihnen die Beobachtung der nonverbalen und emotionalen Baseline: Welche Emotionen und welche Mimik zeigt die Person am häufigsten, vor allem gegenüber anderen? Unsere Persönlichkeit beeinflusst nämlich, wie und wie häufig wir bestimmte Gefühle ausdrücken. Warum das so ist, schauen wir uns jetzt genauer an.

»Ein richtiger Mann heult nicht!« Oder etwa doch?

Eine kurze Frage an die männlichen Leser: Wenn Sie im Kino eine romantische Schnulze gucken und in der Schlussszene merken, dass Ihnen die Tränen kommen, was machen Sie dann? Sagen Sie sich: »Egal, Schleusen auf und Wasser marsch!«, oder eher: »Ein richtiger Mann heult nicht, jetzt reiß dich zusammen!«?

Jeder Mensch geht anders mit seinen Gefühlen um. Sprüche aus unserer Kindheit wie »Zieh nicht immer so ein Gesicht«, »Du sollst freundlich gucken« oder »Ein Indianer kennt keinen Schmerz« können ihre Spuren hinterlassen. Einmal verinnerlicht, beeinflussen sie auch im Erwachsenenalter die Art und Weise, wie wir unsere Gefühle nach außen zeigen. Denn vor allem in jungen Jahren ist unser Gehirn besonders empfänglich und saugt Umwelteinflüsse auf wie ein Schwamm. Dabei wirken die Aussagen, die wir von wichtigen Bezugspersonen wie unseren Eltern hören, sowie das Verhalten, das wir bei ihnen beobachten. Uns geht es hier nicht darum, die unterschiedlichen Arten zu bewerten. Spannend ist für uns, was bestimmte Muster über die Persönlichkeitsstruktur eines Menschen verraten. Dabei beeinflusst auch unser Geschlecht, wie und welche Gefühle wir hauptsächlich ausdrücken.

Wie Männer und Frauen Gefühle zeigen

Es gibt geschlechtsspezifische Tendenzen im Emotionsausdruck. Während Männer eher angriffslustige Emotionen wie Ärger und Verachtung zeigen, haben Frauen die Tendenz, eher defensive Gefühle wie Trauer und Angst auszudrücken. Verglichen mit Männern weinen Frauen häufiger.

Die Standard-Studie dazu, wie Menschen den Ausdruck ihrer Emotionen regulieren, wurde von Paul Ekman und seinem Kollegen Wallace Friesen Anfang der 1970er Jahre durchgeführt. Sie zeigten Amerikanern und Japanern Filme mit stressigem Inhalt – zum Beispiel über Unfälle – und filmten deren Gesichtsausdrücke. Dabei gab es zwei unterschiedliche Settings: In einem schaute sich die Person den Film allein an, im anderen Setting war der Versuchsleiter anwesend. Wenn der Versuchsleiter mit im Raum war, trat bei den japanischen Probanden ein überraschendes Phänomen auf: Statt Ekel oder Angst offen zu zeigen, lächelten viele. In der anschließenden Videoanalyse entdeckten Ekman und Friesen allerdings schnelle Mikroexpressionen, die vor dem Lächeln kurz über das Gesicht der japanischen Versuchsteilnehmer huschten und die wahren Emotionen hinter der »Lächel-Maske« enthüllten. In Anwesenheit des Versuchsleiters versuchten die japanischen Versuchsteilnehmer also negative Emotionen zu verstecken, und das wesentlich häufiger, als dies die amerikanischen Probanden taten.

Die Begründung für dieses Phänomen liegt im kulturellen Hintergrund der Versuchsteilnehmer: In Kulturen wie der asiatischen, wo das Wohlbefinden der Gruppe als wichtiger gilt als das des Einzelnen, werden unangenehme Emotionen wie Ärger oder Ekel im Ausdruck eher unterdrückt. Man spricht in diesem Zusammenhang von den sogenannten sozialen Darstellungsregeln, die unseren Emotionsausdruck in zwischenmenschlichen Situationen regulieren. Schauen wir uns die fünf wichtigsten anhand unserer Kino-Szene an. Was machen Sie, wenn der Film Sie zu Tränen rührt? Sie könnten einfach losheulen, also ungefiltert zeigen, dass Sie der Film berührt. Wenn Sie hingegen Ihre Gefühle unterdrücken wollen, ist die Frage, wie intensiv Sie dies tun: Vielleicht versuchen Sie lediglich Ihre Ergriffenheit nicht ganz so stark zu zeigen. In diesem Fall schwächen Sie Ihre Emotion im

Ausdruck ab, so dass sie weniger stark aussieht, als sie eigentlich empfunden wird. Von Neutralisieren sprechen wir, wenn Sie jegliche Tränen unterdrücken und sich gar nichts anmerken lassen. Und dann gibt es noch das Maskieren: Sobald Sie spüren, dass Ihnen die Tränen kommen, verstecken Sie diese gezielt hinter einem »Oh Gott, ist das kitschig«-Gesichtsausdruck. Aber vielleicht denken Sie sich auch: »Ich zeige mich jetzt mal von meiner weichen Seite«, und drücken sich noch ein paar extra Tränen raus. Mit diesem Verhalten würden Sie Ihre ursprüngliche Emotion verstärken.

Meine Erfahrung hat mir gezeigt, dass wir die sozialen Darstellungsregeln zwar alle mehr oder weniger in unserem Alltag einsetzen, es aber je nach Persönlichkeitsausprägung Schwerpunkte und spezifische Tendenzen gibt. Wie diese aussehen, schauen wir uns jetzt genauer an.

Die vier Mimik-Typen

Je nach Ausprägung unserer Persönlichkeit zeigen wir bestimmte Emotionen häufiger, und andere schwächen wir eher ab oder maskieren sie. So ergeben sich aus der Kombination der Darstellungsregeln und der vier Ausprägungen vier Mimik-Typen, auf die Sie in der Praxis achten können. Wenn Sie die Mimik und Körpersprache Ihres Gegenübers aufmerksam wahrnehmen, erfahren Sie deshalb nicht nur mehr über dessen Gefühle, sondern Sie erkennen auch, welcher Grundtyp in der Persönlichkeit dominiert. Dieses Wissen ist nicht nur hilfreich, um zu sehen, wie Ihr Gegenüber »tickt«, sondern auch, um zu erfahren, welcher Mimik-Typ bei Ihnen selbst vorherrscht. So können Sie besser einschätzen, wie Sie auf andere wirken, um Ihr Flirtverhalten zu optimieren.

Die einschüchternde Mimik des Machers

Die kämpferische Energie der Macher lässt sich in der Ausdrucksregel »Sei offensiv und zeige deine Überlegenheit« zusammenfassen. Dementsprechend zeigen sie gehäuft offensive Emotionen wie Ärger und Verachtung oder demonstrieren durch ein »Pokerface« ihre Überlegenheit. Nehmen wir Nina und Jan als Beispiel: Sie sitzen bei einer Vorlesung nebeneinander und haben sich vorher noch nie gesehen. Als sich ihre Blicke treffen, funkt es sofort. Doch Jan lässt sich nichts anmerken. Bis auf die leicht zusammengezogenen Augenbrauen, die seinen Blick ernst wirken lassen, verzieht er kaum eine Miene. Da Nina die Ausdrucksregel des »Machers« nicht kennt, ist sie verunsichert und unternimmt keinen weiteren Flirtversuch. Dass der ernste Gesichtsausdruck lediglich Jans Versuch ist, seine Unsicherheit zu verstecken, ahnt sie nicht. Dieses Verhalten ist typisch für Macher: Defensive Emotionszeichen (in diesem Fall Angst) schwächen sie ab, neutralisieren sie oder maskieren sie durch Ärger oder einen ernsten Gesichtsausdruck. Auch in der Gestik kommt die Ausdrucksregel der Macher zur Geltung: Sie ist gekennzeichnet durch eher harte und zackige Bewegungen sowie Anzeichen von Ungeduld, wie mit den Fingern auf den Tisch klopfen oder mit den Füßen wippen. Diese Energie ist ebenso in der Stimme erkennbar, sie ist meist fest, laut und klar.

Der Mimik-Flirt-Tipp für Macher

Als Macher neigen Sie zu »Imponiergehabe« und nonverbalen Dominanzsignalen. Wenn Sie diese etwas runterschrauben und mehr lächeln, statt ein Pokerface zu zeigen, wirken Sie freundlicher und offen. Achten Sie vor allem bei Blickkontakt darauf, dass Sie den anderen nicht niederstarren, sondern ein freundliches Gesicht machen. So trauen sich andere eher, in Kontakt mit Ihnen zu gehen.

Die distanzierende Mimik des Denkers

Als Alina in einer Buchhandlung Tim entdeckt, findet sie ihn auf Anhieb attraktiv. Leider ist er so vertieft in ein Buch, dass er sie nicht bemerkt. Schließlich gibt Alina sich einen Ruck und spricht ihn an: »Entschuldigung, weißt du vielleicht, wo die Krimis liegen?« Widerwillig, mit leicht hochgezogener Oberlippe blickt Tim aus seinem Buch auf. Als er Alina ansieht, huscht zwar kurz ein Ausdruck von Überraschung über sein Gesicht, doch den sieht sie vor lauter Schreck über seine erste Reaktion schon gar nicht mehr. Dann fragt er mit starrer Miene und monotoner Stimme: »Was suchst du denn genau?« Alina antwortet: »Das neue Buch von Sebastian Fitzek.« »Ähm …, das ist eigentlich kein Kriminalroman, sondern ein Psychothriller. Es liegt da drüben«, erwidert Tim und zeigt auf ein Regal. »Danke«, sagt Alina und dreht sich enttäuscht um.

Tims Reaktion ist typisch für den Emotionsausdruck des nach innen gekehrten Denkers. Dieser folgt der Ausdrucksregel: »Sei kontrolliert und wahre den Abstand«, was sich im Gesicht anhand der sogenannten »Null-Mimik« (ein eher starrer und unbeweglicher Gesichtsausdruck) sowie einer Mischung aus Aversion (Ekel) und Angst zeigt. Nicht nur die Mimik, auch die eingeschränkte Gestik wirkt distanziert und kühl. Die Stimme ist eher monoton, ruhig und kontrolliert. Die starke Orientierung auf das Denken ist in längeren Sprechpausen und Füllwörtern (»Ähm«) erkennbar.

Der Mimik-Flirt-Tipp für Denker

Als nach innen gekehrter Denker ist das Zeigen von Gefühlen sowie die Kontaktaufnahme zu anderen Menschen nicht Ihre Stärke. Üben Sie, freundlich Blickkontakt zu anderen Menschen aufzunehmen. Achten Sie in Gesprächen nicht nur auf Worte, sondern auch auf die Gefühle zwischen den Zeilen, und seien Sie dabei nicht zu kritisch. Wir unterhalten uns besonders gerne mit Menschen, die unsere Meinung teilen, und weniger mit denen, die alles hinterfragen und uns auf unsere Widersprüche und Fehler hinweisen.

Die freundliche Mimik des Bewahrers

Die Mimik der nach Harmonie strebenden Bewahrer folgt dem Satz »Sei freundlich und vermeide Konflikte«. Insofern zeigen Bewahrer im Kontakt mit anderen gehäuft ein soziales Lächeln und eher defensive Emotionen wie Angst und Trauer. Die häufig vorhandene Unsicherheit im Kontakt mit fremden Personen kann die Mimik aber auch sehr einschränken, was wiederum verhindert, dass sich andere überhaupt nähern.

Schauen wir uns das anhand eines Beispiels an: Theo sieht Nele fast jeden Morgen auf dem Weg ins Büro in der S-Bahn. Ein paar Wochen lang versucht er vergeblich, Blickkontakt zu ihr aufzunehmen. Er ist sich nicht einmal sicher, ob sie seine Blicke überhaupt bemerkt, denn die meiste Zeit guckt sie schüchtern auf den Boden oder liest in einem Buch. Große Chancen rechnet sich Theo nicht mehr aus, doch dann lächelt ihn Nele eines Morgens kurz an. Die Chance lässt er sich nicht entgehen. »Hi, ich bin Theo«, sagt er. »Ich heiße Nele«, antwortet sie mit einem verlegenen Lächeln. Theo fragt, welches Buch sie gerade liest, es entwickelt sich ein Gespräch. Es überrascht ihn, dass Nele plötzlich so aufgeschlossen wirkt, sie nickt und lächelt viel, während sie ihm zuhört. Theo sollte nun die Ausdrucksregel des Bewahrers berücksichtigen: Bewahrer wirken meist freundlich, was sich zwar angenehm anfühlt, aber in diesem Fall nicht bedeuten muss, dass Nele ihm mehr zugetan ist als zum Beispiel eine weibliche Macherin, die jetzt eher ein Pokerface zeigen würde. Es lohnt sich daher, aufmerksam für Signale von Ärger und Ablehnung zu sein, denn diese werden häufig abgeschwächt oder hinter einem sozialen Lächeln versteckt. Auch die Gestik des Bewahrers kann täuschen: Sie ist zwar (genau wie die des Denkers) reduziert, wirkt aber durch die weicheren Bewegungen warm und herzlich.

Der Mimik-Flirt-Tipp für Bewahrer

Als Bewahrer haben Sie grundsätzlich eine freundliche Ausstrahlung. Das größte Hindernis beim Flirten ist für Sie wahrscheinlich die Angst vor Zurückweisung. Diese kann, wenn Sie jemanden noch nicht so gut kennen, Ihre sonst positive Mimik sehr einschränken. Nutzen Sie die Butterfly-Technik, um übermäßige Ängste abzubauen (vgl. Seite 103). So kommt schon in den ersten Augenblicken einer Begegnung Ihre Herzlichkeit beim anderen an.

Die heitere Mimik des Entertainers

Amelie ist gern unter Menschen und liebt Partys. Auf der Geburtstagsfeier einer Freundin lernt sie Niko kennen. Die beiden verstehen sich auf Anhieb, es knistert geradezu. Amelies fröhliche Energie, typisch für Entertainer, spiegelt sich auch in ihrer Ausdrucksregel: »Sei heiter und aufmunternd.« Dementsprechend sieht man in Amelies Mimik viel echt erlebte Freude – zu Nikos Ärger aber leider nicht nur in seine Richtung. Amelie scheint Gott und die Welt zu kennen, alle paar Minuten begrüßt sie jemanden mit einem Küsschen und einer überschwänglichen Umarmung. Durch die Vielzahl an Gesten, mit denen sie gekonnt ihre Worte unterstreicht, wirkt sie offen, locker und ausdrucksstark. Das gilt auch für Amelies Stimme. Sie spricht eher laut und schnell, ihr Tonfall ist freudig und der Rhythmus eher weich und melodisch. Im Laufe des Abends wird Niko immer unsicherer, ob Amelie ihn überhaupt attraktiv findet. Denn in den Genuss des flirtenden Blicks, den sie ihm immer wieder zuwirft, kommen auch andere anwesende Männer.

Der Mimik-Flirt-Tipp für Entertainer

Flirten ist Ihnen in die Wiege gelegt, Sie sind ein Naturtalent! Nur achten Sie darauf, dass Sie nicht vor den Augen Ihres Angebeteten mit Gott und der Welt flirten – das ist, wie mehrere Umfragen gezeigt haben, eines der absoluten No-gos beim Liebeswerben. Und: Lassen Sie in einer Unterhaltung auch den anderen zu Wort kommen.

9. Wie Sie Ihre Beziehung vor dem Scheitern bewahren

April, 2014. Ich befinde mich in einer spanischen Tapas-Bar an der Costa Blanca. Ich bin hier, um Flirtsituationen zu beobachten und ein paar Forschungsergebnisse mit der Praxis abzugleichen. Das Praktische ist: Da ich kein Spanisch kann, verstehe ich kein Wort von dem, was an den Nebentischen gesprochen wird. So kann ich mich voll auf das Nonverbale konzentrieren. Und falls ich doch mal etwas verstehen muss, hilft mir Dominik, ein Freund, der seit langer Zeit hier lebt und deshalb fließend Spanisch spricht. Wir haben riesengroßes Glück an diesem Abend, denn wir müssen nicht lange warten: An zwei Tischen in circa drei Metern Entfernung bahnt sich etwas an. Dort sitzen ein Mann und eine Frau, die ich Javier und Maria nenne. Noch sitzen sie allein an unterschiedlichen Tischen, aber das dürfte nicht mehr lange so bleiben, denn sie haben bemerkenswert oft Blickkontakt. Maria lächelt Javier immer wieder an, um dann anschließend verlegen nach unten zu gucken. Javier steht schließlich auf und geht auf Maria zu. Leider tritt genau in diesem Moment die Kellnerin an unseren Tisch. Als der Blick wieder frei ist, sitzt Javier mit seinem Getränk schon bei Maria, und was dann folgt, ist ein Paradebeispiel für die nonverbale Kunst des Liebeswerbens: Maria zeigt in den nächsten 20 Minuten sechsmal die typische Flirtmimik – die Mischung aus Freude und Verlegenheit, bei der die Ambivalenz zwischen Zu- und Abwendung durch das Wegdrehen des Kopfs bei gleichzeitigem Blickkontakt so schön deutlich ist. In Javiers Mimik dominiert der Ausdruck echter Freude. Die Blinzelrate ist bei beiden deutlich erhöht, und sie zeigen eine eindeutige Zunahme an Beruhigungsgesten. Maria streichelt sich beim Zuhören fast ununterbrochen den Arm, Javier kratzt sich auffällig oft am Kinn. Dann bringt die Kellnerin mehrere Tellerchen mit Tapas für die beiden. Die Art und Weise, wie die beiden essen und trinken, erinnert fast an die gleichförmigen Bewegungen von Synchronschwimmern. Der Chamäleon-Effekt zeigt sich also auch schon unverkennbar. »Na«, denke ich, »gleich müsste Phase 4 einsetzen und es zur ersten Berührung kommen.« Es dauert zwar noch fünf Minuten, aber dann nimmt Javier ein Stück Tapas auf eine Gabel. Ich kann zwar nicht identifizieren, was er da auf der Gabel hat, aber Dominik klärt mich auf: getrockneten Tintenfisch oder, wie die Spanier sagen, *pulpo seco*. »Hier probier mal, der ist lecker«, sagt Javier und hält Maria die Gabel hin. Sie pflückt den Tintenfisch mit den Lippen von der Gabel und dann, ich glaube meinen Augen kaum, zuckt ihre Oberlippe für ungefähr (mental gestoppte) 150 Millisekunden hoch. Dann lächelt sie höflich, also ohne Beteiligung des äußeren Augenringmuskels, und erwidert etwas. »Was hat sie gesagt?«, flüstere ich Dominik zu. »Dass es ihr schmeckt«, antwortet er. Javier scheint nicht zu merken, dass Maria ihn gerade angeflunkert hat. »Da hat er aber Glück, es ging ja nur um den Tintenfisch«, denke ich, »wenn sich diese Ekel-Expression auf Javier bezogen hätte, hätte ihr Date ein abruptes Ende genommen.« Denn Ekel spielt, wie wir gleich sehen werden, in Beziehungen eine ganz besondere Rolle. Maria für ihren Fall isst den Rest des Abends keinen Tintenfisch mehr, aber das stört den Verlauf des Dates nicht weiter. Ihre und Javiers Hände gleiten langsam, aber sicher Richtung Tischmitte, bis sie händchenhaltend dasitzen. Bravo: Phase 1 bis 4 in 2,5 Stunden. Das ist rekordverdächtig. Als sie die Tapas-Bar schließlich verlassen, legt Javier seinen Arm um Marias Taille – und ich bin mir ziemlich sicher, dass die beiden heute noch zu Phase 5 übergehen werden.

Die *Bindungsphase* ist die intimste Phase des Liebeswerbens, in der es in der Regel zum Sex kommt. Wir sind verliebt, alles ist rosarot. Und wenn alles gut läuft, lassen wir uns auf eine Beziehung ein. Von nun an gilt es, diese zu pflegen und zu festigen. In diesem Kapitel wollen wir uns zunächst anschauen, woran Sie erkennen können, dass Ihre Beziehung in Gefahr ist, und wie Sie eine Partnerschaft vor dem Scheitern bewahren. Im nächsten Kapitel lernen Sie dann drei konkrete »Frischhalte-Tipps« für die Liebe. Beide liefern Ihnen Ideen, was Sie konkret für eine glückliche und stabile Partnerschaft tun können.

Auf den Spuren destruktiver Beziehungsmuster

Der amerikanische Psychologe John Gottman hat in mehr als 40 Jahren über 3000 Paare analysiert, um herauszufinden, was eine Partnerschaft glücklich macht und wie sich andererseits vorhersagen lässt, dass sich eine Beziehung dem Ende nähert. Das häufigste Experiment, das er bei seinen Untersuchungen durchgeführt hat, ist das Konfliktgespräch. Dabei lässt er ein Paar 15 Minuten lang eine Unterhaltung über ein Thema führen, in dem sich die beiden nicht einig sind. An den Versuchsaufbau müssen sich die meisten erst einmal gewöhnen: Auf jedes Gesicht ist eine Kamera gerichtet, so dass alles auf Video aufgezeichnet wird und Gottman über einen Split-Screen die Mimik von jedem Einzelnen genau analysieren kann. Während des Paargesprächs werden dann von trainierten Beobachtern die Mimik sowie die anderen relevanten nonverbalen und verbalen Signale ausgewertet. Der Aufwand lohnt sich: Mit seinen Berechnungen gelingt es Gottman, nach solch einem 15-minütigen Gespräch mit 95-prozentiger Wahrscheinlichkeit vorauszusagen, ob das Paar in 15 Jahren noch verheiratet sein wird oder nicht. Und es hat sich herauskristallisiert, dass eine Emotion besonders zerstörerisch auf das Beziehungsglück wirkt. Vor allem, wenn sie in einer Partnerschaft wiederholt auftritt.

Der Pulpo-Seco-Effekt

Bevor wir uns diese Emotion näher ansehen, lassen Sie uns ein kleines Quiz machen. Schauen wir uns dafür exemplarische Dialoge von zwei Paaren an, die ich so und in abgewandelter Form schon oft mitangehört habe.

Paar 1:
Mia: Du hast heute Morgen mal wieder die Zahnpastatube offen gelassen. *(leicht genervt)*
Ben: Ich finde es nicht okay, in welchem Ton du gerade mit mir sprichst. *(verärgert)*
Mia: Es nervt mich, dass du heute Morgen die Zahnpastatube offen gelassen hast, obwohl wir schon ein paarmal darüber gesprochen haben. *(etwas ruhiger)*
Ben: Sprich nicht mit mir, als wäre ich ein Kind. *(jetzt sehr verärgert)*
Mia: Mich macht das echt traurig, dass wir uns wegen einer Zahnpastatube so streiten. *(traurig)*
Ben: Mich auch. *(verärgert)*

Paar 2:
Emma: Du hast heute Morgen wie immer die Zahnpastatube offen gelassen. *(leicht genervt)*
Tom: Das habe ich nur gemacht, weil du mich morgens immer so hetzt und ins Bad willst. *(vorwurfsvoll)*
Emma: Na, sicher doch! *(mit sarkastischem Unterton)*

Tom: Na, sicher doch! *(äfft Emma nach)*
Emma: Du lässt die Zahnpastatube doch absichtlich offen, weil du weißt, dass mich das ärgert. *(verärgert)*
Tom: Jetzt geht das schon wieder los! *(rollt die Augen)*

Mal aus dem Bauch heraus: Was schätzen Sie, welches der beiden Paare ist einer Trennung näher? Bevor ich das Rätsel lüfte, geben ich Ihnen noch ein paar Bewertungskriterien an die Hand.

Laut Gottman ist Verachtung die Emotion, die sich am destruktivsten auf Stabilität und Glück einer Beziehung auswirkt. Langsam, zunächst unbemerkt, aber unaufhaltsam geht sie an ihr zerstörerisches Werk und ist insofern vergleichbar mit einem besonders unangenehmen Zeitgenossen: der gemeinen Getreidewanze. Ihre nur wenige Millimeter großen Junglarven fressen sich nahezu unbemerkt in ein Getreidekorn hinein und höhlen es von innen aus. Nur eine kleine Einstichstelle im Korn liefert den drohenden Hinweis. Finden Sie den Gedanken an eine Wanze eklig? Dann haben Sie gleich die nächste richtige Assoziation zur Verachtung. Diese ist in ihren emotionalen Ursprüngen nämlich dem Ekel sehr verwandt, was sich auch mimisch äußert. Denn tatsächlich deuten viele Menschen das Hochziehen der Oberlippe, eigentlich einer der beiden prototypischen Gesichtsausdrücke für Ekel, als Verachtung. So ganz falsch liegen sie damit nicht: Wird die Oberlippe nur einseitig hochgezogen, mischt sich in der Tat zum Ekel Verachtung dazu.

Hinzu kommt, dass in einer Beziehung Ekel meistens der Verachtung vorausgeht oder sie begleitet. Zu Beginn missfällt uns beispielsweise eine Verhaltensweise des anderen nur, und wir zeigen mimische Reaktionen, die bei Ekel auftreten. Nach und nach blicken wir dann verächtlich und von oben auf diese Gewohnheiten und unseren Partner herab. In Anlehnung an Marias Reaktion auf den getrockneten Tintenfisch spreche ich deshalb vom

Einseitiges Hochziehen der Oberlippe – eine Mischung aus Ekel und Verachtung

Pulpo-Seco-Effekt. Damit meine ich das Auftreten von Ekel und/oder Verachtung in einer Liebesbeziehung. Da der Pulpo-Seco-Effekt sich nicht nur gegen ein Essen richtet, das man nicht mag, sondern gegen den Partner, wirkt er sich verheerend auf die Paarbeziehung aus. Die Liebenden entfernen sich emotional und schließlich auch körperlich voneinander. Schritt für Schritt wird das Beziehungsglück ausgehöhlt und die Stabilität der Partnerschaft ins Wanken gebracht. Faszinierend ist, dass Ärger im Gegensatz zu Verachtung und Ekel kein Vorhersagefaktor für die Unzufriedenheit und das Auseinanderbrechen einer Beziehung ist, wie Gottman außerdem nachweisen konnte.

Das liegt vermutlich daran, dass uns Ekel und Verachtung (im Gegensatz zu Ärger) auf Distanz zu einer Person bringen. Bei Ekel treten wir sinnbildlich gesprochen einen Schritt zurück – wir gehen auf horizontaler Ebene auf Distanz. Bei Verachtung tun wir dies auf vertikaler Ebene: Wir stellen uns über die Person, fühlen uns überlegen und gucken von oben herab, ohne den anderen zu respektieren. Da eine funktionierende Beziehung zwischen zwei Menschen aber gegenseitigen Respekt voraussetzt, zerstört Verachtung so die Basis einer Partnerschaft.

Ähnlich destruktiv wirkt sich Verachtung auch auf unsere empathischen Fähigkeiten aus. Eine Forschergruppe rund um die

Der Pulpo-Seco-Effekt treibt eine Partnerschaft auseinander

deutsche Neurowissenschaftlerin Tania Singer zeigte in einer Studie, dass der Pulpo-Seco-Effekt, wie ich ihn nenne, auch Folgen auf unser Einfühlungsvermögen hat. Die Wissenschaftler ließen 32 Versuchspersonen jeweils in Zweier-Teams eine Variante des sogenannten Gefangenendilemmas spielen. Bei diesem Spiel profitieren die Beteiligten voneinander, wenn sie sich kooperativ verhalten: Der Spieler, der beginnt, bekommt zehn Startpunkte und entscheidet, wie viele seiner Punkte er dem anderen Spieler gibt, die danach verdreifacht werden (die Punkte können später in Geld umgewandelt werden). Er weiß, dass danach der andere Spieler an der Reihe ist, und muss darauf vertrauen, dass dieser ihm Punkte zurückgibt. Denn der zweite Spieler kann auch selbst entscheiden, wie viele Punkte – zwischen null und zehn – er dem ersten Spieler zurückschicken möchte, wobei diese ebenfalls verdreifacht werden. Je nachdem, ob ein Spieler große oder kleine Punktzahlen zurückschickt, wird er vom anderen als fair oder unfair wahrgenommen. Nun mischte Singer aber vier professionelle Schauspieler unter die Probanden, die eine egoistische Strategie verfolgen sollten und sich zum Schaden der Spielpartner bereicherten. Da soziale Unfairness kulturübergreifend Ekel und Verachtung auslöst, also den Pulpo-Seco-Effekt aktiviert, wurden die Mitspieler auf diese Weise entweder zum Freund oder zum Feind, also zum »Ekel«. Dann kam der spannende Teil: Während sowohl die fairen als auch die unfairen Mitspieler vor den Augen der Versuchspersonen leichte Stromschläge erhielten, beobachteten Singer und ihre Kollegen via bildgebender Verfahren, was dabei im Gehirn der zuschauenden Probanden ablief. Sahen sie die Bestrafung der fairen Spieler, schlug der Chamäleon-Effekt voll zu: Allein durch den Anblick wurde ihr Schmerzzentrum aktiviert, sie fühlten also mit. Anders hingegen, wenn die unfairen Spieler die Stromschläge erhielten. Während die weiblichen Beobachter immerhin noch etwas Empathie zeigten, sprang bei den männlichen sogar das Belohnungszentrum an, sie freuten sich also, dass der unfaire Spieler »seine gerechte Strafe erhielt«. Daraus können wir schließen, dass Verachtung vor allem bei Männern Mitgefühl mindert oder sogar tötet.

Das bedeutet für Ihre Beziehungen: Verhalten Sie sich unfair gegenüber Ihrem Partner, kommt dieses Verhalten wie ein Boomerang zurück, Verachtung verstärkt sich häufig wechselseitig. Vergegenwärtigen Sie sich doch einmal, wie es sich anfühlt, wenn Ihnen gegenüber jemand Verachtung zeigt und sich nicht einfühlsam verhält. Sie bekommen wahrscheinlich ziemlich schnell den Eindruck, der andere halte sich für besser, und empfinden nun auch selbst Verachtung. So tötet diese Emotion nicht nur die Empathie für den anderen, sondern auch Stück für Stück die positiven Gefühle in einer Partnerschaft.

Verachtung wird im Gegensatz zum »heißen« Ärger als »kalte« Emotion bezeichnet, und tatsächlich erleben wir dieses Gefühl aufgrund der ausbleibenden Ausschüttung von Stresshormonen eher mental als körperlich. Wenn wir jedoch verachtet werden, zeigen sich die destruktiven Folgen umso mehr auf körperlicher Ebene, wie die Studie eines amerikanischen Forscherteams rund um Janice Kiecolt-Glaser ergab: Unser Immunsystem wird dann messbar geschwächt, die Anfälligkeit für Erkältungen und andere Infektionskrankheiten steigt. Bei den weiblichen stärker als bei den männlichen Versuchspersonen.

Verachtung im Licht der Geschlechter

- Männer neigen mehr dazu, Verachtung zu zeigen, als Frauen.
- Verachtung tötet Empathie, bei Männern mehr als bei Frauen.
- Bei der verachteten Person wird das Immunsystem geschwächt. Frauen sind davon stärker betroffen.

Warum sind Frauen für die destruktiven Folgen von Verachtung körperlich empfänglicher als Männer? Eine Erklärung dafür liefert die Forschung. Bis vor wenigen Jahren ging die Wissenschaft davon aus, dass unter Stress unser Einfühlungsvermögen sinkt. Neueste Studien sind nun zu dem Ergebnis gekommen, dass dies nur auf Männer zutrifft. Stress führt bei ihnen zu Verhaltensmustern, die mit einer klassischen Angriffs- oder Fluchtreaktion erklärt werden können: verringerte Empathie und verstärkter Ich-Bezug. Frauen hingegen scheinen, auch wenn sie gestresst sind, weiterhin einfühlsam zu sein, ihre Empathie nahm in der Studie unter Stress sogar zu. Die Kehrseite dieses Vermögens ist, dass Frauen im Konflikt empfänglicher für die destruktiven Emotionen ihrer Partner sind. Liebe Leserinnen, aus diesem Grund sind für Sie die Emotionsmanagement-Übungen wie der Kraft-Ort und die Butterfly-Technik aus dem vierten Kapitel besonders wertvoll, denn sie schützen Sie in einem Konflikt. Aber warum wirkt Stress eigentlich so unterschiedlich auf die Geschlechter? Eine mögliche Begründung dafür sieht die Wissenschaft in der Evolution: Um ihren Stamm vor Feinden zu verteidigen, waren unsere männlichen Vorfahren darauf angewiesen, ihr Einfühlungsvermögen im Kampf (Stress!) ausschalten zu können. Empathisch zu kämpfen wäre auf jeden Fall eine sehr schwierige Angelegenheit. Die Frauen waren hingegen dafür zuständig, die Kinder zu beruhigen und Verletzte zu verpflegen – eine Tätigkeit, für die ein gutes Einfühlungsvermögen sehr hilfreich ist.

Fassen wir also zusammen: Verachtung und Ekel sollten in einer Beziehung stets vor der Tür bleiben. Wie wir Verachtung (Einpressen eines Mundwinkels) und Ekel (Rümpfen der Nase oder Hochziehen der Oberlippe) in der Mimik lesen, haben wir uns bereits angesehen. Darüber hinaus offenbart sich Verachtung häufig auch auf verbaler Ebene, und zwar in drei Wort-»Gewändern«, die wir uns abschließend ansehen wollen:

- Sarkasmus: Zeigt sich häufig, indem in einem Gespräch die Worte des Gegenübers höhnisch kommentiert werden. Beispiele dafür sind Aussagen mit ironischem Unterton wie »Klar!« oder »Na, sicher doch!«.
- Spott: Etwas, das der Gesprächspartner gesagt hat, wird durch übertriebenes Nachäffen seiner Art, etwas zu sagen oder seines emotionalen Zustandes absichtlich ins Lächerliche gezogen.

- Kränkungen: Eine aktive und direkte Form von Verachtung, welche Missachtung gegenüber dem Empfänger durch offen herabsetzende Aussagen deutlich macht. Beispiel: »Du bist ein Idiot!«

Die Vorstufe von Verachtung ist meist Kritik, die sich nach Gottman ebenfalls destruktiv auf eine Beziehung auswirkt. Aber was bedeutet Kritik, und ist sie nicht eigentlich wichtig, um seinen eigenen Standpunkt zu vertreten und eine ehrliche und offene Partnerschaft zu führen? Man muss Kritik hier von der ungefährlichen Beschwerde unterscheiden. Kritik stellt einen Angriff auf den Charakter oder die Persönlichkeit eines Menschen dar. Sie ist zwar im Vergleich zu Verachtung nicht offensichtlich verletzend, aber häufig mit einer Schuldzuweisung verbunden. Sie zielt dabei auf die grundsätzlichen Fähigkeiten und den Wert einer Person ab. Das kann natürlich weh tun. Ungefährlich und für eine Beziehung sogar notwendig ist hingegen die Beschwerde, denn sie bezieht sich auf eine konkrete Verhaltensweise: »Du hast gestern die Zahnpastatube offen gelassen«, lautet die Beschwerde, während, »Du lässt *immer* die Zahnpastatube offen« ein typisches Beispiel für Kritik darstellt. Gerne auch kombi-

---

Lösung des Rätsels (vgl. Seite 230):

Der erste Satz ist in beiden Dialogen fast identisch. Es gibt allerdings einen kleinen, aber wichtigen Unterschied: Das Wörtchen »immer« gibt der Aussage im zweiten Dialog einen kritischen Unterton. Tom antwortet darauf direkt mit Kritik und einer Schuldzuweisung, dann gehen Emma und er zu Verachtung über. In unserem ersten Paardialog finden sich hingegen nur Hinweise auf Ärger und Trauer. Da Verachtung, wie wir gesehen haben, eines der destruktivsten emotionalen Beziehungsmuster ist, lautet die Lösung: Emmas und Toms Beziehung ist in Gefahr.

niert mit einer Schuldzuweisung: »Die Espressomaschine ist nur kaputtgegangen, *weil du die Pads nie rausnimmst.*« Sätze, die mit »du machst immer« oder »du machst nie« beginnen, sind Kritik-Klassiker. Ein weiteres Beispiel: »Es geht immer nur um dich und um deine Bedürfnisse.« Das Fatale an Kritik ist, dass Ihr Gegenüber darauf nicht wirklich reagieren kann, da die Angriffsenergie nicht auf eine konkrete Verhaltensweise gerichtet ist, sondern auf den Charakter der Person.

Wie Sie die Negativspirale vermeiden

Wie kommt es überhaupt dazu, dass ein Paar in die Negativspirale des Pulpo-Seco-Effekts gerät? Basierend auf seinen Paarstudien hat Gottman fünf aufeinanderfolgende Schritte herausgearbeitet, die Beziehungen an den Rand des Abgrunds bringen.

Die fünf Schritte in die Negativspirale

Schritt 1: Bedürfnisse werden übersehen

In einer Beziehung formulieren wir unsere Bedürfnisse und Bitten manchmal in Worten, aber oft auch einfach nur nonverbal. »Früher haben wir mehr gekuschelt« oder »Kannst du morgen die Kinder aus der Schule abholen?« sind offen ausgedrückte Wünsche, die wir in Richtung unseres Partners formulieren. Auch eine Aussage wie: »Ich muss dir unbedingt etwas erzählen, mir ist was echt Tolles passiert!« drückt ein Bedürfnis aus. Doch häufig zeigen sich Bedürfnisse lediglich nonverbal. Neulich machten meine Frau und ich beispielsweise einen gemeinsamen Spaziergang. Als ich zufällig eine Buchhandlung entdeckte, huschte ein kurzer Ausdruck von Freude über mein Gesicht. Meiner Frau entging er natürlich nicht, und sie sagte zu mir:

»Na komm, lass uns reingehen. Ich weiß doch, dass du Bücher liebst.«

Solche Augenblicke nennt Gottman *Schiebetür-Momente*. Wenn unser Partner ein Bedürfnis ausdrückt, haben wir zwei Möglichkeiten: Entweder wir schieben die Tür, die sich gerade geöffnet hat, auf und treten ein, oder wir ziehen sie zu und wenden uns ab. Die Hektik des Alltags bringt es mit sich, dass wir nicht jeden Schiebetür-Moment positiv nutzen können. Das ist völlig normal und passiert auch bei glücklichen Paaren. Geschieht es allerdings zu oft, sind wir enttäuscht und vielleicht auch verärgert und formulieren unsere Bedürfnisse mehr und mehr nur noch auf nonverbaler Ebene. Hatten wir einen schlechten Tag, sprechen wir es vielleicht nicht mehr aus, sondern teilen nur noch durch unsere Mimik und Körpersprache mit: »Bitte sei für mich da!«

Schritt 2: Ausbruch eines Streits

Wenn wir eine Schiebetür zuziehen und sehen, dass der andere zum Beispiel ein enttäuschtes Gesicht macht, können wir die Situation entspannen, indem wir die Gefühle mit einer Resonanzaussage aufgreifen wie: »Du bist enttäuscht, oder?« Damit geben wir dem anderen psychische Luft zum Atmen, und wir vermitteln unserem Partner die wertschätzende Botschaft: »Ich nehme dich und deine Gefühle wahr.« Gehen wir über die verbal oder nonverbal ausgedrückten Bedürfnisse unseres Gegenübers aber ständig hinweg, hinterlässt dies Spuren, und ein Streit ist vorprogrammiert. Gelingt es uns dann nicht, diesen Konflikt erfolgreich zu lösen, bleibt uns dieses Ereignis negativ in Erinnerung und nagt am gegenseitigen Vertrauen. Das Gefühl der Geborgenheit und Verlässlichkeit beginnt zu bröckeln.

Schritt 3: Der Zeigarnik-Effekt beginnt zu wirken

In den 1920er Jahren entdeckte die 21-jährige Psychologie-Studentin Bluma Zeigarnik ein faszinierendes Phänomen. Sie beobachtete die Kellner in einem Wiener Kaffeehaus und war völlig beeindruckt, dass diese auch die kompliziertesten Bestellungen im Kopf behielten, ohne sich irgendetwas zu notieren. Überrascht war Zeigarnik, dass die Kellner die Bestellung sofort wieder vergaßen, nachdem sie diese an den Tisch gebracht hatten. Sie fand heraus, dass wir uns an unerledigte, offene Aufgaben besser erinnern als an abgeschlossene. Dieses Phänomen wird heute in der Psychologie als Zeigarnik-Effekt bezeichnet und wirkt sich auch in Beziehungen aus: Wir erinnern uns an offene Konfliktthemen stärker als an gelöste.

Schritt 4: Destruktive Gefühle vermehren sich

Streiten sich zwei Menschen immer wieder, ohne danach emotional auf einen gemeinsamen Nenner zu kommen, richtet dies langfristig einen verheerenden Schaden an. Durch die unerledigten Konflikte gewinnen destruktive Gefühle wie Verachtung und Ekel die Oberhand in der Partnerschaft.

Schritt 5: Die Verachtung nagt am Beziehungsglück

Dies führt dann schließlich dazu, dass der Pulpo-Seco-Effekt seine ganze Wirkung zeigt und sich zwei Menschen, die einmal glücklich miteinander waren, Stück für Stück voneinander entfernen.

Mit Schiebetür-Momenten in die Positivspirale

Schiebetür-Momente sind Gefahr und Chance zugleich. So wie übersehene oder nicht genutzte Schiebetür-Momente eine Partnerschaft in die Negativspirale katapultieren, können sie – wenn wir sie nutzen – eine positive Beziehungsdynamik in Gang bringen. Vorausgesetzt, wir treten durch die Tür ein und gehen auf die dahinterliegenden Bedürfnisse unseres Partners ein. Schauen wir uns auch dazu ein Beispiel an: Ramona und André sitzen gemütlich mit Freunden bei ihrem Lieblingsitaliener. Nach dem Hauptgang bemerkt sie, dass er immer ruhiger wird und seine Augen schwer werden. Sie weiß, dass er eine arbeitsreiche Woche hinter sich hat. »Wir werden mal langsam bezahlen, ist ja schon ganz schön spät«, sagt Ramona und zaubert damit ein kleines Lächeln der Erleichterung auf Andrés Gesicht.

Natürlich sollten Schiebetür-Momente immer nur unter Wahrung unserer eigenen Bedürfnisse genutzt werden. Sie sollen sich nicht aufgeben und alles für den Partner tun. Ziel ist eine harmonische Balance zwischen eigenen und fremden Bedürfnissen. Wenn wir merken, dass die Bedürfnisse unseres Partners sich gravierend von den eigenen unterscheiden, sollte man sich die Frage stellen, ob es für die Beziehung eine ausreichende gemeinsame Bedürfnis-Basis gibt. Daran merken wir einmal mehr: Gleich und gleich gesellt sich gern.

Zum Abschluss noch ein Tipp: Insbesondere, wenn in der Persönlichkeit Ihres Partners der Bewahrertyp dominiert, sollten Sie auf Inkongruenzen achten. Denn Bewahrer neigen dazu, ihre eigenen Bedürfnisse zugunsten der Bedürfnisse anderer hinten anzustellen.

So entwickeln Sie eine konstruktive Streitkultur

Auch wenn wir viele Schiebetür-Momente positiv nutzen, ist es völlig natürlich, dass es dennoch hin und wieder zu Konflikten innerhalb einer Partnerschaft kommt: Glückliche Paare streiten durchaus, doch sie haben eine konstruktive Streitkultur. Im Folgenden schauen wir uns fünf Grundsätze an, die einer guten Streitkultur zugrunde liegen.

Erster Grundsatz:
Halten Sie einen Streit für etwas Natürliches!
Würden Sie Ihre Partnerschaft als perfekte Einheit oder als eine gemeinsame Reise mit Höhen und Tiefen definieren? Und was glauben Sie, welche Definition trägt mehr dazu bei, dass Sie in einer Beziehung glücklich sind? Mit dieser Frage hat sich ein amerikanisch-kanadisches Forscherteam Anfang 2014 beschäftigt und herausgefunden: Bei Paaren, die sich als perfekte Einheit und »füreinander gemacht« betrachten, fällt die Beziehungszufriedenheit in Konflikten drastisch ab. Paare, die ihre Beziehung hingegen als gemeinsame Reise mit Höhen und Tiefen beschreiben, lassen sich ihr Liebesglück auch durch einen Streit nicht trüben. Da sie einen Streit für etwas Natürliches halten, gehen sie gelassener mit Konflikten um.

Definieren also auch Sie eine Liebesbeziehung als gemeinsamen Weg, der nicht immer einfach ist. So sorgen Sie dafür, dass die Zufriedenheit erhalten bleibt, auch wenn es einmal kracht.

Zweiter Grundsatz:
Konzentrieren Sie sich auf die Beziehungsebene!
Vereinfacht betrachtet, läuft ein Gespräch auf zwei Ebenen ab: auf der Inhaltsebene und auf der nonverbal dominierten Beziehungsebene. Die Inhaltsebene bildet das Was einer Unterhaltung ab, die Beziehungsebene das Wie. Wie wir uns angesehen haben, spielt vor allem beim Liebeswerben das Wie die tragende Rolle. Dieser Grundsatz gilt natürlich auch, wenn wir uns nach einem Flirt in einer Liebesbeziehung befinden. Das soll allerdings nicht bedeuten, dass wir unseren Worten keine Beachtung mehr schenken müssen. Wir haben uns ja bereits angesehen, wie

destruktiv sich Verachtung in den Worten eines Menschen widerspiegeln kann und welche Formulierungen deshalb vermieden werden sollten.

Haben Sie in einem Streit auch schon mal vergessen, worum es inhaltlich überhaupt geht? Das bedeutet, dass die destruktiven Gefühle (Beziehungsebene!) die Oberhand gewonnen haben. Sie sind so bestimmend, dass Worte keine Rolle mehr spielen. Achten Sie deshalb vor allem in Konfliktgesprächen neben den Worten stets auf die Emotionen, die ein Mensch nonverbal ausdrückt. Gehen Sie wertschätzend auf die Gefühle Ihres Gegenübers ein, beispielsweise mit einer Resonanzaussage, und klären Sie die Beziehungsebene, so dass Ihre Worte eine Chance haben, beim anderen anzukommen. Betrachten wir dies an einem Beispiel. Dafür nehmen wir einen der beiden Paardialoge vom Kapitelanfang.

Emma: Du hast heute Morgen wie immer die Zahnpastatube offen gelassen. *(leicht genervt)*
Tom: Du bist darüber verärgert, richtig? *(ruhig)*
Emma: Ja, wir haben darüber ja schon ein paarmal gesprochen! *(wieder ruhiger)*

Wenn Sie die Gefühle Ihres Gesprächspartners mit einer Resonanzaussage wertschätzend aufgreifen, geben Sie der Person psychische Luft zum Atmen. Sie fühlt sich verstanden und gesehen und entspannt sich dadurch in der Regel sofort ein bisschen.

Dritter Grundsatz:
Begegnen Sie sich stets auf Augenhöhe!
Vermeiden Sie den Pulpo-Seco-Effekt. Verhalten Sie sich also nicht verächtlich und herablassend, sondern bleiben Sie in einem Konflikt stets auf Augenhöhe mit Ihrem Partner. Dies gelingt, wenn Sie das Verhalten einer Person von deren Persönlichkeit

entkoppeln und Sie die Botschaft transportieren: Wie du dich verhältst, finde ich nicht okay, aber du als Person bist in Ordnung. Wenn Anna zum Beispiel genervt ist, weil Björn mal wieder die Küche nicht aufgeräumt hat, sollte sie ihn darauf aufmerksam machen und ihn bitten, dies nachzuholen. Was Anna auf keinen Fall sagen sollte: »Björn, du räumst nie die Küche auf, immer bleibt alles an mir hängen. Aber das ist ja kein Wunder bei deiner Erziehung, deine Mutter ist genauso unordentlich wie du!«. Damit greift sie seine Person an und verletzt gezielt seine Gefühle.

Eine weitere Falle, in die viele Paare tappen, ist die *Hitchcock-Falle*. Der Name bezieht sich auf ein gängiges psychologisches Muster in Psychothrillern: Irgendwo auf dem Land steht einsam und verlassen ein altes Haus, in dem ein Familientreffen stattfindet. Alles scheint friedlich, doch plötzlich ertönt ein Schrei. Jemand hat eine Leiche gefunden. Schnell rennt die Person los, um die anderen zu holen. Doch als sie an der Stelle ankommen, ist der Körper verschwunden. Die Reaktion der anderen? Sie glauben dem Entdecker der Leiche nicht, eher kommen Aussagen wie: »Du hast dir das bestimmt nur eingebildet. Uns ist ohnehin schon aufgefallen, dass du sehr überarbeitet aussiehst.« Das macht es für die betreffende Person doppelt schlimm: Erstens ist sie geschockt aufgrund ihres grausigen Fundes, und zweitens wird ihr das Gefühl vermittelt, dass sie ihrer eigenen Wahrnehmung nicht trauen kann. Weniger offensichtlich können wir auch in einer Partnerschaft in diese Hitchcock-Falle tappen. Das sieht dann beispielsweise so aus:

Emma: Du hast heute Morgen wie immer die Zahnpastatube offen gelassen. *(leicht genervt)*
Tom: Jetzt reg dich mal nicht so auf. Da gibt es doch gar keinen Grund für. Wegen so einer Lappalie. *(abfällig)*

Wenn wir die Gefühle einer Person negieren, stellen wir uns über sie. Auch das ist eine Form der Verachtung, die sagt: »Ich weiß es besser als du!« Tom stellt sich damit über Emma, ignoriert ihre Gefühle und gibt ihr sogar vor, wie sie empfinden soll. Da Emotionen in der Regel nicht der Logik unseres Verstandes folgen, bringt es aber nichts, über sie zu diskutieren. Tom sollte stattdessen Emmas Gefühle wahrnehmen und sie mit einer Resonanzaussage wertschätzend zurückkoppeln. Es geht hier nicht darum, dass Sie der anderen Person recht geben. Sie zeigen lediglich, dass Sie die Gefühle wahrgenommen haben.

So nutzen Sie diesen Grundsatz für Ihre Beziehung: Kommunizieren Sie stets auf Augenhöhe, und gehen Sie wertschätzend auf die Gefühle Ihres Partners ein.

Vierter Grundsatz:
Unangenehme Gefühle sind Hinweisschilder
Angenehme Gefühle weisen auf erfüllte Bedürfnisse hin, unangenehme Gefühle auf unerfüllte Bedürfnisse. Angst könnte zum Beispiel signalisieren, dass unser Bedürfnis nach Sicherheit nicht erfüllt ist, und Enttäuschung, dass wir uns mehr Empathie von unserem Partner wünschen. Genauer geht es leider nicht. Eine klare Zuordnung der verschiedenen Bedürfnisse zu den sieben Basisemotionen ist nicht möglich, dafür sind wir Menschen zu unterschiedlich. Unsere Persönlichkeit bestimmt, welche Bedürfnisse für uns überhaupt wichtig sind.

Aus diesem Wissen können wir die folgende, für eine konstruktive Streitkultur entscheidende Erkenntnis ableiten: Unangenehme Gefühle sind Hinweisschilder auf unerfüllte Bedürfnisse. Wenn Sie bei Ihrem Gegenüber unangenehme Emotionen, wie Trauer oder Ärger, wahrnehmen, sollten Sie sich auf die Suche nach den unerfüllten Bedürfnissen, die dahinterstehen, machen. Sollten Sie selbst ein unangenehmes Gefühl erleben, formulieren Sie möglichst gleich, was Sie bewegt. Schauen wir uns dies noch einmal anhand des Dialogs zwischen Emma und Tom an:

Emma: Du hast heute Morgen wie immer die Zahnpastatube offen gelassen. *(leicht genervt)*
Tom: Du bist darüber verärgert, richtig? *(ruhig)*
Emma: Ja, wir haben darüber ja schon ein paarmal gesprochen! *(wieder ruhiger)*
Tom: Das heißt, du wünschst dir mehr Verlässlichkeit von mir. *(formuliert ruhig das Bedürfnis, das er hinter Emmas Ärger vermutet)*
Emma: Ja, genau. *(fühlt sich angenommen)*

Nun ist es nicht immer so einfach, das richtige Bedürfnis zu erkennen und zu formulieren. Deswegen gebe ich Ihnen nun ein paar Begriffe an die Hand: Sehr grundlegend ist unser Bedürfnis nach *Sicherheit*, das Sie mit Begriffen wie *Schutz*, *Privatsphäre* und *Verlässlichkeit* (so wie Tom in unserem Beispieldialog) beschreiben können. Unser gleichzeitig vorhandener Wunsch nach einer *Verbindung* zu anderen Menschen kann sich ausdrücken im Bedürfnis nach *Wertschätzung*, *Nähe*, *Liebe*, *Vertrauen* und *Toleranz*. Gerade in Beziehungen gilt es, hier den Balanceakt zu meistern zwischen diesen Bedürfnissen auf der einen Seite und dem Streben nach *Eigenständigkeit* auf der anderen, das sich durch Begriffe wie *Freiheit*, *Selbstbestimmung* und *Abgrenzung* sowie *Integrität* und *Stimmigkeit mit sich selbst* beschreiben lässt. Grundlegend dafür ist die Erfüllung unseres Bedürfnisses nach *Einfühlung* und *Verständnis* in einer Beziehung. Als Letztes dürfen wir natürlich unser Bedürfnis nach *Entspannung* nicht vergessen, charakterisiert durch Worte wie *Erholung*, *Ruhe* und *Leichtigkeit*.

Wenn Sie also ein unangenehmes Gefühl wahrnehmen, koppeln Sie es im ersten Schritt wertschätzend mit einer Resonanzaussage zurück, um dann im zweiten Schritt das dahinterstehende Bedürfnis anzusprechen. Die oben genannten Begriffe helfen Ihnen dabei, die richtigen Worte zu finden. Gewöhnen Sie sich an, Ihre eigenen unerfüllten Bedürfnisse direkt in einen Wunsch umzuformulieren und auszusprechen. So hätte Emma zum Beispiel direkt sagen können: »Wir haben darüber ja schon ein paarmal gesprochen. Ich wünsche mir in diesem Punkt mehr Verlässlichkeit von dir, das heißt, dass du dich, wenn wir etwas besprechen, daran hältst.«

Konflikte lösen mit der Gefühlskonferenz

Vielen Menschen fällt es im Eifer des Gefechts schwer, die Gefühle zu benennen, die sie in einem Konflikt bewegen. Deshalb habe ich die Gefühlskonferenz entwickelt, eine Übung, die aus zwei Teilen besteht: Es gibt zehn Karten mit Bildern von unangenehmen Emotionen und zehn Karten mit Bildern, auf denen angenehme Emotionen abgebildet sind. Im Login-Bereich für Leser (Der-Liebes-Code.de) finden Sie die Gefühlskonferenz-Karten kostenfrei zum Ausdrucken und Ausschneiden. Für den Einsatz im Konflikt benötigen Sie alle zwanzig Karten, also sowohl die unangenehmen Emotionen (erkennbar am roten Rahmen) als auch die angenehmen (grüner Rahmen).

Und so setzen Sie die Gefühlskonferenz in einem Streitgespräch ein, spielen wir das am Beispiel von Emma und Tom einmal durch: Das Paar legt die zwanzig Karten auf einen Tisch, so dass beide sie gut sehen können. Emma beginnt und wählt eine unangenehme Emotion aus den Karten aus, die ihr Gefühl gut widerspiegelt. Dabei kommt es nicht darauf an, welche Emotion genau auf der Karte abgebildet ist, wichtig ist, dass sie Emmas Empfindung entspricht. Dann benennt sie den konkreten Auslöser für das unangenehme Gefühl und den passenden Gefühlsbegriff dazu: »Heute Morgen hast du die Zahnpastatube offen gelassen, obwohl wir erst letzte Woche darüber gesprochen haben. Das ärgert mich.« Als Nächstes formuliert sie das dahinterstehende Bedürfnis als Wunsch: »Ich wünsche mir in diesem Punkt mehr Verlässlichkeit von dir. Wenn wir etwas vereinbaren, halte dich bitte daran.« Bevor Tom nun sagt, was dies in ihm auslöst, versucht er zunächst in eigenen Worten zusammenzufassen, worum es Emma geht – und zwar so lange, bis grünes Licht von ihr kommt, sie sich also verstanden fühlt. Diese Vorgehensweise nimmt das Tempo aus dem Konfliktgespräch und sorgt dafür, dass die Wellen nicht allzu hoch schlagen. Nun wählt Tom eine Karte aus, die seine Gefühle widerspiegelt. Dann geht es weiter wie oben bei Emma beschrieben.

Fünfter Grundsatz:
Pausieren Sie, wenn Sie sich überflutet fühlen!
Wenn die Gefühle zu hoch kochen, dann ist ein konstruktiver Dialog oft nicht mehr möglich. Manchmal sagen wir dann Dinge, die wir nachher bereuen, die aber leider nicht mehr zurückzunehmen sind. Achten Sie deshalb auf Signale dafür, dass der andere oder Sie selbst emotional überfluten, die Emotionen also so stark werden, dass Sie nicht mehr klar denken können. Dann ergeht es Ihnen nicht so wie Marie und Robert, die ein Jahr lang ein glückliches Paar waren – bis zu diesem einen Tag, an dem in einem eigentlich ganz normalen kleinen Streit etwas passierte, das einen nicht zu kittenden Bruch verursachte. Es fing ganz harmlos an: »Mich nervt es echt, dass du deine Socken überall rumliegen

lässt!«, nörgelt Marie. »Boah, du hörst dich schon an wie meine Mutter«, stöhnt er zurück. Als Marie darauf erwidert: »Dann benimm dich nicht wie ein Kind«, erschrickt sie selbst über ihre Antwort. Noch im gleichen Moment zuckt Roberts Oberlippe blitzschnell hoch, und mit stechendem Blick schaut er sie an: »Wäre ich mal bloß bei meiner Ex geblieben, die war nicht so anstrengend.« Marie erstarrt kurz und rennt dann weinend aus dem Zimmer. Noch Monate später hallt dieser Satz in ihrem Kopf nach und war – wie sie später rückblickend erkennt – der Einstieg in die Negativspirale, die schlussendlich zur Trennung führte.

Es gibt zwei typische Gesichtsausdrücke, die Ihnen einen Hinweis darauf geben, dass eine Person emotional überflutet und ein konstruktives Gespräch nicht mehr möglich ist. Der erste Ausdruck ist die Kombination von Ärger und Ekel: eine explosive Mischung. Im rechten Bild auf Seite 250 sehen Sie die typische Mimik für Ärger-Ekel: Die Augenbrauen sind zusammen- und die Oberlider hochgezogen (der »stechende Blick«). Auch die Oberlippe zieht sich nach oben (Ekel). Lassen Sie sich von der Deutlichkeit dieses Ausdrucks im Standbild nicht täuschen. Manchmal huscht dieser Ausdruck nur sehr kurz in Form einer Mikroexpression über das Gesicht. Dann wird er häufig übersehen. Links daneben sehen Sie eine regungslose Mimik. Dieses Mal aber nicht nur zum Vergleich. Eine unbewegte Mimik kann ein Hinweis auf *Mauern* sein und stellt in einem Konfliktgespräch ebenfalls ein Warnsignal vor emotionaler Überflutung dar.

Beim Mauern erscheint das Gesicht oft starr oder eingefroren. Der Kiefer kann verkrampft und die Nackenmuskeln sichtlich angespannt sein. Die Mimik ist häufig emotions- und ausdruckslos, um absichtlich neutral zu wirken. Kennzeichnend ist, dass die mauernde Person weder verbal noch nonverbal zurückkoppelt: Sie nickt zum Beispiel nicht beim Zuhören und sendet auch keine stimmlichen Zuhör-Signale (wie »aha«, »mh-hmmm«

Neutrale, regungslose Mimik beim Mauern

Der Blick stechend, die Oberlippe hochgezogen: eine Kombination aus Ärger und Ekel

usw.). Wenn überhaupt, bewegt sich die Mimik nur minimal, dabei fehlt in jedem Fall der Blickkontakt. Dieses Verhalten von fehlender Rückkopplung kann sehr plötzlich auftreten. Manchmal beginnt die Person auch damit, sich mit trivialen Dingen zu beschäftigen, um bewusst den Kontakt zum Gesprächspartner zu vermeiden: Sie spielt mit den Haaren oder säubert ihre Fingernägel. Mauern erscheint für einen Unbeteiligten recht harmlos, bedeutet aber, dass die Person keine Lust mehr hat, zuzuhören oder zu antworten. Die äußerliche Ruhe täuscht, die Stresshormone schießen beim Mauern meist durch die Decke. In der Person tobt es also.

Achten Sie neben diesen beiden typischen Gesichtsausdrücken auch auf andere Signale, die darauf hinweisen, dass der Stresspegel steigt, wie zunehmende Beruhigungsgesten und eine erhöhte Blinzelrate. Vereinbaren Sie für den Fall der emotionalen Überflutung ein gemeinsames Stopp-Zeichen, das jeder Partner nutzen kann, wenn er merkt, dass er emotional überflutet. Setzt einer das Zeichen ein, darf es keine Diskussion darüber geben. Machen Sie eine Pause von mindestens 20 Minuten, in der Sie sich ablenken und weder über das Konfliktthema sprechen noch darüber nachdenken – so lange, bis Sie sich wieder beruhigt haben. Emotionen sind zwar nur von relativ geringer Dauer, wirken aber noch eine gewisse Zeit nach und versetzen Körper und Psyche in einen »voreingestellten« Bereitschaftszustand. Diese Zeit der Nachwirkung wird *Refraktärzeit* genannt. Wenn wir eine bestimmte Emotion erleben, wie zum Beispiel Ärger, dauert es eine Weile, bis wir wieder offen sind für einen neuen emotionalen Zustand. Bis dahin fungiert dieses Gefühl als Wahrnehmungsfilter: Alles, was passiert, nehmen wir durch diese Emotion hindurch wahr, bei Ärger zum Beispiel reagieren wir wesentlich gereizter auf kleinere Auslöser als in einem entspannten Zustand. Um den »emotionalen Abkühlungsprozess« zu unterstützen, können Sie auch die Kraft-Ort-Übung oder die Butterfly-Technik (vgl. S. 96 ff.) nutzen.

Wenn Sie also merken, dass einer von Ihnen emotional überflutet, machen Sie eine Pause, bis sich beide Partner wieder abgekühlt haben.

Der größte Feind einer dauerhaft glücklichen Beziehung ist also der Pulpo-Seco-Effekt, der im Zusammenspiel mit Verachtung und Ekel den Zusammenhalt und die Zufriedenheit einer Partnerschaft Stück für Stück aushöhlt, bis schließlich nur noch ein leeres Gehäuse übrigbleibt. Wer jedoch Schiebetür-Momente positiv nutzt und eine positive Streitkultur aufbaut, vermeidet, dass eine Beziehung überhaupt erst in den Strudel dieser Negativspirale gerät. Wenn Sie das beachten, schützen Sie Ihre Partnerschaft vor destruktiven Emotionen und ermöglichen es Ihrer Liebe, mit jedem Tag stärker zu werden.

Können Sie noch etwas tun, damit Ihre Liebe nicht nur wächst, sondern auch frisch bleibt? Die neuesten Forschungsergebnisse sagen eindeutig: Ja. Wie dies funktioniert, schauen wir uns im letzten Kapitel an.

10. Frischhalte-Tipps für die Liebe

Als Max Jacqueline auf einer Party das erste Mal sieht, ist es Liebe auf den ersten Blick. Und auch bei Jacqueline treffen Amors Pfeile sofort mitten ins Herz. Sie reden den ganzen Abend miteinander und haben bald das Gefühl, sich schon ewig zu kennen. Von diesem Zeitpunkt an sind die beiden unzertrennlich und verbringen jede freie Minute zusammen.

Haben Sie so etwas auch schon mal erlebt? Wie lange dauert Ihrer Meinung nach die Phase auf Wolke sieben an? Eine Frage, mit der sich auch die Forschung auseinandergesetzt hat, denn die Liebe erfreut sich gerade in jüngster Zeit zunehmender Aufmerksamkeit der Wissenschaft – mit teilweise ernüchternden Ergebnissen. So ist eine italienische Forschergruppe rund um den Mediziner Enzo Emanuele zu dem Schluss gelangt, dass die Phase romantischer Liebe gerade einmal ein halbes Jahr andauert. Bedeutet das, dass Max und Jacqueline – und alle anderen auf Wolke sieben – nach sechs Monaten zwangsläufig einen jähen Absturz erleben werden? Glücklicherweise nicht, wie wiederum ein Team von Verhaltensforschern und Neurologen rund um Arthur Aron entdeckt hat. Romantische Liebe lässt sich tatsächlich »konservieren«. Arthur Aron ist Ihnen übrigens im siebten Kapitel bereits begegnet. Erinnern Sie sich? Das ist der Psychologe, der sich damit beschäftigt hat, wie Nähe und Vertrauen in einer Beziehung gefördert werden, wenn wir uns verletzlich zeigen und unsere Gefühle offenbaren. In einer 2011 durchgeführten Studie hat Aron Frauen und Männer, die seit durchschnittlich 21,4 Jahren verheiratet waren, darum gebeten, sich ein Bild ihres Partners anzusehen, während er die Gehirnaktivität beobachtete. Es handelte sich ausschließlich um Versuchspersonen, die nach eigenen Angaben und laut psychologischer Tests immer noch intensiv verliebt waren. Das Ergebnis war beeindruckend: Bei den Langzeit-Verliebten sprang beim Anblick ihres Partners nicht nur (wie bei Frischverliebten) das Belohnungszentrum im Gehirn an, sondern es wurden auch Areale aktiviert, die mit freundschaftlicher Liebe in Zusammenhang stehen. Zusätzlich reduzierte sich die »Besessenheit« vom Partner, die kennzeichnend für Frischverliebte ist, bei den Langzeit-Verliebten wieder auf ein Normalniveau.

Es scheint also möglich zu sein, die Gefühle romantischer Liebe nicht nur frisch zu halten, sondern die Bindung zum Partner durch das Band der freundschaftlichen Liebe zusätzlich vertiefen zu können. Die Liebe kann also über viele Jahre bestehen und sogar an Qualität gewinnen. Fragen Sie sich jetzt, wie das funktioniert? Und wie die Frischhalte-Tipps der Wissenschaft für die Liebe lauten? Zwei Tipps dafür haben wir uns im letzten Kapitel bereits angesehen: Nutzen Sie Schiebetür-Momente positiv, und beherzigen Sie die fünf Grundsätze für eine konstruktive Streitkultur. In diesem Kapitel werden wir uns drei weitere zentrale Ideen anschauen. Ich nenne sie die drei Liebes-Booster.

Liebes-Booster Nr. 1:
Die Macht der Berührung

Berührung ist die Millionen Jahre alte Sprache der Gefühle. Mit ihrer Schlüsselbedeutung beim Liebeswerben (Phase 4) haben wir uns bereits im siebten Kapitel beschäftigt. In der Partnerschaft büßt Berührung nichts von ihrer Bedeutung ein, im Gegenteil, hier entfaltet sie sich erst richtig. Über ihre Oxytocin-freisetzende Wirkung baut Berührung nicht nur Stress ab, sondern stärkt das emotionale Band der Liebe zwischen zwei Menschen. Eine Studie hat gezeigt, dass das Bindungs- und Treuehormon Oxytocin vor allem in den ersten sechs Monaten einer Liebesbeziehung deutlich erhöht ist. Nur was war zuerst da, die Henne oder das Ei? Diese Frage sei gestellt. Sie werden wahrscheinlich aus eigener Erfahrung bestätigen können: Zu Beginn einer Beziehung berührt man sich öfter. Fördert nun das Oxytocin die Nähe und damit die Berührung, oder sorgt die hohe Dosis an Streicheleinheiten für einen erhöhten Oxytocin-Spiegel? Da beißt sich die Katze in den Schwanz. Glücklicherweise spielt das für uns keine Rolle. Wichtig ist nur ein Umstand: Sanfte, als angenehm empfundene Berührungen erhöhen das Oxytocin in unserem Blut, wie eine andere Studie mit verheirateten Paaren zeigte. Vier Wochen lang sollten sich diese Paare dreimal wöchentlich jeweils 30 Minuten lang liebevoll berühren. Und siehe da, die Oxytocin-Werte stiegen deutlich an. Bei den männlichen Probanden verbesserten sich sogar die Blutdruckwerte. Glauben Sie mir: Wenn Sie wie ich all die Forschungsergebnisse zu den positiven Wirkungen von Oxytocinstudiert haben, wollen Sie nur noch eines – 24 Stunden am Tag kuscheln.

Dass Oxytocin die Amygdala in unserem limbischen System positiv beeinflusst und auf diese Weise stress- und angstlösend wirkt, wissen Sie bereits. Oxytocin hat aber auch Einfluss auf unser Distanzverhalten: Es steuert, wie viel Abstand wir räumlich zu unseren Mitmenschen halten. Allerdings auf eine nicht erwartete Weise. Forscher unter der Federführung der Universität Bonn gingen in ihrer Studie eigentlich davon aus, dass ihre Versuchspersonen nach der Gabe von Oxytocin näher an andere Menschen herangehen würden, schließlich fördert Oxytocin emotionale Nähe und Vertrauen. Bei glücklich gebundenen Männern war allerdings das genaue Gegenteil der Fall: Besonders zu fremden, attraktiven Frauen hielten sie 10 bis 15 Zentimeter mehr Abstand als zu anderen Menschen. Oxytocin scheint also auch als Treueschutz zu fungieren.

Damit Berührungen den gewünschten Oxytocin-Effekt haben, müssen sie als angenehm empfunden werden, und weil für jeden Menschen eine andere Form von Berührung angenehm sein kann, macht es Sinn, mit seinem Partner darüber zu sprechen und sich abzustimmen. Möglichkeiten gibt es in jedem Fall viele: Kuscheln, in den Arm nehmen, Küssen, (Rücken-)Massage, Kraulen, Händchenhalten und Umarmen. Ach ja, das Wichtigste hätte ich ja fast vergessen: Die absolute Nummer 1 der Oxytocin-Booster heißt Sex. Nicht nur die vermehrte Berührung wirkt hier. Beim Orgasmus ist der Oxytocin-Wert um das Dreifache im Vergleich zum Normalwert erhöht. Und je mehr Oxytocin vor dem Orgasmus im Blut ist, desto intensiver erleben wir ihn. Das spricht für ein ausgiebiges und zärtliches Vorspiel.

Liebes-Booster Nr. 1 lautet also: Kuscheln, knuddeln, küssen und umarmen Sie, was das Zeug hält. Mindestens 10 bis 15 Minuten täglich.

Warum die meisten Frauen gern kuscheln

Die Haut von Frauen ist circa 20 Prozent dünner als die von Männern und somit empfindlicher. Zusätzlich wird die Sensibilität der Haut und damit auch der Genussfaktor von Berührungen durch das weibliche Geschlechtshormon Östrogen erhöht. Deshalb ist es schon rein physisch für Frauen leichter, in den Oxytocin-Genuss einer wohltuenden Berührung zu kommen. Das gilt übrigens besonders an ihren fruchtbaren Tagen, an denen der Östrogenspiegel am höchsten ist. Hinzukommt, dass die weiblichen Oxytocin-Rezeptoren fünfmal empfindlicher sind als die männlichen – die gleiche Menge Oxytocin wirkt bei Frauen also fünfmal stärker.

Liebes-Booster Nr. 2: Die ansteckende Wirkung des Lächelns

Julia und Sebastian sind mittlerweile ein Liebespaar. Ihr erstes Treffen in der Bar am Potsdamer Platz ist vier Monate her, und sie sind glücklich wie am ersten Tag. Nun sitzen sie gerade in der Sonne und essen gemeinsam eine in Stückchen geschnittene Honigmelone, als Julia ein Stück Melone von der Gabe flutscht. *Schwups*, landet es auf dem Boden. Julia findet das anscheinend amüsant. Sie lächelt leicht, und ihr äußerer Augenringmuskel kontrahiert. Aber was ist mit Sebastian? Er hat jetzt zwei Möglichkeiten: Erstens könnte er abfällig reagieren, »Mann, bist du ungeschickt«; er könnte die Situation aber auch nutzen, um positiv in Resonanz mit Julia zu gehen: »Das sah lustig aus, oder?« Damit verstärkt er die positiven Gefühle bei Julia und lässt zu, dass die Freude auch bei ihm schwingt. Die amerikanische Psychologin Barbara L. Fredrickson spricht daher auch sehr treffend von *Positivitätsresonanz*.

Entscheidend für die Entstehung von Liebe sind die vielen kleinen Momente, die Mikromomente des Alltags. Berührung spielt dabei eine zentrale Rolle, Positivitätsresonanz ebenso. Fredrickson schreibt dazu in ihrem Buch *Die Macht der Liebe*: »Liebe entsteht, sobald zwei oder mehr Menschen durch ein gemeinsames positives Gefühl eine Verbundenheit zueinander herstellen.« Damit Liebe wächst, sind positive Gefühle notwen-

Gemeinsam erlebte positive Gefühle lassen die Liebe wachsen

dig. Achten Sie deshalb besonders auf Momente, in denen Ihr Partner Freude ausdrückt, und nehmen Sie Anteil an diesem Glücksgefühl, zum Beispiel mit einer Resonanzaussage oder indem Sie bewusst die freudige Mimik spiegeln. Freude vervielfacht sich, wenn wir sie mit anderen teilen. Denken Sie an den Chamäleon-Effekt: Die Spiegelneuronen in unserem Gehirn sorgen dafür, dass wir die Mimik unserer Mitmenschen unbewusst nachahmen. Das Facial-Feedback – also die Rückmeldung unserer Gesichtsmuskeln an unser Gefühlszentrum – sorgt nicht nur für Empathie, sondern ist auch dafür verantwortlich, dass sich

Gefühle von einer Person auf die andere übertragen. Gefühle sind also ansteckend. Das gilt selbst dann, wenn sie sich nur minimal in der Mimik zeigen und wir sie nicht bewusst wahrnehmen, wie eine Studie mit Personen gezeigt hat, die an sogenannter Rindenblindheit leiden. Geschädigt ist hier die primäre Sehrinde im Gehirn, was dazu führt, dass die Sehreize zwar weiterhin ans Gehirn übertragen werden, diese aber nicht im Bewusstsein ankommen. Als Wissenschaftler den betroffenen Personen verschiedene Gesichter mit Emotionsausdrücken vorhielten, stellten sie fest, dass die mimische Muskulatur der Probanden die entsprechenden Gesichtsausdrücke nachahmte. Obwohl die Bilder bewusst nicht gesehen werden konnten!

Machen Sie sich also klar, dass Ihr Lächeln das Wichtigste ist, das Sie tragen. Nicht nur für Ihre eigene Gefühlswelt, wie wir im vierten Kapitel gesehen haben, sondern auch für Ihre Mitmenschen. Schenken Sie anderen so oft wie möglich ein Lächeln und gehen Sie bewusst in Positivitätsresonanz – nicht nur in Ihrer Partnerschaft.

Übung: Positivitätsresonanz

Achten Sie bei Menschen in Ihrer Umgebung bewusst auf Ausdrücke echter Freude in der Mimik. Konzentrieren Sie sich dabei insbesondere auf die Aktivität des äußeren Augenringmuskels. Wenn Sie bei jemandem lachende Augen entdecken, dann wünschen Sie ihm innerlich »Möge deine Freude anhalten«. Machen Sie diese Übung regelmäßig, an mehreren Tagen hintereinander. Wenn Sie erst einmal spüren, wie positiv sich diese kleine Übung auf Ihre Energie und Stimmung auswirkt, können Sie davon wahrscheinlich gar nicht mehr genug bekommen.

Statt in Positivitätsresonanz zu gehen, haben manche Menschen die unangenehme Angewohnheit, die Positivität anderer zu negieren. Dies ist eine weitere Variante der Hitchcock-Falle, die Sie im letzten Kapitel kennengelernt haben. Sie sagen dann Sachen wie: »Jetzt komm mal runter!«, »Warum freust du dich denn so? So toll ist es ja nun auch nicht!« oder meine Lieblingsnegation von Freude: »Was hoch fliegt, fällt tief!« Hätte Sebastian in unserem Eingangsbeispiel mit einer abfälligen Bemerkung statt mit Freude auf Julias Amüsiertheit reagiert, dann wäre das auch eine Form der Negierung gewesen.

Denken Sie daran, dass sich auch unangenehme Gefühle übertragen. Vermeiden Sie es deshalb, sich über andere abfällig zu äußern und zu lästern (Verachtung). Auch wenn Sie mit Ihrem Partner schlecht über eine Person außerhalb der Beziehung sprechen, können sich diese Emotionen destruktiv auf Ihre Partnerschaft auswirken. Überwiegt in einer Beziehung das Lästern gegenüber gemeinsam erlebten positiven Emotionen, kann sich die Stimmung langsam und unbemerkt negativ färben – und sich schließlich auf unsere Beziehung auswirken.

Nachdem wir uns nun zwei Dinge angesehen haben, die wir zugunsten der Positivitätsresonanz vermeiden sollten (Negieren positiver Gefühle anderer und Lästern), sehen wir uns abschließend an, welche Verhaltensweise wir beherzigen sollten. Viele Paare, die lange zusammen sind, unternehmen regelmäßig gemeinsam etwas, um die Beziehung zu pflegen. Das kann ein wöchentliches Abendessen zu zweit im Lieblingsrestaurant sein oder auch etwas Besonderes, wie ein gemeinsamer Konzertbesuch. Aber hilft das, die Liebe frisch zu halten? Dieser Frage widmete sich Arthur Aron und unterteilte während einer Versuchsreihe die teilnehmenden Liebespaare in drei Gruppen: Die erste Gruppe sollte 90 Minuten in der Woche gemeinsam etwas Angenehmes und Gewohntes unternehmen, wie zum Beispiel

Abendessen oder ins Kino gehen. Die zweite Gruppe hatte die Aufgabe, 90 Minuten wöchentlich in eine »aufregende« und neue Aktivität zu investieren, ein Konzert besuchen, Klettern gehen oder schlichtweg ein neues Restaurant ausprobieren. Die dritte Gruppe diente als Kontrollgruppe und bekam keine Anweisung. Als die Paare nach zehn Wochen zu der Zufriedenheit mit ihrer Beziehung befragt wurden, stellte sich heraus, dass in der Gruppe mit den neuen Aktivitäten die Zufriedenheit mit der Partnerschaft deutlich zugenommen hatte. Eine mögliche Erklärung dafür liefert die Gehirnforschung. Wenn wir etwas Ungewohntes unternehmen und uns neuen »Herausforderungen« stellen, wird in unserem Gehirn das Belohnungszentrum aktiviert, und unser Körper dankt uns mit einer Extradosis des Glückshormons Dopamin. Das sind genau die gleichen neuronalen Schaltkreise, die auch bei romantischer Liebe aktiv sind. Sie müssen jetzt aber nicht mit dem Fallschirm von einem Hochhaus springen oder gemeinsam einen Marathon laufen. Brechen Sie einfach hin und wieder mit alten Gewohnheiten und probieren Sie mit Ihrem Partner etwas Neues aus. Etwas Aufregung wird dabei nicht schaden.

Liebes-Booster Nr. 2 lautet also: Gehen Sie in Resonanz mit den positiven Gefühlen Ihres Partners, und fördern Sie bewusst Gefühle der Freude, indem Sie regelmäßig gemeinsam etwas Neues unternehmen.

Liebes-Booster Nr. 3: Sprechen Sie die Sprache der Gefühle

Im letzten Liebes-Booster geht es noch einmal um das zentrale Thema, das sich wie ein roter Faden durch unsere Lese- und Entdeckungsreise zieht, die nun fast hinter Ihnen liegt: die Em-

Die tägliche Dosis Empathie für Ihre Beziehung

Für diese Übung brauchen Sie die zehn Gefühlskonferenz-Karten mit angenehmen Emotionen (erkennbar am grünen Rahmen). Wenn Sie sich die Karten im letzten Kapitel noch nicht heruntergeladen haben, finden Sie diese jetzt im Login-Bereich für Leser (Der-Liebes-Code.de).

So setzen Sie die Gefühlskonferenz für die tägliche Dosis Empathie in Ihrer Partnerschaft ein: Verteilen Sie die zehn positiven Karten auf dem Tisch, so dass Ihr Partner und Sie diese gut sehen können. Einer beginnt und wählt eine positive Emotion aus, die er im Laufe des Tages erlebt hat. Dann sagt derjenige, welche Emotion er auf seiner Karte wahrnimmt und erzählt, in welcher Situation er dieses Gefühl erlebt hat. Der andere hört zu und geht dabei in Resonanz damit. Dann wechseln Sie die Rollen. Wiederholen Sie das, so lange Sie Spaß haben, doch wenn die Zeit mal knapp ist, reicht ein Durchgang völlig aus.

Sie können auch eine Variante dieser Übung probieren: Ich nenne sie *Positivitäts-Pantomime*. Dabei legen Sie nicht die Gefühlskarten aus, sondern stellen das positive Gefühl mit Ihrer Mimik und Körpersprache dar. Der andere muss das Gefühl erraten. Wenn ihm dies gelungen ist, versuchen Sie pantomimisch diese Situation darzustellen, in der Sie die positive Emotion erlebt haben. Ich verspreche Ihnen: Gemeinsames Lachen ist vorprogrammiert. Diese Übungsvariante trainiert gleichzeitig auf spielerische Weise die Flexibilität Ihrer Mimik und Ihre Empathie.

pathie. Sie ist der Schlüssel für eine glückliche und stabile Partnerschaft. So gaben in einer im Januar 2014 durchgeführten Befragung der Online-Datingbörse parship.de auf die Frage: »Was sind Ihrer Meinung nach die drei wichtigsten Voraussetzungen, damit eine Liebesbeziehung hält?«, überwältigende 77,5 Prozent der Frauen und 68 Prozent der Männer die Antwort: »Dass man immer miteinander reden kann.« Und damit sind nicht praktische Themen wie »Wer holt die Kinder ab?« und »Was müssen wir einkaufen?« gemeint, sondern es geht um Gefühle und die gemeinsame Partnerschaft. Umgekehrt ist der häufigste Trennungsgrund die emotionale Verarmung in einer Beziehung. So vernichtend fehlende Emotionalität für eine Partnerschaft sein kann, so bereichernd ist der Austausch über Gefühle in einer Beziehung. Je besser Sie die emotionale Landkarte Ihres Partners kennen, desto verbundener und glücklicher fühlen Sie sich. Tauschen Sie sich also regelmäßig mit Ihrem Partner über Ihre Gefühle aus, um das Band der Liebe zwischen Ihnen zu stärken.

Wenn Sie jetzt denken, »Oh Gott, über Gefühle sprechen ist aber nun wirklich nicht meine Stärke«, sollten Sie wissen: Nicht nur das Sich-Öffnen erhöht die Beziehungszufriedenheit, sondern auch das Empfangen einer solchen Botschaft. Nehmen Sie sich also Zeit und hören Ihrem Partner zu, wenn er über seine Gefühle spricht, denn auch dies fördert die Nähe. Unterhalten Sie sich dabei am besten hauptsächlich über positive Erlebnisse und Emotionen, das stärkt Ihr Beziehungsglück besonders. Das bedeutet jetzt aber um Gottes willen nicht, dass Sie negative Erlebnisse oder Emotionen totschweigen sollen – achten Sie einfach darauf, worüber Sie hauptsächlich sprechen. Eine entscheidende Rolle spielt dabei Ihre Reaktion, wenn Ihr Partner Ihnen etwas Positives erzählt. Hier kommt wieder die Empathie ins Spiel. Negieren Sie nämlich die positiven Emotionen (Hitchcock-Falle) oder gehen schlichtweg nicht in Resonanz damit, wirkt sich dies negativ auf das Wohlbefinden in Ihrer Beziehung aus. Gehen Sie aber positiv und empathisch in Resonanz mit Ihrem Partner, nehmen die Zufriedenheit und sogar die Gefühle romantischer Liebe zu. Das Faszinierende und Geniale daran: Schon ein zweiminütiges Gespräch reicht aus, um diese Wirkung zu erzeugen.

Liebes-Booster Nr. 3 lautet also: Sprechen Sie die Sprache der Gefühle, und tauschen Sie sich täglich – und wenn es nur zwei Minuten sind – über die positiven Erlebnisse des Tages aus.

Die Liebes-Code-Challenge:
Wie frisch verliebt in 30 Tagen

Der Beginn jeder neuen Beziehung trägt die Magie des Anfangs in sich. Nutzen Sie diese Magie, um eventuell bestehende, alte Verhaltensmuster aus vergangenen Beziehungen, die sich als destruktiv und nicht liebesfördernd herausgestellt haben, zu durchbrechen. Entwickeln Sie neue glücklich machende Gewohnheiten. Aber auch, wenn Sie bereits in einer Partnerschaft sind, in die sich bestimmte destruktive Gewohnheiten eingeschlichen haben, ist der richtige Zeitpunkt für eine Veränderung negativer Verhaltensweisen der gleiche, und zwar: Jetzt! Warten Sie nicht, sondern beginnen Sie sofort. Damit der Anfang leichter fällt, habe ich die Erkenntnisse der letzten beiden Kapitel in einer Liebes-Code-Challenge zusammengefasst. Dieses 30-Tage-Programm können Sie nutzen, um Ihre Liebe und romantische Gefühle zu erhalten und aufzufrischen. Das Programm können Sie einmal jährlich oder auch öfter durchführen.

Die Liebes-Code-Challenge besteht aus den folgenden fünf Schritten, die Sie 30 Tage am Stück jeden Tag durchführen:

1. Nutzen Sie Schiebetür-Momente positiv
Achten Sie gegenseitig bewusst auf Schiebetür-Momente, und nutzen Sie diese positiv.

2. Nutzen Sie den Oxytocin-Effekt der Berührung
Tauschen Sie 15 Minuten täglich zärtliche Berührungen aus. Stimmen Sie sich ab, welche Berührung jeder bevorzugt. Beginnen und beenden Sie den Tag mit einem 20-Sekunden-Kuss und einer Umarmung.

3. Nutzen Sie den Dopamin-Effekt von neuen Aktivitäten
Unternehmen Sie einmal pro Woche etwas Neues, das Ihnen beiden Spaß macht.

4. Teilen Sie täglich positive Gefühle
Führen Sie jeden Abend gemeinsam circa zehn Minuten lang die Gefühlskonferenz mit den angenehmen Emotionen durch. Alternativ können Sie auch die Positivitäts-Pantomime spielen.

5. Entwickeln Sie eine positive Streitkultur
Streiten ist erlaubt. Solange Sie sich dabei an die fünf Grundsätze einer konstruktiven Streitkultur halten.

Wenn Sie die Liebes-Code-Challenge durchgeführt haben, freue ich mich sehr über eine Rückmeldung, wie sich Ihre Beziehung dadurch positiv verändert hat. Das Wichtigste bei der Liebes-Code-Challenge ist, dass Sie beide Freude daran haben. Wenn Sie merken, dass Ihnen irgendetwas nicht guttut, dann passen Sie diesen Punkt Ihren individuellen Bedürfnissen an.

Schlusswort

Mit einem weinenden und einem lachenden Auge schreibe ich gerade dieses Schlusswort. Denn unser Streifzug durch die nonverbalen Welten der Liebe endet hier. Sie haben gelernt, warum und wie das Nonverbale darüber entscheidet, ob Sie eine glückliche Partnerschaft finden und auch behalten. Sie kennen nicht nur die wichtigsten Signale von Mimik und Körpersprache in den fünf Phasen des Liebeswerbens – der Aufmerksamkeits-, Wahrnehmungs-, Konversations-, Annäherungs- und Bindungsphase –, sondern wissen auch, welche Signale Sie senden müssen, um diese Phasen erfolgreich zu meistern. Darüber hinaus haben Sie sich das Rüstzeug angeeignet, um in Zukunft im Abenteuer Liebe klarer zu sehen: Sie sind in der Lage, anhand der Mimik und Körpersprache Ihres Flirtpartners schnell einzuschätzen, was Sie in einer Beziehung erwarten dürfen und können mögliche Lügen durchschauen. Der klare Blick für die Emotionen anderer Menschen unterstützt Sie nicht nur dabei, Ihren Traumpartner zu finden, sondern hilft auch, ihn oder sie zu behalten. Mit der Liebes-Code-Challenge aus dem letzten Kapitel haben Sie ein wirkungsvolles Programm an der Hand, um Ihre Liebe ein Leben lang frisch zu halten.

Ich hoffe, dass Sie die Zeit genossen haben und einiges für Ihr Liebesglück mitnehmen konnten. Mir hat es sehr viel Spaß gemacht, dieses Buch für Sie zu schreiben. Bitte denken Sie daran: Die eigene Empathie zu entwickeln ist eine lebenslange Aufgabe. Bleiben Sie also achtsam für die nonverbalen Signale Ihrer Mitmenschen, und lernen Sie jeden Tag dazu. Machen Sie das Motto der Mimikresonanz – *Gefühle sehen. Menschen verstehen.* – zu Ihrer Lebensphilosophie. Dies ist der Schlüssel zu Ihrem Liebesglück. Damit Sie Ihren Traumpartner nicht nur finden, sondern auch dauerhaft mit ihm glücklich sind.

Herzlichst
Ihr Dirk W. Eilert

Literaturverzeichnis

Allgemein

Argyle, M. (2013): *Körpersprache und Kommunikation – Nonverbaler Ausdruck und Soziale Interaktion*. Junfermann Verlag, Paderborn.

Brafman, O., Brafman R. (2011): *Click – Der magische Moment in persönlichen Begegnungen*. Beltz Verlag, Weinheim und Basel.

Eilert, D. W. (2013): *Mimikresonanz – Gefühle sehen. Menschen verstehen*. Junfermann Verlag, Paderborn.

Eilert, D. W. (2015): *30 Minuten Mimik lesen*. Gabal Verlag, Offenbach.

Givens, D. (2006): *Körpersprache der Liebe*. Wilhelm Goldmann Verlag, München.

Grammer, K. (1995): *Signale der Liebe – Die biologischen Gesetze der Partnerschaft*. Hoffmann und Campe Verlag, Hamburg.

Gottman, J. (2014): *Die Vermessung der Liebe*. Klett-Cotta Verlag, Stuttgart.

Morris, D. (1978): *Der Mensch, mit dem wir leben – Ein Handbuch unseres Verhaltens*. Droemersche Verlagsanstalt TH. Knaur Nachf., München.

Rauland, M. (2007): *Feuerwerk der Hormone*. Hirzel Verlag, Stuttgart.

Kapitel 1

Bublitz, Nina (2007): *Kennen wir uns?*, Gehirn & Geist 11/07, 68–71, Spektrum der Wissenschaft Verlagsgesellschaft, Heidelberg.

Cacioppo, S. et al. (2012): *Social Neuroscience of Love*. Clinical Neuropsychiatry, 9, 1, 3–13.

Glenn, N. D., Weaver, C. N. (1981): *The Contribution of Marital Happiness to Global Happiness.* Journal of Marriage and Family, Vol. 43, No. 1, 161–168.

Ekman, P., Friesen, W. V., O'Sullivan, M., Scherer, K. (1980): *Relative Importance of Face, Body and Speech in Judgements of Personality and Affect.* Journal of Personality and Social Psychology 38, 270–277.

Hall, J. A., Xing, C., Brooks, S. (2014): *Accurately Detecting Flirting: Error Management Theory, the traditional Sexual Script, and Flirting Base Rate.* Communication Research, Advanced online publication, DOI: 10.1177/0093650214534972.

Umfragen und Datenquellen:
- Allensbacher Markt- und Werbeträger-Analyse – AWA 2014, IfD Allensbach
- Umfrage »Glauben Sie an die Liebe fürs Leben?«, Quelle: Kraft Foods, IfD Allensbach (1613 Befragte, Altersgruppe ab 16 Jahre, Erhebungszeitraum 03. bis 15. März 2012)
- Verteilung der Ehescheidungen nach Ehejahren in Deutschland im Jahr 2013 (Juli 2014): Statistisches Bundesamt
- Scheidungsquote in Deutschland von 1960 bis 2012 (2014): Statistisches Bundesamt
- Alter der deutschen Sprache, Quelle: Wikipedia

Kapitel 2

Bayes, R. D. (1972): *Behavioral cues of interpersonal warmth.* Journal of Consulting and Clinical Psychology, 9, 222–231.

Boothroyd, L. G. et al. (2007): *Partner characteristics associated with masculinity, health and maturity in male faces.* Personality and Individual Differences, Volume 43, Issue 5, 1161–1173.

Hartley, T. (2014): *Modeling first impressions from highly variable facial images.* Proceedings of the National Academy of Sciences of the United States of America, Vol. 111, No. 32.

Irle, K. (2010): *Affen mit Sex-Appeal.* Frankfurter Rundschau, Artikel-URL: www.fr-online.de/wissenschaft/primatenforschung-affen-mit-sex-appeal,1472788,4717276.html.

Jones B. C. (2006): *Integrating Gaze Direction and Expression in Preferences for Attractive Faces.* Psychological Science, 17, 588–591.

Kampe, K. K. W. et al. (2001): *Reward value of attractiveness and gaze.* Nature 413, 589.

Krumhuber, E. et al. (2007): *Temporal Aspects of Facial Displays in Person and Expression Perception: The Effects of Smile Dynamics, Head-Tilt, and Gender.* Journal of Nonverbal Behavior, 31, 39–56.

Lau, S. (1982): *The effect of smiling on person perception.* Journal of Social Psychology, 117, 63–67.

Law Smith, M. J. et al. (2006): *Facial appearance is a cue to oestrogen levels in women.* Proceedings of the Royal Society of London, Series B, 273 (1583), 135–140.

Little, A. C. et al. (2001): *Partnership status and the temporal context of relationships influence human female preferences for sexual dimorphism in male face shape.* Proceedings of the Royal Society of London, Series B, 269, 1095–1100.

Marcinkowska, U. M. et al. (2014): *Cross-cultural variation in men's preference for sexual dimorphism in women's faces.* Biology Letters 2014, Vol. 10, No. 4: 20130850.

Moreland, R. L., Beach, S. R. (1990): *Exposure Effects in the Classroom: The Development of Affinity among Students.* Journal of Experimental Social Psychology, 28, 255–276.

Mueser, K. T. (1984): *You're Only as Pretty as You Feel: Facial Expression as a Determinant of Physical Attractiveness.* Journal of Personality and Social Psychology, Vol. 46, No. 2, 469–748.

Otta, E. et al. (1996): *Reading a Smiling Face: Messages Conveyed by*

Various Forms of Smiling. Perceptual and Motor Skills, 82, 1111–1121.

Roberts, S. C. et al. (2004): *Female facial attractiveness increases during the fertile phase of the menstrual cycle.* Proceedings of the Royal Society of London, Series B, 271, 270–272.

Shrout, P. E., Fiske, D. W. (1981): *Nonverbal behaviors and social evaluation.* Journal of Personality 49:2, Juni, 115–128.

Swaddle, J. P. & Reierson, G. W. (2002): *Testosterone increases perceived dominance but not attractiveness in human males.* Proceedings of the Royal Society of London, Series B, 269, 2285–2289.

Umfrage »Liebe auf den 1. Blick«, veröffentlicht durch Zalando im April 2014, Erhebung durch respondi (1011 Befragte, Altersgruppe 19–49 Jahre, Erhebungszeitraum 07. 03.–12. 03. 2014).

Umfragen und Datenquellen:
- Umfrage »Aus welchem Grund nutzen Sie Online-Partnerbörsen?«, erhoben und veröffentlicht durch den Bundesverband Digitale Wirtschaft (BVDW) e. V. (Befragte: 1825 Nutzer von Online-Partnerbörsen, Altersgruppe ab 14 Jahre, Erhebungszeitraum Anfang 2013)
- Umfrage »Vom Online-Dating zum Traualtar« (2013), erhoben und veröffentlicht durch metaflake (www.singleboersen-vergleich.de)
- Übersicht »Der Online-Dating-Markt 2013–2014«, erhoben und veröffentlicht durch metaflake (www.singleboersen-vergleich.de)

Kapitel 3

Bauer, J. (2005): *Warum ich fühle, was du fühlst – Intuitive Kommunikation und das Geheimnis der Spiegelneurone.* Hoffmann und Campe Verlag, Hamburg.

Bolmont, M., Cacioppo, J. T., Cacioppo, S. (2014): *Love is in the Gaze:*

An Eye-Tracking Study of Love and Sexual Desire. Psychological Science, DOI: 10.1177/0956797614539706.

Chartrand, T. L., Bargh, J. A. (1999): *The Chameleon Effect: The Perception-Behavior-Link and Social Behavior*. Journal of Personality and Social Psychology, Vol. 76, No. 6, 893–910.

Eibl-Eibesfeldt, I. (1984): *Die Biologie des menschlichen Verhaltens – Grundriß der Humanethologie*. Piper Verlag, München.

Eisenberger, N. I., Liebermann, M. D., Williams, K. D. (2003): *Does Rejection hurt? An fMRI Study of Social Exclusion*. Science, Vol. 302, 290–292.

Florack, A., Genschow, O. (2010): *Soziale Chamäleons*. Gehirn & Geist 04/10, 20–25, Spektrum der Wissenschaft, Heidelberg.

Harris, C. R. (2007): *Die Pein der Verlegenheit*. Spektrum der Wissenschaft (Ausgabe Mai 2007), 24–31.

Hennenlotter, A., Dresel C., Castrop, F., Ceballos-Baumann A. O., Wohlschläger, A. M. & Haslinger, B. (2009): *The Link between Facial Feedback and Neural Activity within Central Circuitries of Emotion*. Cerebral Cortex, March 2009, 537–542.

LaFrance, M. (1979): *Nonverbal Synchrony and Rapport: Analysis by the Cross-Lag Panel Technique*. Social Psychology Quarterly, Vol. 42, No. 1, 66–70.

Meltzoff, A. N., Moore, M. K. (1983): *Newborn Infants Imitate Adult Facial Gestures*. Child Development, 54, 702–709.

Moore, M. M. (1985): *Nonverbal Courtship Patterns in Women – Context and Consequences*. Ethology and Sociobiology, 6, 237–247.

Panksepp, J. (2004): *Affective Neuroscience: The Foundations of Human and Animal Emotions*. Oxford University Press, New York.

Van Baaren, R. et al. (2009): *Where is the love? The social aspects of mimicry*. Philosophical Transactions of the Royal Society, 364, DOI: 10.1098/rstb.2009.0057.

Walsh, D. G., Hewitt, J. (1985): *Giving Men the Come-On: Effect of*

Eye Contact and Smiling in a Bar Environment. Perceptual and Motor Skills, 61, 873–874.

Waters, E., Matas, L., Sroufe, L. A. (1975): *Infants' reactions to an approaching stranger: description, validation, and functional significance of wariness.* Child Development, 46(2), 348–356.

Kapitel 4

Besser-Siegmund, C., Siegmund, H. (2012): *wingwave-Coaching – Wie der Flügelschlag eines Schmetterlings.* Junfermann Verlag, Paderborn.

Burgoon, J. K., Koper, R. J. (1984): *Nonverbal and Relational Communication Associated with Reticence.* Human Communication Research, Vol. 10, No. 4, 601–626.

Carney, C. R., Cuddy, A. J. C., Yap, A. J. (2010): *Power Posing: Brief Nonverbal Displays Affect Neuroendocrine Levels and Risk Tolerance.* Psychological Science, 21, 1363–1368.

Eilert, D., Besser-Siegmund, C. (2011): *wingwave-Coaching: die Profi-Box – Maßgeschneiderte Interventionen durch flexible Methodenkompetenz.* Junfermann Verlag, Paderborn.

Finzi, E. (2013): *The Face of Emotion – How Botox Affects Our Moods and Relationships.* Palgrave Macmillan, New York.

Hurley, C. M. & Frank, M. G. (2011): *Executing Facial Control During Deception Situations.* Journal of Nonverbal Behavior, 35, 119–131.

LeDoux, J. (2001): *Das Netz der Gefühle. Wie Emotionen entstehen.* Deutscher Taschenbuch Verlag, München, Zitat S. 213.

Luber, M. (2014): *Implementing EMDR – Early Mental Health Interventions for Man-Made and Natural Disasters.* Springer Publishing Company, New York.

Renninger, L. A., Wade, T. J., Grammer, K. (2004): *Getting the female glance: Patterns and consequences of male nonverbal behavior in courtship contexts.* Evolution and Human Behavior, 25, 416–431.

Shapiro, F. (2013): *Frei werden von der Vergangenheit – Trauma-Selbsthilfe nach der EMDR-Methode.* Kösel-Verlag, München.

Storch, M., Cantieni, B., Hüther, G., Tschacher, W. (2010): *Embodiment – die Wechselwirkung von Körper und Psyche verstehen und nutzen*, Verlag Hans Huber, Bern, 2. erw. Auflage.

Strack, M., Martin, L. & Stepper, S. (1988): *Inhibiting and facilitating conditions of the human smile: A nonobtrusive test of the facial feedback hypothesis.* Journal of Personality and Social Psychology, 5, 768–777.

Wollmer, M. A. et al. (2012): *Facing depression with botulinum toxin: A randomized controlled trial.* Journal of Psychiatric Research, 46, 574–581.

Tramitz, C. (1992): *Auf den ersten Blick – Die ersten 30 Sekunden einer Begegnung von Mann und Frau.* Econ Taschenbuch Verlag, Düsseldorf und Wien.

Kapitel 5

Byrne, D. (1997): *An Overview (and Underview) of Research and Theory within the Attraction Paradigm.* Journal of Social and Personal Relationships, Vol. 14(3), 417–431.

Cunningham, M. R. (1989): *Reactions to Heterosexual Opening Gambits: Female Selectivity and Male Responsiveness.* Personality and Social Psychology Bulletin, Vol. 15, No. 1, 27–41.

Darwin, C. (1872): *Ausdruck der Gemüthsbewegungen bei dem Menschen und den Thieren.*

Dimberg, U., Thunberg, M., Elmehed, K. (2000): *Unconscious Facial Reactions to Emotional Facial Expressions.* Psychological Science, 11, 86–89.

Ekman, P., Sorenson, E. R., Friesen, W. V. (1969): *Pan-Cultural elements in facial displays of emotions.* Science 164 (3875), 86–88.

Ekman, P. (2010): *Gefühle lesen – Wie Sie Emotionen erkennen und richtig interpretieren.* Spektrum Akademischer Verlag, Heidelberg, 2. Auflage.

Izard, C. (1981): *Die Emotionen des Menschen. Eine Einführung in die Grundlagen der Emotionspsychologie.* Beltz Verlag, Weinheim.

Guéguen, N. (2009): *Mimicry and seduction: An evaluation in a courtship context.* Social Influence, 4 (4), 249–255.

Kleinke, C. L. et al. (1986): *Preference for Opening Lines: Comparing Ratings by Men and Women.* Sex Roles, Vol. 15, Nos. 11/12, 585–599.

Kouzakova, M., van Baaren, R., van Knippenberg, A. (2010): *Lack of behavioral imitation in human interactions enhances salivary cortisol levels.* Hormones and Behavior, 57, 421–426.

Mariëlle, S., Roos, V. (2009): *Mimicry in social interaction: Benefits for mimickers, mimickees, and their interaction.* British Journal of Psychology, Vol. 101(2), 311–323.

Neal, D. T., Chartrand, T. L. (2011): *Embodied Emotion Perception: Amplifying and Dampening Facial Feedback Modulates Emotion Perception Accuracy.* Social Psychological and Personality Science, DOI: 10.1177/1948550611406138.

Roney, J. R., Mahler, S. V., Maestripieri, D. (2003): *Behavioral and hormonal responses of men to brief interactions with women.* Evolution and Human Behavior, 24, 365–375.

Uhls, Y. T. et al. (2014): *Five days at outdoor education camp without screens improves preteen skills with nonverbal emotion cues.* Computers in Human Behavior, 39, 387–392.

Umfragen und Datenquellen:

- Umfrage »Worüber möchten Sie bei Ihrem ersten Date nicht reden?« und »Worüber möchten Sie bei Ihrem ersten Date sprechen?«, erhoben und veröffentlicht durch eDarling (Befragte: 606 eDarling-Mitglieder, Durchschnittsalter 42 Jahre, März 2014)

Kapitel 6

Ekman, P., Friesen, W. V. (1982): *Felt, False, and Miserable Smiles.* Journal of Nonverbal Behavior, 6(4), 238–252.

Ekman, P. (2011): *Ich weiß, dass du lügst. Was Gesichter verraten.* Rowohlt Verlag, Reinbek.

Haggard, E. A. & Isaacs, K. S. (1966): *Micromomentary facial expressions as indicators of ego mechanisms in psychotherapy.* In Gottschalk, L. A. & Auerbach, A. H.: Methods of Research in Psychotherapy, New York.

Matsumoto, D., Frank, M. G. & Hwang, H. S. (2013): *Nonverbal Communication: science and applications,* SAGE Publications, Thousand Oaks.

Mariëlle, S., van Dijk, E., Olivier, E. (2009): *You Want to Know the Truth? Then Don't Mimic.* Psychological Science, Vol. 20, No. 6, 693–699.

Nasher, J. (2010): *Durchschaut. Das Geheimnis, kleine und große Lügen zu entlarven.* Wilhelm Heyne Verlag, München.

Vrij, A. (2008): *Detecting Lies and Deceit – Pitfalls and Opportunities.* Wiley, West Sussex.

Kapitel 7

Aron, A. et al. (1997): *The Experimental Generation of Interpersonal Closeness: A Procedure and Some Preliminary Findings.* Personality and Social Psychology Bulletin, Vol. 23, No. 4, 363–377.

Bartels, A., Zeki, S. (2000): *The Neural Basis of Romantic Love.* Neuroreport, 11, 3829.

Gonzaga, G., Keltner, D. et al. (2001): *Love and the Commitment Problem in Romantic Relations and Friendship.* Journal of Personality and Social Psychology, Vol. 81, No. 2, 247–262.

Gonzaga, G., Keltner, D. et al. (2006): *Romantic Love and Sexual Desire in Close Relationships.* Emotion, Vol. 6, No. 2, 163–179.

Kellerman, J., Lewis, J., Laird, J. D. (1989): *Looking and Loving: The Effects of Mutual Gaze on Feelings of Romantic Love.* Journal of Research in Personality, 23, 145–161.

Keltner, D., Oatley, K., Jenkins, J. M. (2014): *Understanding Emotions.* John Wiley and Sons, Danvers (USA), 3. Auflage.

Morris, D. (1978): *Der Mensch, mit dem wir leben – Ein Handbuch unseres Verhaltens.* Droemersche Verlagsanstalt TH. Knaur Nachf., München. Zitat S. 130.

Panksepp, J. (2004): *Affective Neuroscience: The Foundations of Human and Animal Emotions.* Oxford University Press, New York.

Rubin, Z. (1970): *Measurement of Romantic Love.* Journal of Personality and Social Psychology, Vol. 16, No. 2, 265–273.

Rösler, A., Sterzer, P., Pannen, K. (2013): *29 Fenster zum Gehirn – Genial einfach erklärt, was in unserem Kopf passiert.* Arena Verlag, Würzburg.

Rubin, Z. (1973): *Liking and Loving – An Invitation to Social Psychology.* Holt, Rinehart and Winston, Austin (USA).

Kapitel 8

Bartels, A., Zeki, S. (2002): *Verliebte sind mutig und sanft.* Gehirn & Geist 03/02, 40–41, Spektrum der Wissenschaft Verlagsgesellschaft, Heidelberg.

Blume, J. D. (2012): *Ich dich auch, Liebling – Warum Beziehungen wundervoll sind, wenn man miteinander spricht.* Schlütersche Verlagsgesellschaft, Hannover.

Ekman, P. (1972): *Universals and cultural differences in facial expressions of emotion.* In J. Cole (Ed.), Nebraska Symposium of Motivation, 1971 (Vol. 19). Lincoln: University of Nebraska Press.

Fischer, A., Rodriguez Mosquera, P. M., van Vianen, A. E. M., Manstead, A. S. R. (2004): *Gender and Culture Differences in Emotion*. Emotion, Vol. 4, No. 1, 87–94.

Hall, J. A., Carter, S., Cody, M. J., Albright, J. M. (2010): *Individual Differences in the Communication of Romantic Interest: Development oft the Flirting Styles Inventory*. Communication Quarterly, 58:4, 365–393.

Riemann, F. (2013): *Grundformen der Angst*. Ernst Reinhardt Verlag, München, 41. Auflage.

Quelle der Verteilungen der Persönlichkeitsausprägungen in Deutschland: Golden, J. P., Bents, R., Blank, R., Diergarten, D. (2013): *GPOP – Golden Profiler of Personality, Manual*. Verlag Hans Huber, Hogrefe AG, Bern, 2. überarbeitete und neu normierte Auflage.

Kapitel 9

Coan, J. A. & Gottman, J. M. (2007): *The Specific Affect (SPAFF) Coding System*. In: J. A. Coan & J. J. B. Allen (Eds.): Handbook of Emotion Elicitation and Assessment. Oxford University Press, New York, 106–123.

Gottman, J. M. et al. (1998): *Predicting Marital Happiness and Stability from Newlywed Interactions*. Journal of Marriage and Family, Vol. 60, No. 1, 5–22.

Gottman, J. M. (2005): *Die sieben Geheimnisse der glücklichen Ehe*. Ullstein Buchverlage, Berlin, 5. Auflage.

Kiecolt-Glaser, J. K. et al. (1993): *Negative Behavior During Marital Conflict Is Associated With Immunological Down-Regulation*. Psychosomatic Medicine, 55, 395–409.

Lee, S. W. S., Schwarz, N. (2014): *Framing love: When it hurts to think we were made for each other*. Journal of Experimental Social Psychology, 54, 61–67.

Singer, T. et al. (2006): *Empathic neural responses are modulated by the perceived fairness of others.* Nature, 439(7075), 466–469.

Tomova, L., von Dawans, B., Heinrichs, M., Silani, G., Lamm, C. (2014): *Is stress affecting our ability to tune into others? Evidence for gender differences in the effects of stress in self-other distinction.* Psychoneuroendocrinology, 43, 95–104.

Weckert, A. (2013): *Gewaltfreie Kommunikation für Dummies.* Wiley-VCH Verlag, Weinheim.

Zeigarnik, B. (1927): *Das Behalten erledigter und unerledigter Handlungen.* Psychologisches Institut der Universität Berlin, herausgegeben von Kurt Lewin, Berlin.

Kapitel 10

Acevedo, B. P., Aron, A. (2009): *Does a Long-Term Relationship Kill Romantic Love?*, Review of General Psychology, Vol. 13, No. 1, 59–65.

Aron, A. et al. (2000): *Couples' Sharing Participation in Novel and Arousing Activities and Experienced Relationship Quality.* Journal of Personality and Social Psychology, Vol. 78, No. 2, 273–284.

Aron, A., Fisher, H. E. et al. (2011): *Neural correlates of long-term intense romantic love.* Social Cognitive and Affective Neuroscience Advance Access, DOI:10.1093/scan/nsq092, 1–15.

Baumgartner, T. (2012): *Wirkung von Oxytocin auf die emotionale und kognitive Empathie.* Inauguraldissertation zur Erlangung des Doktorgrades der Hohen Medizinischen Fakultät der Rheinischen Friedrich-Wilhelms-Universität Bonn.

Dezecache, G. et al. (2013): *Evidence for Unintentional Emotional Contagion Beyond Dyads.* PLOS ONE, Vol. 8, Issue 6, 1–7.

Ditzen, B. et al. (2007): *Effects of different kinds of couple interaction on cortisol and heart rate responses to stress in women.* Psychoneuroendocrinology, 32, 565–574.

Ditzen, B. et al. (2009): *Intranasal Oxytocin Increases Positive Communication and Reduces Cortisol Levels During Couple Conflict.* Biol. Psychiatry, 65, 728–731.

Emanuele, E. et al. (2006): *Raised plasma nerve growth factor levels associated with early-stage romantic love.* Psychoneuroendocrinology, 31, 288–294.

Fredrickson, B. L. (2013): *Die Macht der Liebe – Ein neuer Blick auf das größte Gefühl.* Campus Verlag, Frankfurt am Main, Zitat S. 53.

Gable, S. L. et al. (2006): *Will You Be There for Me When Things Go Right? Supportive Responses to Positive Event Disclosures.* Journal of Personality and Social Psychology, Vol. 91, No. 5, 904–917.

Hendrick, S. S. (1981): *Self-Disclosure and Marital Satisfaction.* Journal of Personality and Social Psychology, Vol. 40, No. 6, 1150–1159.

Holt-Lunstad, J. et al. (2008): *Influence of a »Warm Touch« Support Enhancement Intervention Among Married Couples on Ambulatory Blood Pressure, Oxytocin, Alpha Amylase, and Cortisol.* Psychosomatic Medicine, 70, 976–985.

Karnath, H. O., Thier, P. (2012): *Kognitive Neurowissenschaften*, Springer Verlag, Heidelberg.

Kennedy, D. P. et al. (2009): *Personal space regulation by the human amygdala.* Nature Neuroscience, Vol. 12, No. 10, 1226–1227.

Parker-Pope, T. (2008): *Reinventing Date Night for Long-Married Couples.* The New York Times, 12. Februar 2008.

Scheele, D. et al. (2012): *Oxytocin Modulates Social Distance between Males and Females.* The Journal of Neuroscience, 32(46), 16074–16079.

Schmidt, W. (2013): *Warum Männer nicht nebeneinander pinkeln wollen – und andere Rätsel der räumlichen Psychologie.* Rowohlt Taschenbuch Verlag, Reinbek bei Hamburg.

Schneidermann, I. et al. (2011): *Oxytocin during the initial stages of romantic attachment: Relations to couples' interactive reciprocity.* Psychoneuroendocrinology, 37, 1277–1285.

Tamietto, M. et al. (2009): *Unseen facial and bodily expressions trigger fast emotional reactions.* PNAS, 106(42), 17661–17666.

Umfragen und Datenquellen:
- Umfrage »Was sind Ihrer Meinung nach die drei wichtigsten Voraussetzungen, damit eine Liebesbeziehung hält?«, Quelle: parship.de (1050 Befragte, Altersgruppe 18 bis 65 Jahre, Erhebungszeitraum Januar 2014)
- Umfrage »Wenn es um eine feste Beziehung geht: Welche schwierigen Situationen oder Konflikte wären für Sie Trennungsgründe?«, Quelle: ElitePartner (erhoben durch Fittkau & Maaß Consulting, 10 855 Befragte, Altersgruppe ab 18 Jahre, Erhebungszeitraum Oktober und November 2013)

Register

Ablehnung 22, 64, 67, 71, 81 f., 84, 101, 135, 143 f., 225
Adrenalin 50 f., 69
AIDA-Regel 136
Amygdala 19, 255
Angst 14, 21, 41, 49, 52, 63, 85 f., 95, 104, 108, 111, 135 ff., 148 f., 152, 161 ff., 168 ff., 174, 180, 185, 190, 219 f., 222 ff., 245
Anmachsprüche 116 f.
Annäherungsphase 23, 183
Ärger 14, 21, 52, 104, 111, 125, 135, 142 f., 148, 168, 180, 212, 219 f., 222, 225, 232, 235 ff., 245 f., 249 ff.
Atmung 98 f., 108, 140, 161
Attraktivität 27, 30 f., 34 ff., 78, 93, 121, 125
Aufmerksamkeitsphase 22, 36, 40, 45, 183
Augenbrauen-Gruß 68, 80
Autoerotische Gesten 74, 90
Autonomes Nervensystem 70

Baseline 155 ff., 204, 218

Basisemotionen 14, 21, 134 ff., 141, 168, 177, 190, 245
s. Angst, Ärger, Ekel, Freude, Trauer, Überraschung, Verachtung
Belohnungszentrum 38, 62, 200, 203, 234, 254, 261
Beruhigungsgesten 72 ff., 81 ff., 142 f., 155 ff., 161, 173, 180, 196, 228, 251
Berührung 23, 72, 92 f., 102, 105, 183, 195 ff., 228, 254 ff., 265
Beschwerde 237
Bewahrer 215 ff., 224 f., 241
Beziehungsebene 242 f.
Bezugssystem, gemeinsames 120, 125, 183
Bindungsphase 23, 196, 229, 267
Blick 12, 15 ff., 19 f., 25 ff., 30 f., 35, 38, 42, 45, 50 ff., 64 ff., 71, 83 f., 89, 100 ff., 120, 126 f., 145 ff., 149 ff., 159, 166 f., 172, 184, 193 ff., 205, 222 ff., 249, 253, 267

— Blickkontakt 15, 27, 30, 38, 41 ff., 50 f., 56, 60 ff., 67 f., 71, 81 ff., 90 ff., 115, 122, 145, 172, 193 f., 199, 222 ff., 250
— Blickverhalten 64, 67, 70, 145, 193 f., s. Dreiecksblick
— Stechender Blick 142 f., 163, 249
Blinzeln 81, 157, 161, 174
— Blinzelrate 67 ff., 75, 155 f., 161, 173, 176, 227, 251
Botox 110, 132, 164
Butterfly-Technik 102 ff., 224, 236, 251

Chamäleon-Effekt 75 ff., 123, 127 f., 131, 189, 199, 228, 234, 258

Denker 211 ff., 223 ff.
Dominanzsignale 34 f., 41, 46, 92 f., 119 ff.
Dopamin 38, 50 f., 261, 265
Dreiecksblick 69, 81, 181, 196

Ekel 14, 46, 52, 81 f., 104, 135, 143 ff., 168, 180, 191, 220, 223, 228, 231 ff., 249 ff.
Elektromyografie (EMG) 131
Elektronik-Diät 130
Emblem 176 ff.
Emotion 14, 18 ff., 49, 52 ff., 59, 71, 88, 96, 101, 104, 108 f., 125, 133 ff., 141, 144 ff., 153 ff., 162, 168 f., 174, 178 f., 192, 205, 218 ff., 230 f., 234 ff., 245 ff., 252 f., 260, 262 ff.
— Basisemotionen 14, 21, 134 ff., 141 f. 168, 177, 190, 245
— Emotionen beim Lügen, s. Lügen
— Emotionsmanagement 106 f., 236
— Emotionszentrum 19, 52, 95, 166, 195
— Trigger 135, 149, 282
Empathie 129 ff., 178, 187, 214 ff., 234 ff., 245, 258, 262 ff., 267 f., 280
Empathie-Muskeltraining 132
Entertainer 210, 216 ff., 225 f.
Erröten 64 f., 80, 161, 180

Facial Action Coding System (FACS) 54, 108
Facial-Feedback 107 f., 131 f., 258
Flirten 13, 26 f., 29, 38, 50, 52, 56, 63 f., 70, 84 f., 89 ff., 101, 107, 111 ff., 135, 151, 156, 158 f., 163, 198, 215 ff., 225 f.
— Flirtbarometer 84 ff.
— Flirterkennungsrate 58, 84
— Flirtmimik 59 ff., 80, 181, 227

— Flirtphasen 115, 183
— Flirtsignale 13, 48, 53 ff., 67, 71, 80, 84 ff., 90, 115, 118, 158, 181 ff., 213
Fotoapparat-Übung 167
Fremdenfurcht 49
Freude 14, 21, 37, 39, 46, 49, 59, 62 ff., 70 f., 80, 88, 115, 125, 135, 141, 144, 149 f., 164, 168 f., 173 f., 180 f., 196, 200 ff., 224, 227 f., 238, 257 ff., 265 ff.
Füllwörter 157, 176, 180, 223
Fusiformes Gesichtsareal 19

Gefühlskonferenz 247, 262, 265
Gefühlsrad 190
Gesichtszüge 16, 32 ff., 46
Gesprächseröffnung 80, 116 ff.
Gesprächskategorien 186

Hals-Präsentation 72, 75
High-Power-Posen, *s. Körperhaltung*
Hippocampus 101
Hitchcock-Falle 244, 260, 263
Hormone 50 f., 69, 112
— Glückshormone 50 f.
s. auch Dopamin, Phenylethylamin
— Geschlechtshormone 31, 33, 256

s. auch Östrogen, Testosteron
— Stresshormone 50, 112, 126, 235, 250
s. auch Adrenalin, Kortisol, Noradrenalin
Hotspot 152

Ich-Botschaft 189, 191
Inhaltsebene 23, 119, 241
Inkongruenz 160, 162, 165, 168, 178 f., 181, 241
Intentionsbewegung 197 f.

Konversationsphase 22, 118 f., 183
Körperhaltung 41, 52, 78 f., 82, 84, 93, 112 f., 123, 127, 147, 201
— geschlossen 82, 84, 93, 112 f., 127
— offen 41, 93, 112, 127, 202
— High-Power-Posen 112 f.
— Low-Power-Posen 112
Kortisol 112, 126
Kraft-Ort 96 ff., 105 f., 162, 236, 251
Kränkung 236
Kritik 212, 237 f.
Kuss 153, 196, 226, 265

Lächeln 12 f., 29, 36 ff., 41, 44 ff., 55 ff., 62 ff., 79, 83, 88, 90, 94, 109 ff., 126, 133 f., 149,

162 ff., 188, 200 f., 220, 222 ff.,
241, 257 ff.
Liebe   11 f., 20 f., 24 ff., 75, 85,
130, 153, 158 f., 195 f., 199 ff.,
211 ff., 229, 236, 246, 252 ff.,
265 ff.
— Liebes-Booster   254, 257, 261,
264
Limbisches System   40 f., 96,
107, 166
Low-Power-Posen, s. Körperhaltung
Lügen   151, 153, 169 ff., 181 ff.,
267

Macher   211 ff., 218, 222, 225
Makroexpressionen   160, 162
Mauern   249 f.
Mentale Anstrengung   174, 176,
180
Mikroexpressionen   161 f.,
165 ff., 180, 182, 192, 220
Mimik-Typen   221, 225
Mischemotion   49 f., 202

Nachahmen   81, 123 ff., 131,
258
Nähe   23, 30, 77, 183, 185 ff.,
190 ff., 246, 253, 255, 263
Negativspirale   238, 240, 249,
251
Noradrenalin   50 f., 69

Online-Dating   44 f.
Östrogen   31 ff., 256
Oxytocin   195, 202, 254 ff., 265

Peripheres Sehen   167
Persönlichkeitspräferenz   205 f.,
209
Phenylethylamin   50 f.
Positivitäts-Pantomime   262, 265
Positivitätsresonanz   257,
259 f.
Positivspirale   130, 240
Profilfoto   45 f.
Pulpo-Seco-Effekt   230 ff., 238,
240 f., 251
Pupillengröße   67, 70

READ-Test   14 f.
Refraktärzeit   251
REM-Phasen   100 ff.
Resonanzaussage   239, 243,
245 f., 258
Resonanzstufe   188 ff.

Sarkasmus   236
Schiebetür-Moment   239 ff.,
251, 254, 265
Schmerzzentrum   49, 126, 234
Schüchternheit   96, 106, 181
Schuldgefühl   169, 171 f.
Schürzen der Lippen   42, 66,
81, 132, 176, 202

Selbstcoaching 101 f.
Sesselgriff 198 f.
Sexuelles Verlangen 202 f.
Speed-Dating 124 f.
Spiegelneuronen 76, 131, 136, 199, 258
Spott 236
Sprechpausen 134, 157 f., 176, 180, 223
Sprechstil 79 f., 156 f., 176
Status 90, 92 f., 112, 213
Still-Face-Experiment 15
Stimme 16, 25, 50, 54, 127, 151, 156 f., 160 ff., 181, 222 ff.
Stottern 80 f., 176
Streitkultur 241 f., 245, 251, 254, 265
Stress 51, 70 f., 99, 101 ff., 140, 152, 157, 174, 180 f., 234 f., 255
s. Stresshormone
Stresssignale 71, 173
Sympathie 78, 120, 124

Testosteron 33 f., 112, 119
Trauer 14, 104, 111, 135, 147 ff., 155, 163, 168, 172, 180, 202 f., 219, 224, 237, 245

Überraschung 14, 135, 139 ff., 164, 168, 180, 203, 213, 223
Universalitätshypothese 135
Unsicherheit 16, 85, 94, 96, 100, 106, 112, 114, 139, 178, 222, 224

Verachtung 14, 46, 135, 144 ff., 156, 168, 180, 191, 219, 222, 231 ff., 240, 243 ff., 251, 260
Verhaltenskontrolle 181
Verlegenheit 48 f., 59, 62 ff., 80, 161, 180, 185, 227

Wahrnehmungsphase 22, 36, 40, 56, 183
Werbephasen 22, 119
s. auch Aufmerksamkeits-, Wahrnehmungs-, Konversations-, Annäherungs-, Bindungsphase
wingwave®-Coaching 102 f.

Yin und Yang der Mimik 111 f.

Zeigarnik-Effekt 240
Zurückweisung 41, 49, 63, 95, 101, 126, 138 f., 225

Véronique Poulain

Worte, die man mir nicht sagt

Mein Leben mit gehörlosen Eltern

Aus dem Französischen von Lis Künzli.
Klappenbroschur.
Auch als E-Book erhältlich.
www.ullstein-extra.de

»*Eine wahre Geschichte voller Leben, manchmal bissig und dennoch voller Zärtlichkeit.*« *Le Figaro littéraire*

»Hallo, Ihr Arschlöcher!« So begrüßt Véronique Poulain eines Tages ihre Eltern, als sie aus der Schule heimkehrt. Die Reaktion: eine zärtliche Umarmung. Véroniques Eltern sind gehörlos. Das hat seine guten Seiten, kann aber auch ganz schön nerven. Als Kind ist Véronique mächtig stolz, wenn sie sich vor aller Augen in Gebärdensprache unterhält. Doch möchte sie nach ihrer Mutter rufen, muss sie sich etwas einfallen lassen. Und anders als man denkt, sind Gehörlose nicht unbedingt leise Menschen. Véroniques Eltern schmatzen genüsslich, pupsen geräuschvoll in der Öffentlichkeit und haben lauthals Sex. Ganz still ist es bei ihr zu Hause nie. Und richtig wild wird es, wenn ihre Mutter hinterm Steuer eine Diskussion beginnt.